大川书系

当代情感教育研究丛书

朱小蔓 主编

JIAOSHI ZHICHANG DE
QINGGAN JIAOWANG YANJIU

教师职场的情感交往研究

■ 王坤 著

四川教育出版社

图书在版编目(CIP)数据

教师职场的情感交往研究 / 王坤著. — 成都：四川教育出版社，2021.11

（当代情感教育研究丛书 / 朱小蔓主编）

ISBN 978－7－5408－7784－2

Ⅰ. ①教… Ⅱ. ①王… Ⅲ. ①教师心理学－研究 Ⅳ. ①G443

中国版本图书馆 CIP 数据核字（2021）第 228286 号

教师职场的情感交往研究

JIAOSHI ZHICHANG DE QINGGAN JIAOWANG YANJIU

王　坤　著

出品人　雷　华
策划组稿　康宏伟
责任编辑　高　玲
封面设计　许　涵
版式设计　武　韵
责任校对　燕啸波
责任印制　田东洋
出版发行　四川教育出版社
　　地　　址　四川省成都市锦江区三色路 266 号新华之星 A 座
　　邮政编码　610023
　　网　　址　www.chuanjiaoshe.com
制　　作　四川胜翔数码印务设计有限公司
印　　刷　成都市锦慧彩印有限公司
版　　次　2022 年 3 月第 1 版
印　　次　2022 年 3 月第 1 次印刷
成品规格　185mm×260mm
印　　张　18.25
字　　数　320 千
书　　号　ISBN 978－7－5408－7784－2
定　　价　58.00 元

如发现质量问题，请与本社联系。总编室电话：（028）86365120

丛 书 编 委 会

主　　编　朱小蔓

执行主编　杨一鸣

委　　员　（按姓氏笔画排列）

马多秀　王　坤　王　慧　陈　萍

李舜平　钟芳芳　钟晓琳

　　情感教育肩负着现代人情感文明建设的教育使命，是人类完善自身的必要之途，也是中国从自身古老优秀的文化传统向现代化发展的必经之途。当代情感教育研究是我国著名教育学家、教育家朱小蔓教授历四十余年开创的具有中国特色、时代特征的学术领域。站在新的时代起点上，聚焦立德树人根本任务，情感教育研究在贡献当代中国文化复兴、繁荣中国教育理论及其话语、自觉探索应对由社会发展所带来的新需求和新变化等方面将担承更大使命、更重责任。策划与组织本套丛书，正是对这一时代召唤的积极回应。

　　过去三十年，小蔓教授带领团队在情感教育研究的园地里辛勤耕耘，以"情感及其教育"为学术研究的"母细胞"，不断繁衍和扩展到新的研究领域、新的学术语境，形成当代情感教育研究的成果"集束"。2008 年后，小蔓教授转到北京师范大学工作。在繁忙的"双肩挑"之余，她对情感教育研究丝毫没有懈怠，又相继研发、培育出一大批较高质量的学术成果。2018 年后，小蔓教授病重休养期间，仍以顽强毅力坚持学术写作、阅读思考和指导后学。

　　2019 年 12 月 27 日，《中小学班主任》杂志组织召开"朱小蔓情感教育思想座谈会"，汇聚全国情感教育研究的学术菁英，共同研讨、阐释作为当代情感教育研究的重要成果——"朱小蔓情感教育思想"及其内涵与特征、体系与演化、贡献与价值。之后，承蒙四川教育出版社的垂青，小蔓教授不顾病体，亲自擘画与设计"当代情感教育研究丛书"，在学术团队近十年相关成果中遴选、敲定书目。

　　本套丛书共六部著作，包括小蔓教授的《当代学校德育对话录：情感的关切》和《教育学的想象——情感教育研究三十年》。前者是小蔓教授历经十年以"对话体"方式对情感性学校德育原理所做的系统阐释；后者则是她对三十年情感教育研究历程进行的系统而全面的回顾与梳理，这部书是小蔓教授在生命的最后两年耗尽"啼血"之力口述后由学生整理完成的。丛书的其他四部著作，分别从情感教育与公共生活、道德教育的情感性特征、乡村教师的情感生活和教师情感素养培育等方面展开讨论。事实上，这四部著作在论题、思想、结构和表达等方面也都不同程度地凝结了小蔓教授的学术心血。

可惜，天不假日！小蔓教授未及亲眼看到丛书问世，便带着无数未了的学术心愿，永远地离开了她无限热爱与不舍的情感教育研究事业。小蔓教授就是为当代中国情感教育研究而生的，她的一辈子也都毫无保留地献给了这一事业。逝者已逝，作为学术后来人，我们应做和能做的，就是要把这份对情感教育研究的爱传承和发扬下去，做好学术"传灯人"。

丛书编委会

2021 年 11 月

　　文明反映了一个种群、区域和时代的精神品质与发展趋势，也正因此，人类文明的样态与内涵才多姿多彩、各具特色。即便如此，文明具有通约性，由物质、制度与精神三种构成，体现为人们的生活与交往方式、样态，内化为人们存在的价值尺度。工业文明广泛而深刻地从外在的文明构成牵制人的发展，造成人的发展的现代性困境，表现为主体性式微、劳动与交往异化、理智发展缓慢、普遍缺乏幸福感。教师情感文明的价值倡导就是呼吁教育回归到从人内心的价值尺度理解文明，立足交往，在人性本源的情感处细致、妥善培育，既观照人的知识学习与技能进步，也观照人的良序价值观养成，过健全的伦理道德生活，以至在学校教育生活的视域中构建一种稳健、良好的文明形式。

　　为此，本研究以课堂教学外与课堂教学内的情感交往为切入口，展开提升教师情感人文素质、增进情感文明的探索。教师的交往包含学生、同侪、家长、自我在内的多种对象，涉及知识、态度、价值观、制度、规则、道德、权益、技能操作等多种交往中介，一般欲达成知识传习、道德教育、资源处置、文化改造以及文明进步的效用。这其中的情感参与和关联的人际间情感交往往往会对交往的教育效用达成、情感文明建设产生根基性影响，种种社会思潮、文化习俗、规则制度也正是经由教师人性本源处的情感交往机制影响教师整全的生活，使教师产生愉悦、幸福、快乐、焦虑、倦怠、怨恨等积极或消极的情感现象，作用于教师的心灵成长与教育行为。本研究正是希望通过自上而下（学校层面）的情感文明制度化建设和自下而上的教师自我觉醒、自我努力与自我教育，探索能够统整教师自我理解与微环境素养育人的一种中介性的教师教育模式。研究者扎根教师职场生活（从学校管理与课堂教学两个路径）研制涌现教育性的情感交往观察与改善工具，在职场生活中与教师合作使用，在这个过程中鼓励教师学会关心、修炼心灵、加强阅读与写作以提升人文解释力与理解力、敏感性与专注力；结合积极扩大和深化的情感交往视域与能力，训练教师有能力建构双向互动的正向关系与正义、积极的情感交往微环境，以此唤醒和激发周边更多教师的情感教育力量，据此实现教师能量的扩散与系统性整合，带动一个学校或区域的情感文化改善和周全的情感育人素养的提升。

本研究对上述工具在教师的学校教育生活中的使用与验证进行阐述，更多的是研究者与相遇的教师和学校吐露心声、坦诚相待、共同努力。研究者在行动中使用观察工具，依据情感文明的价值尺度描述与阐释教师情感交往个案、教师优秀品质形象、教师自组织的情感交往机制、学校情感文化个案以及一些课堂实景，试图从中提炼教师提升情感人文素质所面临的种种现实困难与心灵困境，教师与学校增进情感文明的一些可资借鉴的具体路径与方法以及教师自我不断努力增进内在精神品质的理性、道德与审美方式。

本研究并非一蹴而就，欲在当下的探索与未来的努力中验证并达成如下"情感文明"的特质与目标：既希望教师自主拨开心灵与情感迷雾，不断增进自我理解，在职场生活的困境中坚守教育理想，积极扩充善端、实施人道主义教育，也希望个体与环境能表达同情与仁爱以化恶育善，不断彰显积极的生命力量，实现理智与情感的和谐发展。但愿这样一种致力于教师与教育的内在品质提升的探索所映射出的价值意蕴与方法模式足以引起国内更多教师的精神觉醒，自主探寻适恰的方式以不断建构有特色的、属人的教育教学模式，共同努力推动一种从人的发展本源生发的精神文明，使更多的人成长得更有智慧、更有快乐、更有力量、更有希望。

目 录

第一章

导 论

　　情感教育是现代人情感文明建设的教育使命；情感文明是人类精神文明的核心。中国现代化进程已经走到如今这个该重视人的情感文明的历史发展阶段了。从每个生命的发育开始进行情感教育，这更是教育学者、教育工作者的使命！

——朱小蔓

第一节 背景与问题

文明是人类成长的过程，伴随其中的劳动生产、扩张与合作、对话与博弈为个体与环境的发展创造着条件、提供支持与动力，相应地，它们之中暗含"一只看不见的手"① 牵扯着个体与环境的发展，建构着多种可能性。从微观的视角看，文明就是人的切身体验，人能够从便捷的出行、快捷的资讯获得文明，从舒适与精美的饮食、住宿、工作与学习条件等物质生产成果中感受并确证文明，可以从人际交往、与自然交往的冷漠与关怀、暴戾与同情、怨恨与宽容中经历并反思文明，也能从丰厚与复杂的思想世界、价值的体验、善恶的辨析与美的悦享中畅想并求证文明。可见，文明就是人类循环往复、永恒发展的过程，属于个体的人，由情感体验勾连起个体与环境的物质与精神进阶。

教师是指向灵魂的工作者，每个时代和不同区域中的教师群体既是走在文明发展前列的一类人，也在代表着文明，是鲜活可见的文明因子。因此，教师工作要比社会中其他行业的工作更具有特殊性，教师工作本身展现着文明，也最直接地贡献于文明进步。在物质条件快速发展和物质生产能力进一步解放并发展人的大脑与身心的时代，我们更应当从个体与环境的物质与精神层面的和谐一致发展认识并理解文明以及教师品质，探求什么样的教师品质与素养以及教师如何努力能够最适恰地统整人与环境的全面发展②。

教师的生活与成长历史，如每天读什么书、思考什么、写些什么、与谁交往、怎么交往、如何教书育人展现了一种内在的精神文明风貌，也影响着周围一群人和职场生活环境的精神文明程度。因此，教师品质及其构筑的内在力量是学校、区域、国家

① "亚当·斯密对利己心的论述，十分强调'看不见的手'的作用……'火燃烧起来，水得到补充；重的物体下降，轻的物体上升，这是它自然性质的必然'……这只'看不见的手'被描述为对财富的追求或获取欲。这种获取欲是从荣辱之心一类的私利出发的，是受人们的个人感情和爱好驱使的，但是，人们在这只'看不见的手'的指引下追求狭小的私人目的时，却始料未及地实现着增进人类福利的更大的社会目的。"（见亚当·斯密的《道德情操论》）
② 上两段文字节选自：王坤，朱小蔓. 情感文明：教师育人素养的关键价值尺度 [J]. 中国教育学刊，2019（5）：75-79.

与民族精神发展走向的一股重要决定力量，也决定了一种文明的厚重程度。物质生产能力的极大提升能够满足人们日益增长的基本物质生活需要，器物文化随之扩散、丰厚，充斥、服务、贡献于人们生活的各个维度，与制度文化的进步共同使人们的生活与学习愈加合理、便捷和舒适。然而器物享用疲劳及其内在自反性、制度文化生活对人的约束性以及人本质的精神生活需要进一步催生人们对精神文明的更高追求，以弥补器物文化与制度文化的不足与缺陷。种种迹象表明，时代发展的巨轮正迫使历史的创造者们回归"人是万物的尺度"的价值旨趣，以及用来评判好与坏、正确与错误的教育的直观情感经验。中国自古以来的"情本体"文化基因以及道德人格修养、人伦规范、礼制积淀的内在"情意感通"、情感交往机制为我们从人际交往的精神现象中决然地展开对文明教育与野蛮教育的认识与改造提供了一种"情感文明"的价值尺度。

情感既可以是人当下的主观体验，也可以是以人文修养、性格习性以及道德品质为代表的内在文化结构外化以及情感勾连、营造出特定空间氛围的客观存在，还可以是价值产生与感受、价值观认同、表达与分享的活动机制，总而言之，人的情感发展与个体和文明的发展有着直接且本质的关联与影响。情感文明希望教师的教育教学回归对人的本质力量之一的情感力量的关注与尊重，首先做到不侮辱、不轻视、不生硬摆置人，在此基础上立足职场生活，积极体味与寻找多种教育方式，着眼于情感交往，提升情感人文素质，以此统整人的认知素养、情感素养与劳动素养的和谐发展。

一、 以 "情感教育" 之眼审视学校育人质量

情感教育关心、关注每个学习者的内在成长状态，渴求通过教师的善意与悉心努力将知识学习、技能训练与价值观教育融入课堂教学、人际交往等学校教育生活的方方面面，帮助教师与学生个体充满个性特色地、理智与情感和谐一致地整全成长。长久以来，我们对学校育人质量的考察偏向标准化、功能化、数据化以及规模化式，这是一段时期以来物质生产条件与能力不佳，优质学校教育资源不足、分布不均，以及中国千年的考试竞争模式裹挟着人们的教育认识共同影响与作用下的客观现象。然而，大规模、标准化的育人模式，白热化的考试、升学竞争以及随之而来的一切以升学率、考试分数为依据的功能主义取向必然使得教师无暇顾及学习者的学习与交往体验、学习过程与状态、价值认知与道德能力，冷漠、暴戾与体罚在一些地区与学校甚

至是常见现象，课堂教学与师生交往主要表现为机械化的知识传递、技术演练、备考记诵与习题训练以及威权化、教条化的命令与训诫，致使中国的学生普遍缺乏学习安全感，提不起学习兴趣，难以形成深刻的学习体验和多元化、具有扩展性、深度的学习认知；人际关系不佳，利益关系、竞争关系常常取代了关心关系、互助关系，甚至校园暴力、霸凌事件频发，尤其在少数乡村地区，学校甚至成了代为看管儿童、避免生事、"履行上学程序"的场所，学生的情感与认知能力发展无法得到关注，有些孩子九年义务教育阶段没有结束就进入社会，缺失的细致关注与耐心引导使得他们代际复制着愚昧和落后。

二、 着眼于学校教育生活提升教师情感人文素质

自 21 世纪初兴起的中国基础教育第八次课程改革是对片面化的应试教育模式带来的漠视人性、阻碍人的智慧全面发展等教育积弊的回应，课改中"知识与技能、过程与方法、情感态度与价值观"三维目标的确立向广大教师的专业成长提出了挑战。

面对课改对教师专业素养提出的挑战，深处复杂的社会与教育背景，教师究竟如何较好地安顿自我的教育生活、认识自我、幸福地育人与生活？教师如何较好地统整知识与技能学习以及情感与价值观教育，帮助孩子们愉悦、健全、充满智慧地成长？教师如何较好地与人交往，使得人际交往凸显教育意义、良好的关系品质建筑良好的育人环境是对教师整全素养的考验。价值观教育就镶嵌在知识学习的过程中，人际交往就是学习与成长的过程与平台，只有当教师具备了较好的人文理解力与人文修养，积极、正向的情感品质以及较好的情感能力，那些在过往学习、工作与生活中积累下的知识与技能、教育经验才能被倾注进深刻的、属人的理解与体验，教师也才能从中获得成就感，愿意积极努力，从而在教育生活中不断凸显育人效用和教育智慧。

三、 接续中国传统文化探寻教师精神文明的提升之道

情感是人性发展的本源，对人性发展起到基础性作用。文明的建构是群体正向和负向情感对抗产生积极作用的过程，虽然人性同时具有爱和破坏的本能，文明之于情感的作用正是支持爱本能的持续与发展，压抑并控制破坏本能的力量以此带动个体社会化的进程。然而，人类文明的发展并不是悬浮于个体心灵与精神发育之外，无限制

压抑个体情感解放的"罪恶之花",文明发展一定是源于个体情感的发育与发展并根植于个体内心的"善良之花"。

人际交往既展现一个区域和一个历史阶段中的文明内涵,也以从人性根源处滋长情感实存之力量悄然地改变与建构文明内涵。情感教育尤为关注学习与人际交往中的情感状态,探索外化之表现如何保障内在的情感交往联结个体与环境的精神文明建设并发挥良善效用。因此,情感教育应是教师专业成长的重要内容,对丰富师生的学习经验、生命状态与精神文明程度,指向健全成长具有重要意义。然而,"三十余年来,情感教育研究虽然在理念传播,在中小学及幼儿园教育实践探索方面做了大量工作,但总体看传播面不广,许多基础理论尚待进一步深化研究,对于更大范围内的学校教育层面如何落实情感教育,教育活动,包括学校德育以及日常课堂教学如何关怀人的情感层面,依然缺乏更为细致的可操作性研究及其在更大范围的有效应用。"[1] 观察发现,无论是教师专业成长一体化进程中的各环节还是教师的职场生活,教师的情感交往素养不足、情感教育能力不佳等问题依然十分突出;对情感以及情感教育认知偏颇、异化,情感功利主义与情感虚无主义倾向普遍,情感异化为人际利益交往的工具以及认知能力与分数提升的阻隔,退化为一般感受,因此滋长教师群体中广泛的娱乐主义、消费主义与平庸化;教师培养、培训的情感教育课程缺失或缺乏科学性、系统性与针对性。

情感教育作用于教师精神文明进步面临诸多现实困境。因国内现存的教师晋升、职称与荣誉制度的深刻影响,我们理解阶梯化、竞争式、主导经济利益的教师评价体系对积极性与创造性的激发以及便于管理的效用,也理解广泛的教师面对现实生活需要、囿于现实生活磨砺而忽视精神文明发展的情况。但我们依然要对教师的文明义务保持清醒,对教师的精神文明进步保有理想和信心,立足职场生活,创造性转化中国传统情感文化,使之成为滋养心田与精神的良剂,支撑生活稳健进步;在交往中辨析并呵护情感,提升情感育人素养,让良序的情感教育之光照亮教师精神进步之路。

---

[1]　朱小蔓,王坤. "情感—交往"型课堂:课程育人的一种人文主义探索路径 [J]. 课程·教材·教法,2018 (5):17-25.

四、 整合性课程与教学改革背景中的教师教育学科建设①

教师情感文明问题的提出绝不是为了情感教育研究和情感教育学的理论发展而刻意为之的"空中楼阁"。自 20 世纪 80 年代中期以来，中国当代情感教育研究的开拓者朱小蔓教授即已在哲学与道德教育实践层面深刻地认识到情感在人的发展过程中所起到的基础性作用，敏锐地洞察到当时的中国教育实践中与人性健康发展相违背的现象与力量，并真切地呼吁中国教育理论与实践界关注情感教育与情感教育研究。三十多年来，钟情于情感教育的研究者与实践者面对"从来不曾示弱也没有式微过"的工具性和功利性教育力量，紧贴教育世界中人的情感发展脉搏，与实验研究中可爱的教师和学生共同努力，以极其宽广的包容胸怀与研究格局，在教育现场细致观察、条分缕析，一步一个脚印，寻求教师和学生的积极改变。可以说，中国三十多年来的情感教育研究始终与教育现场、教育现场中的人一起奋力前行，涌动着强大的生命力。

尤其在对教师情感素养的研究方面，教师情感文明的概念以教师情感人文素质为理论基础，更关注教师专业素养理论构建中对教师接续历史、横贯各学科教育的能力和综合素质的引导、要求与培育。"尤其从 2016 年秋季开始，芬兰在全国范围内正式启用新的基础教育核心课程纲要，掀起了该国新一轮的教育改革浪潮。这场改革使得芬兰中小学的教学课程将更加强调不同学科间的交叉和互动，鼓励突破课程间的学科界限，倡导开展跨学科学习；教师不再仅仅是知识的赋予者和问题答案的提供者，学生也不再只是被动地听课，消极接纳课堂上的内容，学校将成为一种师生互动的共同体，教师的主要职责将是设法帮助每一位学生找到适合他们自己的学习方法，让其感觉到自己被接纳、尊重和信任，使学生更加愿意自主寻找问题的答案，并引导学生进行自我评估和同伴评估。"② 而这场改革也引起了全球范围的关注与尝试。主要原因在于这场改革激发了世界课程与教学改革领域内关于分科教学和综合教学、整全人培养、教师通识教育素质等问题的解决模式的新一轮讨论。关于分科教学和综合教学的问题，朱小蔓教授与英国伦敦大学约翰·怀特教授的一段对话值得深思："怀特：学

---

① 该部分源自朱小蔓教授与笔者在日常教育生活中，针对教师情感文明问题的来源、目标及其挑战等内容的讨论。
② 卞晨光. 芬兰新一轮教育改革：着眼未来国民素质和能力 [N]. 光明日报，2016-09-18（008）.

校里面更多地表现为学科化的教育趋向，今天我们要实现转换，转换到对完整人的培养上去……但是目前来看，我们已经看不到为什么还要保留分科教育的重要理由了，因为当时产生的时代是有宗教理由的，但是目前似乎没有什么理由需要保持这种分科的传统。朱小蔓：分科教学的传统在目前的中国还相当稳固。尽管中国政府在最近几年推行新的课程改革，已经要求小学和初中比较多地体现课程综合化，但这个综合化要求在实践中推行并不那么容易。"① 不得不说，以芬兰新一轮的基础教育改革为代表的世界整合性课程与教学改革运动已在长久以来人们对"分科与整合"培养整全人的讨论中悄然兴起，面对这样的国际大趋势，中国中小学教师的整合性教育能力将受到更深入的关注与挑战。面对这样的国际教育改革趋势，中国教师教育的学科建设需要在教师专业素质的思考方面保有前瞻性和渗透性的要求与引领。针对该问题，朱小蔓教授提到，长久以来，教师教育形式分为学科性教师教育形式和通识性教师教育形式。而通识性教师教育形式关乎教师教育整体的通识文化、人文文化和生命文化，却没有引起足够的重视。教师情感文明问题提出的目的是为横跨通识性教师教育与学科性教师教育形式，探索关乎教师知识、信念和全部专业能力底色的教师素质建构以及培养、培训，以此尝试，积极探索中国基础教育领域整合性课程与教学改革中教师专业成长的路径与内容，并能对中国本土化的教师教育学科建设有所贡献。

五、 探寻统整教师自我与微环境教育力量的新模式

教师深处变动不居的教育变革时代，这种变革所具有的唯一的道德意义是满足人在复杂多变的社会中的成长需求，而并不是"一厢情愿式"的外部判断、施加或是功利主义价值观主导下的"有意为之"。针对 20 世纪 80 年代之前的教育变革，迈克尔·富兰认为有两种推动教师变革的主要方式："一方面由主张集中者所代表，他们把自上而下、自外而内的规章制度、责任和对教育设施的管理作为解决问题的方法，如当地对学校的管理，即设法增加学校之外地方当局的权限；另一方面由主张调整者所代表，他们的意见是要加强以学校教师及其他教育工作者为主的学校管理——即所

---

① 朱小蔓. 与世界著名教育学者对话：第一辑 ［M］. 北京：教育科学出版社，2015：154.

谓自下而上的方法——才是基本的解决方法。"① 即使到了 20 世纪 90 年代，人们倾向于将两种路径混合寻求教育革新的稳妥思路，但迈克尔·富兰依旧对此感到忧虑："大范围变革中的两难问题，是我曾经提到过的太紧和太松问题的各种不同表现形式。自上而下的改革难见成效，由于其未能获得变革的所有权、承诺以及清晰地了解变革的本质。自下而上的变革——所谓的让数千朵花绽放——在任何层面上均未成功。这里所需的策略有着'对行动的偏爱'，追求自上而下与自下而上两种变革的协调与联合。我们称这种策略为同时关注结果的能力建构。"② 可见，纯粹依赖教师同样会使教育变革深处危险之中，"问题的关键是教师几乎很少有机会在自己所处的工作环境中进行连续的、持续的学习，以及在本校观察同事的教学和被同事观察教学。跨学校间的相互观摩教学也面临着同样的问题"③。基于此，本研究重视教师教育模式中教师自我教育的力量，不仅关注教师在专业生活的不同场域与情境中情感人文素质提升的内容与方式，更关注教师在面对新情境、新问题时寻求自我反思、改变与调整的持续变革性，及这种变革性对教师专业生活周遭的微环境所带来的教育性影响及其道德意义。正如迈克尔·富兰所讲："环境的影响一直表现为一种威力强大的制掣力量。在新的时代，新环境的威力被看作是一种变革的动因。人们一旦认识到环境变革的潜力，同时付出努力推动这种变革，所能获得的突破将会是惊人的。"④

基于此，本研究欲开展对如下问题的探讨：

（1）在职场生活中，教师情感交往的实际状态是什么样的？从教育性的价值视角观察与理解这些状态在育人与微环境文化建设方面产生了什么样的效用？

（2）依循何种逻辑与方式，从教师职场的情感交往中确证教师情感人文素质的展现线索与意涵，这种逻辑与方式如何可观并成为教师自我觉醒、改变与提升情感人文素质的工具？

（3）面临实际存在的心灵困境与情感困惑，研究者与教师如何才能在教育职场生

① 富兰. 变革的力量——透视教育改革［M］. 中央教育科学研究所，加拿大多伦多国际学院，编. 北京：教育科学出版社，2004：8.
② 富兰. 教育变革的新意义［M］. 武云斐，译. 上海：华东师范大学出版社，2010：9.
③ 富兰. 教育变革的新意义［M］. 武云斐，译. 上海：华东师范大学出版社，2010：118.
④ 富兰. 变革的力量——深度变革［M］. 中央教育科学研究所，加拿大多伦多国际学院，编. 北京：教育科学出版社，2004：39.

活的情感交往中各自找到适恰的方式解释生活并拨开迷雾，从中不断增进自我理解、提升幸福意义，主动寻找方法激发内在能量并不断重构和统整自我与微环境的育人力量？

（4）在当下的探索与未来的努力中验证并达成"情感文明"的物质与目标，实现教师的精神觉醒和以人为本教学模式的构建。

六、 本研究的思想基础

本研究旨在从情感教育的视角探讨教师的素质品质以及如何立足职场生活展现我们期待的教师素养，增进自我认知与教育智慧，构建良好的个体成长环境，达成个体与环境整全地发展。自 20 世纪 80 年代中期兴起的中国当代情感教育研究，始终关心个体发展的内在情感状态，以及健全、健康的情感发育和发展对个体认知、道德品性、行为能力与公共伦理生活的影响和作用，着眼于教育现场探索从人性发展的基膜处——情感生发出的种种妥帖、适恰的教育方法与教育内容。然而，教师的素质品质以及教师的教育教学如何较好地贴合与实现上述情感教育旨趣，将个体与环境的发展当作一种有机的、交互哺育的过程，在历史辩证的思维中理解并促进人的发展，实现教育达成饱含人道主义底色，具有情感体验、高尚价值和生命意涵的一种新的文明高度？这些立足教师素养，游走于历史与现实、教育问题与人的发展之间的思考催生出的对情感文明的理解与认识具有悠久的思想传统与基础。

（一）当代情感教育研究视域中人的发展思想

本研究着眼于中国当代情感教育研究视域中对人的发展的关注与教育性探索去理解文明的构成与意涵。作为一种教育本体论的情感文明思想便是在其中孕育并成长的。对个体精神生活的好奇与探问以及对人的情感发育、发展及其教育效应的关注与研究的思想资源主要来源于中国当代情感教育研究的开拓者朱小蔓教授三十几年来的思索与实践探索。受其影响，加之研究者天生的悲悯情怀，在对人的发展与培养问题的理论探索中，苏霍姆林斯基与陶行知的教育思想尤其教师观以及他们艰苦卓绝的教育实践对笔者有着巨大的吸引力和感召力。观两位教育大师的文字与生平，笔者常常对这样朴实无华但保有高尚的理想主义和人道主义信念的教育实践者心生极大敬意，也常常反问自己这个时代还有几位教育思想者愿意抛弃功名与安稳生活，扎根在一线并让思想在教育现场发育、生根发芽？作为教育研究者，笔者常常被两位教育思想家的文字所吸引，他们的文字并没有生涩的概念、玄秘的形而上阐述，也不将重心放于自承启合而且严密的逻辑推理与验证以及自然科学的理性方法与大量文献的修饰，有的是引人入胜的关于人的发展与教育问题、生活化的语言、具有历史辩证性的哲思以及直抵人心的感动与教育力量。从他们的文字中，笔者常常感到教育和教育研究并不像今日五花八门、眼花缭乱的教育实践的概念运动，教育研究的绝对形而上化，教育学理论分门别类、各占话语制高点给人们营造的那么难、那么遥远、那么高不可攀的想象与氛围，只要教师和教育研究者带着一颗真心走进教育现场、走进书斋、走进受教育者的精神世界，知识与教育智慧便能在人与人之间的心心相印中产生、融合，善意与正义的价值观便在此间自然生成、广泛传扬，孩子们、教师们就能幸福、愉悦地成长，而我们希望的教育本不就是如此的朴素和实在吗？

情感的发展需要辨析，生活与学习中的情感需要呵护与照料，然而究竟如何理解和辨析学校教育生活背景中的情感发展？又该选择什么方法呵护并照料生活与学习中的情感？这些因人而异、因情境而异的教育本体以及人生观、价值观方面的困惑，笔者常常能从学习周国平的思想中找到出口。从周国平的文字中折射出的在艰难、复杂的思想求索背景中对亲人、友人、学问、思想、生命、人生的感受以及充满辩证性的理解常常是笔者解答、解释和理解自我的情感与生命困惑、在思考绝境中找到出路以至又达新的思考与感受境界的重要精神资源，也是笔者与一线教师一道分析并解释生活中的情感困顿，走进个体生活史分析和展望不同品质的情感定势的发展过程与脉络，进而在复杂多变的社会与教育生活背景中不断解释自我生活、寻求自我同一、安顿自我，在自我教育与增进自我理解的过程中探索适恰、健康的育人态度、方法与资源的重要养料。与此同时，周国平哲学公开课二十讲从"什么是哲学""道德论""幸福论""生死论"等论题梳理、介绍了中西方著名哲学家和哲学流派的观点。这些对人生与生命的根本问题的思索帮助笔者形成了理解时下教师的素养以及生活状态的形而上视角，通过对经典哲学观点的思考，训练了分析教师的情感与生活、在时下生活的基础上解释并重构教育与生活意义的敏感性与辩证思维。更重要的是，这一系列思想为笔者观察、体悟、解释与分析教师素养，以及学校教育生活找到了哲学、科学的路径与方法，为情感教育旨趣下的、并非自然实证科学式的教师提升与教育改善研究找到了依据，也为依据不同教师的特质探寻情感人文素质提升方式找到具有本源性和超验性的理论契合点。

（二）过程哲学的思想

教师的教育教学本质是以明确知识的交互传递与影响为平台，弥散着情感体验、渗透着价值张力、充斥着自反性的过程。作为一种教育方法论，情感文明思想更加关注教育过程中蕴藏着的自反性与价值张力，倾向于通过观察、对话、冲突解答等人文理解、人文活动与教育方法挖掘过程自反性、价值张力与个体情感发展的契合点，寻求事实、价值与情感的同一、经验的重构以及差异与统一的统整，以此种情感观照中的理性自明和不断涌现以及价值的凸显与内化去弥补和发展明确知识的局限与不足，实现人的整全发展。这些教育过程论思考的形成与价值偏好源自研究者天生的问题敏感性以及常常对问题解答的怀疑与不满足倾向，然而这种倾向与思考的知识化与理论化主要是受朱小蔓教授情感教育思想在课程与教学活动中观照、演化与发展的影响，同时透过朱小蔓教授的思想与讲解，笔者对怀特海的过程哲学思想产生了一定程度的认识与理解。由此，从导师和怀特海的思想中学习到的"价值观就镶嵌在知识中""情感作为知识学习的价值标识器""学习的重要感体验与效应""教师统整知识、方法与价值观的教育能力""学习的浪漫阶段、精确阶段与综合运用阶段"等一系列过程哲学观点与理解帮助笔者扩展了对过程哲学观念的认知，训练并锤炼了观察、理解教育过程的敏感性与敏感点，使笔者找到了在教育过程与方法，尤其是细微的学习过程与方法中理解人的感觉经验、把握情感的教育意义与价值的路径与方法，由此产生的对教师的教育教学过程与方法的分析与反思增进了笔者对作为一种教育方法和教师素养的情感文明的理解。与此同时，迈克尔·富兰的教育变革思想、教育变革的道德意义说助推笔者在教育过程中探寻一种介乎制度与个人自在之间的能够激发个人能量、串联、盘活自组织、微环境教育效用的教师情感交往机制。阿玛蒂亚·森从"可行能力"的理论视角理解人的"实质自由"与"社会福利"恰恰帮助笔者深化、补充、清晰化了教师情感交往的教育效用产生的内在能量分析与发掘。与之耦合，诺丁斯的关心思想及对关心关系的阐述奠定了过程哲学观念在教师的教育方法中展开以及情感交往能量理论中的价值基础，成为作为一种教育方法论的情感文明思想的核心意涵。

（三）教育现象学的思想

确证他者的感受、通过事实理解他者的意识世界是教师有意义的教育教学活动的前提和重要内容，而人的感觉经验与情感活动则是这种教育认知的切入口与重要线索。因此，情感文明的思考也在试图作为一种教育认识论渗透进教育生活事实与教师意识，据此描述、分析并解释教师发展、教育现象，重构并改善教育行为与教育活动。在这样的研究立场下，教育现象学对人的体验的敏感以及重现教育现场，不断观察、描述、呈现人的体验的种种观察与写作方法深深地吸引了笔者。马克斯·范梅南、洛伦·S. 巴里特、托恩·比克曼等人的教育现象学思想以及所做的教育现象学研究、训练为笔者提供了与教师一起反思自我与教育现象、从弥散的教育经验中形塑教育智慧、重塑教育意义的种种训练程序与写作方法。加之受中国传统文化中源远流长的"体察观""顿悟观""心相学""形名学"等察人明理学说的影响，人文观察与人文体验的教育认识方法逐渐从教育现象学倡导的描述、理解与写作的方法中丰富起来，观察、体味、回想、觉悟、历史分析的方法被综合运用进对人的意识与教育现象的揭示与省察之中，那些从学习、成长与生活的历史中积淀起来的个体稳定的性情、气质、修养、敏感点、情感与思维定式、行为习惯被纳入教育认知的内容中，与人的时下体验、关系品质一道作为教育改进的依据。与此同时，新现象学的理论中施密茨的身体伦理学、身体交往理论引起了我们对个体内在情感体验的感受与理解的时空扩展，愉悦、苦痛、惊恐、紧张等个体情感状态经由"身体震颤"的概念而具有氛围与交互的影响意义，由此，时空氛围、语言、表情、眼神、肢体动作、交往习惯等成了我们感受、认知与理解个体的情感状态、回溯性情与情感品质、确证环境与关系品质的重要中介，也成了调造认知与情感状态、交往关系与环境氛围的切入口。这些从教育现象学生发、以对人的情感认知为基调的教育认知理论经由当代情感教育思想与实践探索的调校、补充与统整，系统化为了将在本研究中阐述与运用的情感与交往观察以及教育改进理论。

这种从对爱的认识生发，着眼于具体教育现象及其改善的文明理论，是可信可靠的教育本体论、教育方法论与教育认识论，教师只有具备了这些理解与认知素养并在实践工作中认真积极地诠释与展开，才能真正解答上述的教育积弊与人的培养问题，基于此，教育才有希望，人的发展也才有希望。

第二节　核心概念与研究方法

本研究着眼于教师的情感人文素质及其在学校教育生活中的转变与提升过程，侧重以教师的情感交往为切入口研究通过何种努力能够促使教师自我觉醒、自觉改变，在学校教育生活中梳理、总结、增进自我理解与教育智慧，努力追逐、构建并实现个体与环境有质量的、周全的教育文明。因此，以教师情感交往、教师素养为底色的教师情感人文素质及其较高水平的达成——教师情感文明便是本研究的核心概念。

一、　核心概念

（一）情感交往与情感文明

情感教育关注教育学研究，以人的发展及其与文明互动、互育为根本价值旨趣。当代情感教育研究开展三十几年来，经历了从人的发展视域中的情感与情感教育的理论思辨到扎根教育现场提炼情感教育中介理论的相互补给、相互塑造和支持的过程，试图通过情感教育研究之于人的发展渗透性与适切性完善、补充和扩充教育学研究各领域的知识意涵和知识价值。在对教师职场生活的关注方面，经历了从关注教师的情感教育质量到关注从事情感教育的教师的专业成长，以及后来在两个视野中的研究交互反思与整合性开展的过程。虽然时至今日，由于种种原因，情感教育研究无论在理论探索方面还是在深入教育现场的有效的可操作性探索方面，依然有许多需要突破和改进的地方，也还需要做大量工作让更广泛的学校认同情感教育、深入开展情感教育，但是，信息智能的发展、科技与物质生产能力的进步、国人对精神文明的渴望与游走于主流意识形态之外非主流的社会思潮之间交叉重叠成一张大网，网罗着每个普通人本该稳定的精神世界，相互形塑的张力与压迫感消解着个体与社会的精神文明进步。这种急速前行的、压缩型的现代化态势逼迫我们从情感教育一贯的研究工作中跳出来，在更宏大的视野中回溯并展望中国精神文明进程，从中反思精神文明的价值尺度，据此展开对教师的精神文明考察与适切改造。

人际交往有许多维度，着眼于交往现象基本可分为以下几种：无意识交往，即无意识介入的程序式、机械式对话、互动，比如陌生人程序式的对话、无意的眼神交互，亲人朋友间机械的日常交流等；认知交往，即没有情感介入地以思考、算计、推理、劳动等方式与他人互动、对话、沟通、处事；情感交往，即有情绪情感体验或空间氛围联结的人际互动、对话、沟通、处事。个体在生活中的某时某刻既可能呈现某一种形式的交往，也可能呈现多个形式叠加的交往。只要发生交往（即使是自我交往），便会产生微环境，微环境蕴含着指涉某种价值取向的空间力量会被其周边的人把握，发生身体性（新现象学意义的身体）的、认知性的或是情感性的关联与影响。

有观点认为，传统儒学立论的核心在"人伦"，出对不同等级、阶层角色间交往规则的论述与规定来约束行为习惯、涵养道德人格，"如：'推己及人''以友辅仁''以德报怨'等，讲的是一种爱护、关怀、感恩、回报、体谅等为基本情感的互动"①，也谈到经由对良善情感的养护与培育达至道德品格，比如，孟子的四端说："恻隐之心，仁之端也；羞恶之心，义之端也；辞让之心，礼之端也；是非之心，智之端也。……仁义礼智，非由外铄我也，我固有之也。"② 以及自我约束、遵循礼道以达至道德人格的理想境界，比如，《论语·颜渊》中："颜渊问仁，子曰：'克己复礼为仁。一日克己复礼，天下归仁焉。为仁由己，而由人乎哉？'颜渊曰：'请问其目。'子曰：'非礼勿视，非礼勿听，非礼勿言，非礼勿动。'颜渊曰：'回虽不敏，请事斯语矣。'"据此种种论述与国人交往现实，我们有理由相信，情感生发、弥散、联结并发挥效用，以约束、涵育、自省、自律的方式进行人际间情感交往，是个体价值观养成、道德品质积淀与精神进步以及社会精神文明发展的最深层的机制。

时至今日，共存同一时空下的几代人见证并经历了交往条件翻天覆地的变化。人工智能在未来会大量替代技术性强、可重复的工作，比如，检测、翻译、重复劳动等，给人的生产与生活提供极大便利的同时，也为人际交往、关注情感感受与发展以

---

① 转引自朱小蔓教授未发表文章"中华传统美德教育的情感性机制及其现代运用"。
② 转引自朱小蔓教授未发表文章"中华传统美德教育的情感性机制及其现代运用"。

及精神进步挤出更大的空间与更长的时间。这样的便利条件其实挑战着教师的情感能力：能否在人工智能的帮助下，充分利用便利条件，从心出发与人产生情感交往，以发挥更精深和更久远的育人效用？同时，信息网络、移动互联技术的发展使更多普通个体有了展示自我、发展自我的平台，甚至可长期以此为生活和生存条件，如时下流行的直播、微博、微信朋友圈等。相信这种由技术条件的发展支持，将人性深处本能的"表达—分享—观赏—互动"的交往欲望和模式呈现于"前台"，深受普罗大众不同程度的接受、关注并积极参与其中的个群交往形式在未来会有更加广泛和深入的发展，并因此建构起一个以自我为原点扩散生活圈的伦理形式，使更多的普通人主动置于大众面前，成为受人关注的"不一样的人"，由此，人能否关注自我、认识自我，怎么展现自我、发展自我并通过自我涵育他人将会是摆在更多普通人面前的问题。同时，个性化、差异化、多元化的价值观将随着技术的进步多渠道卷入人们的生活，重构人们的伦理认知，因此，一般意义的等级秩序、单位意识、权威传统将受到冲击与消解，社会的稳定与良序发展的内在需要逼迫人们主动建构适恰的自我存在与发展方式以与周遭环境和谐共处。

以往，人们对于文化与文明的理解常常倾向于一种宏大的叙述，比如，"广义的文化总括人类物质生产与精神生产的能力、物质的和精神的全部产品，狭义的文化指精神生产能力和精神产品"[①]；文明是人类在认识和改造世界的活动中所创造的物质的、制度的和精神的成果的总和[②]；人类文明从来是以进步文化为基础的，没有进步文化的发展，就不会有文明的发展[③]；文明是人类文化发展的价值意义上的必然归宿[④]……相较于此，可以从个体生活的视角生发对文化与文明的微观理解。文化是人在扩大着的生活圈中交往的思维与行为的习惯、常态、定式与模式以及由此产生的种种产品，而文明则是人的交往螺旋图景中蕴藏进步价值的核心内容。因此，对文化与

① 《中国大百科全书》总编委会. 中国大百科全书：第23卷 [M]. 2版. 北京：中国大百科全书出版社，2009：281-282.
② 《中国大百科全书》总编委会. 中国大百科全书：第23卷 [M]. 2版. 北京：中国大百科全书出版社，2009：296.
③ 《中国大百科全书》总编委会. 中国大百科全书：第23卷 [M]. 2版. 北京：中国大百科全书出版社，2009：282.
④ 《中国大百科全书》总编委会. 中国大百科全书：第23卷 [M]. 2版. 北京：中国大百科全书出版社，2009：296.

文明不可进行分割式的理解，同时，基于对情感作为价值观养成的基础以及价值是一种情感关联的理解，应从情感交往视域中的"经验—事实—价值"的理解模式观照属人的文化与文明。改造文化、发展文化也就可从人的情感切入，围绕改造文化的价值内核——文明展开，情感文明便成了理解、促进人的发展的一种价值尺度、方法和路径。

因此，关注当代的精神文明，现实的伦理发展迹象与实存的情感交往机制表明无论个体还是社会正逐渐进入一个以自我为价值尺度，寻求精神进步与物质进步和谐一致地螺旋发展的轨道中。这样一种对"人是目的"的根本价值旨趣的复归，提醒我们重新审视当代教育实践、教育学研究的价值趣味与价值尺度，依据人性的本质直观在文明教育与野蛮教育之间给予清晰的判定，呼吁从外在于人的尺度回归到"人"本身作为教育评价、教育活动、教育研究与教育发展的价值尺度，从文化积淀与道德品格本源的情感交往机制中探寻精神文明最深层次的构成。我们希望将上述种种人们判断好教育与坏教育、正确教育与错误教育的直观情感经验统整情感交往关联精神文明发展的内在机制，提炼成人们可借以丰富感受与理性认知的概念实存，以"情感文明"作为横亘于育人实践、教师成长与文明进步面前的价值尺度，以其属人的思想之光照亮教师成长与时代前行之路。

（二）教师情感人文素质

教育不是只有认知教育这一种构成，而是一个有机生成、交互建构，附着并弥散情感体验与价值感受及其分享、表达与循环往复发展的过程。情感是人的发展的本体，弥散于人的交往生活与学习活动以及由此建构的思维和精神生活中，积淀为个体内在稳定的性格习性、情感基调、价值理解和情理结构[①]。人的情绪情感体验虽然具有主观独特性，难以把握，但也具有客观的可观察性，既可能是积极、正向的快乐、惬意、愉悦感、幸福感，也可能是消极、负向的焦虑、恐惧、嫉妒、怨恨、愤怒等情感，标识了人的价值偏好、兴趣与人文理解[②]。同时，情感会因其弥散性与裹挟力对个体与环境的发展产生根基性影响，塑造和萦绕当下的情绪感受状态和情感氛围，情

---

① 王坤，朱小蔓. 情感文明：教师育人素养的关键价值尺度 [J]. 中国教育学刊，2019 (5)：75-79.
② 王坤，朱小蔓. 情感文明：教师育人素养的关键价值尺度 [J]. 中国教育学刊，2019 (5)：75-79.

绪的感受质料渗透进生活事件储藏进人脑成为价值倾向、情感定势、思维趣味积累与发展的记忆因子①。情感定势是个体情绪情感感受的敏感程度与敏感点、价值偏好与表达习惯。情感定势与价值倾向、思维趣味一起作用并影响人内在整个的情感与价值理解和表达系统，其中正向、积极且具有良善基调，表现为关爱、同情、尊重、宽容、鼓励、理解、诚实、道义、坚忍不拔、正义的情感品质需要不断地引导与培育，以维持个体、交往与环境稳健、良序、令人舒适地发展。

人得以健全发展考验着教师对个体学习、交往过程中内在情绪情感状态的觉察、诊断与调适的能力，而这种外显出来的情感能力又根源于积极、正向的情绪状态和情感品种持存积淀而成的教师情感人文素质不断凸显与提升②。综上而言，教师的情感人文素质是以教师的生命阅历与经验、人文阅读与体验、人文理解与思考为素质底色发育、生长出的教师积极、正向的情感状态，基本的情感育人认知，稳定的情感品质（关爱、同情、信任、尊重、宽容、理解、鼓励等）以及健全的情感能力③。

（三）教师情感文明

情感教育研究领域中的"情感文明"概念来自朱小蔓教授与乌克兰著名教育家苏霍姆林斯基的女儿卡娅的对话。卡娅说："我想用'情感文明'这个词来表达情感教育的宗旨。因为，情感教育就是让孩子去体验诸如交往、信念、尊敬、同情、悲哀、快乐、爱和互助等情绪、情感的教育，这样的教育将人的情绪、情感汇集在一起便会促成学生产生一种情感的美丽，也就是形成一种情感文明。"④ 朱教授回应说："您使用这个概念很有价值，我觉得它的概括力很高。它使情感跨出了心理学、社会学的阈限，进入了人类学的视野。毕竟，一切人类文明最终都要以情绪来表征并被情感所体验。'情感文明'这个概念从一种高度捕捉和把握住了情感对于人和人类生存与发展的意义，并提高了情感教育在教育体系中的地位和作用。"⑤

---

① 王坤，朱小蔓. 情感文明：教师育人素养的关键价值尺度 [J]. 中国教育学刊，2019 (5)：75-79.
② 朱小蔓，王坤. 涵情育德，以德育人 [J]. 中小学德育，2018 (9)：27-30.
③ 朱小蔓，王坤. "情感—交往"型课堂：课程育人的一种人文主义探索路径 [J]. 课程·教材·教法，2018 (5)：17-25.
④ 朱小蔓. 与世界著名教育学者对话：第一辑 [M]. 北京：教育科学出版社，2015：26.
⑤ 朱小蔓. 与世界著名教育学者对话：第一辑 [M]. 北京：教育科学出版社，2015：26-27.

　　针对教师品质和教育质量而言，教师情感人文素质的提升与发展指向教育情感文明的达成，教师情感文明也就是教师情感人文素质的高级状态与发展阶段。它既是教师在整个成长历程中积淀下来的价值情趣、情感定势、知识内涵与思维方式，也是教师在不断自主提升情感人文素质过程中的人文理解进阶、生命格局扩充与精神升华，具体表现为，关注"人"的情感体验与良善价值观培育，积极深入细微的交往生活与认知活动中，通过适恰的情感表达，识别并调适学习者的情感状态与价值偏好，构建自由、惬意的交往与学习环境，进而引导个体与环境的理智、情感能力、道德情操与审美情趣和谐一致发展[①]。

　　本研究立足教师行动改善与素养提升的过程，描绘并阐述达成情感文明的内在机制，这个过程始终围绕教师自我理解的扩充与增进以及良好微环境的构建。埃德加·莫兰认为存在着两种理解：一种是理智的或客观的理解，另一种是人类主体间的相互理解[②]。理解意味着在理智上抓住整体，一起把握文本及其背景、部分与整体、多样因素和一个总体[③]。然而，本研究之所以确立教师自我理解的概念是希望教师在教育教学工作与生活中，在达成或实现上述两种理解的过程中能够回溯自我、启蒙自我，由理解促进自我认知与情感素养的自觉超越，经由理解涵养自我的道德、精神与生命，实现自我与外界的和谐统整及提升。因此，教师的改变与进步并不仅仅是理智理解或主体间理解的进步，只有当教师通过对外的理解进步达成对自我的封闭、局限与缺陷的不断觉醒，因环境的影响与自我的努力促进产生了突破自我，重构自我认知、情感与精神素养以及统整并超越自我的意愿与意志，且积极在工作与生活中努力付诸行动、反复调整自我与周遭，认识到并不断实现这种由外至内及由内至外交互涵养的理解与精神升华的循环运动，教师的情感人文素质提升才算是达成，而这个运动过程即是增进教师自我理解的过程。可见，教师自我理解的增进、情感文明的达成并非易事，正如莫兰所说："理解的障碍有许多并具有多种形式，最严重的障碍由下述因素构成：自我中心主义—自我辩护—自我欺骗的圆环，狂信与还原，以及报复与复仇，它们是难以磨灭的扎根在人类精神中的结构，精神难以排除它们，但是能够和应该战

①　王坤. 迈向教师情感文明 [N]. 中国教育报，2018-03-15（010）.
②　莫兰. 复杂性理论与教育问题 [M]. 陈一壮，译. 北京：北京大学出版社，2004：75.
③　莫兰. 复杂性理论与教育问题 [M]. 陈一壮，译. 北京：北京大学出版社，2004：75.

胜它们。"①

教师的素养总是在交往、表达、学习、思考与改变的过程中展现并产生教育意义。相比区域与学校整体文化传统和价值趣味的稳定性与难调性，附着于教育现象的那些由教师主导或参与的交往活动，眼神、语言、表情、肢体动作表达，时空安排，情境氛围最富直观的教育性，易调整与改善，也是直接引起教师素养提升的生命材料以及学校文化改进的突破口。因此，本研究将致力于对由这些要素构建起的师生教育生活的微环境展开观察与分析，分别探索教师与学校着眼于这些要素如何作为与努力，才能建构并发展在学校教育生活整体视域中因教师而异、各具个性特色、有益于个体学习与情感发展、积极的价值力量得以张扬并能涵育人的发展的良好微环境。

二、 研究方法

教育学视域中的思想与研究本质是与教育实践一体的、属人的情感与思维活动以及行动操作。自 20 世纪 80 年代兴起的中国当代教育学脱胎于马克思主义与研究范畴，有着广泛而深厚的逻辑推理与理论思辨式的求索趣味，重"应然"轻"实然"，重对理论的条块阐释与论证，轻对现象的整全解释与重构。随着改革开放的深入，一大批有着良好学术训练和思维素养的教育学理论工作者将"走出去"与"引进来"相结合，广泛且深入地与西方对接、交流、融通，他们的观点和思维仍越来越多地影响着中国的教育学传统与发展。

中国的教育学思想与研究亟须自我革命，全面回归教育实践与着眼于人的发展的求索。这其中，关于教师专业成长的研究决不能拘泥于从自然科学借鉴而来的理性方法的选择。扎根教育现场，在文献分析、实证积累的基础上增进对人与问题的感受，在参与式观察与体悟中增进研究的思想性，伴随日常扩充阅读、扩大交际面、勤于思考、敏于探问，依托合作教师发掘普遍现象与本源问题，在丰富的生活与教育体悟中、多样的知识积累中、多元的人际互动中探寻解释并重构教师教育生活的多种路径与方式，力图使教育研究方法成为不止于思想求索的工具、解答问题与成果表达的中介，无疑是从教育现场生成、照料身心成长的"良药"。

---

① 莫兰. 复杂性理论与教育问题 [M]. 陈一壮，译. 北京：北京大学出版社，2004：79.

（一）行动研究的方法——兼及研究的实践基础

早在 1994 年朱小蔓教授就曾呼吁"要在各级师范教育中，加强对师范生情感人文素质方面的培养，使师范生不仅认知、技能水平达到师范教育目标，而且能够在未来的师范职业中，善于与学生顺利进行情感交往……依据教师情感人格条件与其教育素质的关系，她曾在 1998 年提出过一个'教师情感－人格素质'的初步框架"[1]。同样是从 20 世纪 90 年代开始，朱小蔓教授任主管教学的南京师范大学副校长时，推行师范生培养改革，要求师范生不仅要完成学校正规课程的学习，每周还要抽半天时间待在中小学，与学生互动，体验教师的职业特点。那个时候，朱小蔓教授带着团队扎根过许多中小学，提炼出许多情感性素质教育模式："无锡师范附小的乐学教育——教师爱学习、乐于学习的情感对儿童快乐学习有重大意义；上海闸北六中的成功教育——教师善于鼓励，使后进学生发生积小步为大步的改变；南通师范二附小的情境教育——设置多样化情境引发积极学习的情感，促使智德美浑然相融；南京行知小学的欣赏教育——教师用耐心与胸怀，欣赏儿童、静待花开；江苏丹阳师范附小的情智教学——教师以情智相融的智慧提高教学质量"。[2] 1994－1995 年，朱小蔓教授带领团队在江苏海安实验小学开展实验以探索课程育人的"情感—交往"机制。中国当代情感教育研究从兴起之初就关注教师扎根教育现场从事情感教育的素质、品质与能力建设，但是以往情感教育研究着眼于课堂教学与学生学习质量的提高去关心、关注教师，由此生发对教师情感素质与能力提升的理论探索与试验。直到 2014 年 12 月，香港田家炳基金会与北京师范大学教师教育研究中心合作，由朱小蔓教授任总负责人的"全球化时代的'道德人'培养——教师情感表达与师生关系构建"项目的立项，标识了中国当代情感教育研究开始直接以教师的情感人文素质为切入口，着眼于教师整全的学校教育生活，扎根现场，在各方人员通力合作下，在行动与思想交流中致力于教师情感人文素质提升的理论与实践探索。本研究是该项目价值旨趣、研究理路的接

---

[1] 刘胡权. 关注教师情感人文素质，提升教师教育质量——北京师范大学朱小蔓教授专访［J］. 中国教师，2015（1）：87-90.

[2] 引自朱小蔓教授 2014 年 10 月 20 日在第二届全球教师教育峰会上的主旨发言"教师教育的情感维度：以个人学术关注与社会变迁、教育改革浪潮的交集为线索"。

续，并从中吸收营养，从人性本源探索当代教育文明与野蛮之分的价值尺度，以个体情感与现代文明良序发展的互动关系投射教师情感人文素质提升的实践研究，由此映照、摸索教师品质之丰厚质地及其增进的方式。尤其本研究分别从学校管理、文科课堂、理科课堂三个视域致力于教师情感人文素质提升的观察指标体系的探索就是从该项目中获得的思想资源、理论建构，也是对该课堂观察指南的具体化、深化和延伸研究。

教师个体经历和遇到的情感教育问题往往具有区域性和时代代表性，完全可以通过与具有典型特征的教师和学校合作探究，悉心感受、扩充交往、细致分析梳理，去把握、获得具有超验性、本源性和一般性的情感教育问题、教师改变内容与困境以及维持改变与素质提升的方法。为此，本研究着眼于行动研究的基本立场，自始至终希望通过教师的行为改善达至情感人文素质意识的觉醒和自觉，实现个体与环境文明的有机进步。教师行为的改善首先需要一套稳健的教师生活观察与分析工具作为理论支撑。本研究以衣俊卿的日常生活与非日常生活、日常交往与非日常交往理论为基础来研究、观察教师的学校教育生活，划分出涵盖日常教育生活与非日常教育生活的学校教育生活感受与分析模式，并在其中提炼出教师的日常教育交往与非日常教育交往的中介理论，力图将此渗透进教师微观的行为现象，在其中探索教师生活与交往的情感、文化与制度依据。本研究立足日常与非日常之间的比较式观察和分析，整体地把握支撑并维持教师专业成长的形式和内容，希望教师从生活的根源处适恰地改变。研究者进而依据此种理论分析框架走进真实的教师生活，与教师坦诚交流互动，通过有高校理论工作者、研究生、一线教师、学校管理者广泛参与其中的情感教育主题工作坊、专家讲座、课堂展示、观课评课、生命叙事等活动，仔细倾听、观察并记录感受与问题，结合文献分析、与教师进行围绕情感教育效用与价值的对话畅谈，在课堂教学与学校管理视域中，着眼于情感交往生发思考，提炼归纳能够达成整全育人，能够融合知识学习、情感教育、价值观教育以及行为改善的教师行为指南，引发教师的行为更新与改进；深入学校教育生活反复讨论、观察、磨砺行为指南和行为，并依据研究者的生活积累、情感观察与自我体悟，围绕教师的行为改进提出日常训练方法。

研究者希望通过与合作教师的共同努力，探索教师行为改变、提升情感人文素质的共性问题和基础性方法。因此，本研究展开的行动探索过程从一定意义上要具有针对广大教师的示范性，那么选择的合作教师首先应当敏感性较佳、情感充沛并认同情感教育旨趣、有改进意愿。据此，本研究依托"教师情感表达与师生关系构建"项目，扎根项目合作态势较好的两所种子校——北京中学与南通田家炳中学——广泛观评课，参与工作，与具有不同成长和学科背景、价值倾向、性情禀赋的教师对话，观察并体验其生活和个性特色，筛选具有典型示范性的课堂、教育事件以及教师进行分析，并继续与筛选出的教师深入合作探讨，发掘一般的、共性的问题与改进困境，在其中培育并发展研究者观察、合作、分析的敏感性和能力。在此基础上，研究者扩充研究的感受和分析视域，通过微信等途径全领域融入合作教师的生活，与合作教师保持随时交流和探讨，学习共同从情感理论视角感受并分析常见的教育问题和困惑；依托项目举办的全国性课堂展示活动、研究者主持并参与的提升教师情感人文素质的培训活动，扩充对不同区域文化背景中教师的情感人文素质以及情感教育问题的理解与认知，并将其纳入保持常态合作的教师问题的补充感受与分析中。历史的选择与凸显是情感文明最直观的解释与表达，拥有广泛社会美誉度的名师、名校具有从艰辛成长历史中积淀下来的情感文明财富，需要仔细挖掘、梳理出来，以直接发挥示范、感召与引领作用。

（二）参与式观察与体验的方法

教师的行为改进并不是本研究的终极目的，本研究是希望通过行为改进引发情感教育意识的觉醒、整全的情感教育能动性的建立，并由此重构自我，统整知识、情感与价值观，实现幸福地育人与生活。那么，在行动研究的过程中寻找实现上述终极目的的一般方法，就需要研究者有足够的观察与共情能力去唤醒教师精神系统中潜藏的情感因子，通过表达与分享，体味教师之苦痛与艰辛的具体形式与内容，在情感与情感的交往中寻找方法，走出困境，在具体的情感感受中摸索具有一般性的教师情感人文素质发展路径与内容。因此，研究者在行动研究过程中会从内心出发，积极与教师合作，身心完全卷入学校教育生活，悉心观察与记录，依据一般的情感品种变式与情感品质发展理论体悟师生情感，据此描述情感人文底色与视野中的教育现象、教育问题、教师情感困惑，尝试做出有人道主义温度的问题解答，与教师彼此支持、帮助，共育身心。

（三）思辨法

人的情绪情感既是主观体验也是客观存在，同时具有生活与成长依据以及价值趣味。这些关于情感的本质特征意味着情感的发展可以辨析、值得辨析，可以从上述三种角度思索教师的情感发展，寻找教育问题的情感线索，在人的发展本源处寻找调适、引导与改进的方法和内容。

需要指出的是，对观察、体验与思辨方法的分别阐释是为了便于大家透彻理解行动研究过程，在研究开展过程中，这些方法并不是孤立使用并发挥作用的，而是研究者作为一个整全的人对学校教育生活与历史中的具体感受、现象、事件、问题与价值的观察与体验、联系、确证与思辨的综合，力图使研究达到"感性丰富、知性准确、理性综合，感性、知性、理性相统一"（萧焜焘先生语）和"经验、事实与价值倾向相统一"（朱小蔓教授语）的状态。

（四）研究实施与方法应用

本研究的方法论立场定位于合作行动研究。研究者与教师在合作探索与行动中寻找、构建可以依靠的工具与方法以提升情感人文素质，也是在合作中加深了解、认识彼此的优点与不足，经由长时间的交往互动，认同同情、关爱、理解、正义等情感品质，并在关系发展过程中展现、强化，引起各自的改变、情感人文素质提升并逐渐增进情感文明。但是，每一位教师都不是"一块白板"，并不是受到影响就会改变，即使好的合作关系也很难引起教师的情感教育意识觉醒，更不要说对本研究倡导的教育方法与价值旨趣的认同。因此，研究者无论在研究准备、开始还是进行中都十分清醒地将每一位合作教师定位于独特的"职场人"。独特既意味着合作对象各自具有不同的经历、价值倾向、理解与应答方式，也意味着这些不同所彰显出的教师群体复杂性以及他们对于教师教育意义生发的代表性与不可或缺性。"职场人"意味着处在教师生活所依赖的职场系统之外的研究者，相比行政命令、领导与专家权威、工作业绩与职级晋升、主流文化等"强制力"，对于教师的影响与改变作用一定是微弱的。这种"微弱"意识迫使研究者前期对教师改变难以形成足够积极、充分的预期，而是在积极主动交往互动、尽全力引导每一位教师改变的基础上，更多地观察、思索、清理、分析其中的问题，进而希望研究产生的一系列思想、工具与问题解答将来能有机会融入上述种种"强制力"，引起更大范围内的教师情感人文素质提升与教育品质提升。这些在研究实施、方法应用时的自认为清醒认识使得研究者对于合作行动研究的立场各有侧重，在研究者与教师的合作主体之间侧重于研究者的细致观察、体悟、描述、解释、反思等，在由思索研究与行动改变构成的行动研究过程中，侧重于由研究者对问题的梳理、串联与解答等构成的思索研究维度。

据此，本研究具体实施与方法应用过程的主线是研究者自己作为研究工具深入教师的日常教育生活与课堂，在使用自主构建的学校教育生活观察理论框架与由此产生的一些中介性工具的基础上，充分应用参与式观察、体验与思辨的方法，透过人物、行为、情境、事件、关系、冲突等生活实景，试图进入、解析并理解教师和学校的精神生活状况、梳理问题、思索解围与突破的心灵与实操方法。具体过程如图 1-1 所示。

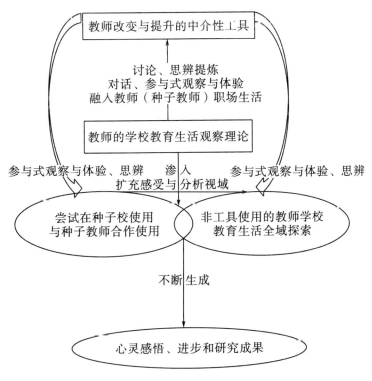

图 1-1 研究实施与方法应用图

在研究实施与方法使用的过程中，教师的学校教育生活观察理论框架是研究者在上述种种思想基础的理论学习、观察与感受教师生活、反观自我与时代精神内涵的基础上的研究结果。带着这个融合了现象学研究趣味、情感教育研究的价值立场以及情感与理智和谐一体的"大脑"，研究者自然地走入一线教育现场，与上文提到的那些所选择的教师与教师所在的学校相遇。为了更有效地帮助教师理解情感教育、在课堂教学与学校管理中拥有融合情感教育的抓手，研究者构思将学校教育生活观察理论框架分别具体化和深化，创建成为学校管理、课堂教学视域中的观察——行动工具。研究者一方面尝试将这些工具投入合作教师、学校中使用，对教师进行培训，探索工具的适切性并引起教师情感人文素质的改观；另一方面，自己使用工具观察教师的生活、学校文化和自我精神生活，提炼教师精神生活的普遍困境与问题，优质教师、课堂与学校文化的某种内涵与特性以及教师情感人文素质提升的路径与方法，并在这个过程中不断锤炼自己的"大脑"，让自己对教师、教育现象与问题更能感同身受，在不断提炼问题、解答问题的过程中，寻找适切的突围方法、本源性与超验性特征，不断生成心灵感悟、进步与种种研究成果。

第三节 研究的理论框架

一、 研究思路（见图 1-2）[①]：

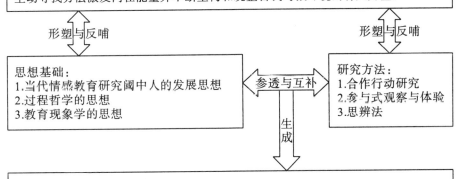

图 1-2 研究思路

研究框架内容由图呈现。

二、 研究的理论分析框架： 教师的学校教育生活观察理论框架

教师的交往对象包含学生、同侪、家长、自我，涉及知识、态度、价值观、制度、规则、道德、权益、技能操作多种交往中介，一般欲达成知识传习、道德教育、资源处置、文化改造以及文明进步的效用，这其中有情感参与和关联的人际间情感交

① 受 Dr. Michael Michell 的"理论在实证研究中的运用"沙龙要点以及朱小蔓教授和李琼教授点拨式回应的启发。

往往往会对交往的教育效用达成、情感文明建设产生根基性影响，种种社会思潮、文化习俗、规则制度也正是经由教师人性本源处的情感交往机制影响教师整全的生活，使其产生愉悦、幸福、快乐、焦虑、倦怠、怨恨等积极或消极的情感现象，作用于教师的心灵成长与教育行为。

研究者希望在充分吸收上述思想养分的基础上，从教育现象学的视角观察、描述、解析教师的学校教育生活全域，从情感交往现象切入，着眼于学校教育生活的日常教育生活与课堂教学这两个主要视域，探索教师足以统整知识教育、情感教育、价值观教育以及良序伦理与道德生活构建的观察工具与行动指标，并以该思考路径与内容构筑本研究描述、解释与反思观察对象的理论分析框架。具体见图 1-3 所示。

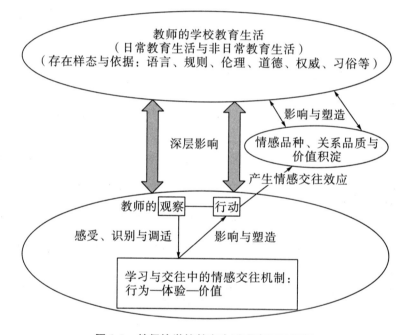

图 1-3　教师的学校教育生活观察理论框架

图 1-3 中揭示的学校教育生活视域中教师交往的内在情感交往机制及其效用产生机理，不仅有助于我们全面而深刻地理解教师当下的生活质态，更有益于我们寻找教师的教育意识改观、行为改善以及教育性创造的理论与实践的路径和内容。

外显的交往行为常常会以一种现象进入教师（观察者）的意识，勾连生活经验与素质内涵进而形成某种单独的或者复合的情感体验，情感体验因其弥散性与裹挟力最能唤醒人或环境固有的、稳定的价值趣味进而产生当下的价值感受、理解与判断，经长久交往与磨砺，积淀为稳定的价值认知倾向与价值感受——反应模式。这样一种可以简化为"行为—体验—价值"式的情感交往机制即是图 1-2 中教师（观察者）需要理解与洞察的人际交往内在机理。当教师能够充分观察（感受、识别与调适）内隐的情感交往机制时，这个观察的过程便会在教师的内在情感世界中产生一种作用力，影响并塑造教师外显的行为，具体为教育教学行为、语言、表情、眼神、肢体动作以及催生的空间氛围。这些外显的行为表达连同事件、行动、情境整体作用于人际交往，以约束（教导与训诫）、示范、涵育、自律、自省的方式产生某种情感交往效应：可被观察为即时的感受与情感品种、品质或是长时间积淀下来的价值观、关系品质。

然而，本研究要做的是让上述情感交往现象置于日常教育生活与非日常教育生活的不同内容的存在样态和依据中，重新获得情感交往与其存在样态和依据的直接而原初的联系，让其"是其所是"地呈现，并将这种呈现作为教师观察学校教育生活和自我的工具，进而依据情感教育研究所坚守的积极的人道主义价值旨趣，构建行为的价值指标引导教师反思生活、改变自我、重塑意识。"教师依据人的当下行为，品读其行为动机、目的与需要，结合日常交往积累下的对其态度、意志、习性、价值倾向与情感反应倾向的判断，综合作用于与人交往的过程，形成信任、惬意、舒适但也凸显张力、涌现智力的交往关系，并且，不断关注此类良好关系品质的持续发展"①，此即教师观察—行动模式中内在情感交往机制的一种展现，也表达了一种构建良好人际关系的方式。本研究就是和教师合作探讨如何据此机制构建良好的人际关系、教育微环境和学校情感文化，让自我与环境发挥整全的、良好的教育效用。

三、　基本解释

（一）本研究以研究者在行动研究过程中的观察与提炼为主线

基于研究最初的假设（走向情感文明）和研究者一贯的心灵探究兴趣，本研究立足一种从现象观察出发的探索性研究和标杆性研究，探索教师们的情感交往与精神现状，据此考察教育质量的种种问题，并力图经由研究者自认为严谨和严肃的大脑、一

---

① 朱小蔓，王坤. "情感—交往"型课堂：课程育人的一种人文主义探索路径［J］. 课程·教材·教法，2018（5）：17-25.

定程度的教育经验和受教育经历以及对教育现代性问题的深入感受而发掘、描摹、呈现一种具有"情感文明"特质的教师、课堂与学校形象、内涵。"现象学就是逻各斯（语言和周全思考）在一个现象（生活经历的某个方面）上的运用，以展现其本来面目。"[①] 本研究虽然看起来不像以假设—验证为主线的探索性研究，但研究者深知验证本身无时无刻不融入对现象的观察、描述与解释之中，共同成为研究立场的底色。据此相信严谨的感受、观察与思辨在一个个研究者所经历现象上的运用，以及研究者对教师精神生活自始至终的感同身受努力，足以周全地再现现象背后问题的本来面目，也足以从这种"再现"中揭示一种合理、可靠的教师精神成长路径与内容。然而，研究者的这种信心究竟是否可靠和合理，留待在教师精神成长与教育文明发展的长时段历史中去检验。

（二）人文科学视域中的工具开发与使用是一个长期磨砺、有待生发多元价值特色的过程

研究试图从教师在情感交往现象中的观察与行动模式中寻求突破，帮助教师自主提升情感人文素质，因此，本研究设计了一些工具为学校管理和教师所用。关于工具的使用有几点需要说明。首先，工具的指标阐释虽然以行为为切入口，但那些行为指标全都关联行为人和制度的意识改善，意图通过行为的改变引起人与环境的教育意识的改观。因此，本研究对工具使用效果的考察并不落脚在教师行为和制度本身的改观，而是细致感受与分析种种外显的改观是否引起精神的提升与进步，以及其中的关联与困难。其次，以研究者客观的微薄之力，只能与少数的合作教师探讨那些工具的合理性并进入课堂探究实效，最多也只是通过多次培训在更大范围的课堂中试验。关于学校管理的实施指南也只是与个别校长进行了探讨，没有政策宏观力量的支持根本无法进入学校管理与制度层面试验。但通过与校长、教师有针对性的探讨发现，他们对此还是较为认同的，有据此展开试验与改变的愿望与冲动，尤其课堂工具的使用确已引起一部分教师的改变（本书的第五章第二节开头有一些专门的细致描述，对教师

---

① 范梅南. 生活体验研究——人文科学视野中的教育学［M］. 宋广文，等译. 李树英，校. 北京：教育科学出版社，2003：41.

个体细微变化的观察与分析则散见于具体案例中）。在这样的工具推广、使用与研究者客观能力存在矛盾的困境下，研究开展的实际状况是研究者自己在使用这些工具观察学校、教师与课堂，梳理问题、解答问题并提炼较好的教师提升与学校文化的模式。然而，这样一种在人文科学立场中产生的试验工具，其设计的初衷就是希望在不断的学习、推广与使用中，在人与人的互动中，在不同的文化背景中改善、发展与深化，它们也更像是致力于教师精神成长以及教育文明转变与提升的行动纲领，而工具的使用与使用效果留待官方发掘和评判，寄希望于有意向的校长与教师的个人努力。本研究恰恰希望为上述深处社会文化转型与精神困境中的教育工作者埋下一粒精神种子，期待有朝一日被更多的学校、教师认识到，据此使用、批评、磨砺，希望人与学校的情感文明一点点改变、增进，生长出多姿多彩的、具有不同文化特色、属人的课堂模式与学校管理模式，师生因此智慧、幸福地成长。我想，这是本书的终极目的，也是唯一的目的。

（三）学校管理与课堂教学是引发教师教育意识改观的两股关键强制力

本研究力倡的教师自主改变、提升情感人文素质，本质是一个教育意识在教育行动与生活中不断重构与改观的过程。然而，教师对现象与常识蕴含的教育性由无意识转变为有意识，再到敏感性锤炼，其中的觉醒与突破常常不是个体生活与成长的内在自然力所能激发和引导的，更大程度上是教师个体之所以为教育专业献身的两股外在强制力（学校管理与课堂教学）所形塑与牵引。因此，本研究在第三章试图从学校管理与课堂教学这两个视域切入，在其中探索教师专业成长所依托的人际交往、知识学习、技能操作训练与价值观学习的情感教育融入方式和内容，构架系统性的思维工具以期引起并在整全的学校教育生活中引领教师的教育意识改观、行为改变与良好教育伦理生活的构建。因此，本书第四章更大程度上是研究者在工具意味中对有意改变和提升素养的教师和校长在课堂教学视域之外的观察、描述、问题梳理以及价值阐释，而非对管理工具使用及其使用效果的描述与验证。同时，教师使用课堂工具则具有更大的主动权，第五章涉及研究者助力教师个体使用工具的写作培训介绍和课堂观察发现的凸显情感文明价值意味的师生与生生交往、知识学习、情感学习以及价值观确立的描述、解释与阐发。

第二章

教师情感文明：
解答教师情感问题的一种路径

如果我们对某人发生误解，那是因为当我们开始认识他时，把他的缺点和与这些缺点联在一起的完美混在一起。……一个人应该小心谨慎，不要对任何微小的不幸灾祸表示憎恶。相反的，在另一方面，他也应小心，不要对任何琐事表示喜乐。

——［德］亚瑟·叔本华

第一节　关于教育可靠基础的考察①

关于教育可靠基础的考察，终归要从对"教育是什么""什么是教育""怎么教育"三个本源性问题的思考与回答开始，并循环往复地追问"教育真理"与"教育何以合真理性"。基于此，"任何形式的教育哲学都试图提供教育真理的确定性和终极辩护。任何形式的教育实践也都建基于教育的合理性与正当性"②。那么，面对纷繁复杂的教育哲学与教育实践辩论，就需要选择一个合乎真理性的尺度拷问它们，并借此认识教育的可靠基础，继而探索如何让这个基础融入教育实践大厦中的哲学根基。

一、爱、认识与教育

（一）对爱与认识的基本认识

古希腊哲学家阿那克萨哥拉说："万物混合，有心灵出，赋予他们以秩序。"这句话向我们呈现了万物出于混沌的直观景象，又在提示我们由于心灵的存在，万物才又归于秩序之中。《泰阿泰德篇》中提到："人是万物的尺度，是存在的事物存在的尺度，也是不存在的事物不存在的尺度。"人把自己当作尺度去衡量万物，寻求万物的意义③。更确切地说是人靠自己的感觉寻求并创造万物的存在和意义。"可是，当他寻找自身的意义时，用什么作尺度呢？仍然用人吗？尺度与对象同一，无法衡量。用

---

① 对该问题的研究源自阅读高伟教授发表在《教育研究》2014 年第 6 期上的文章《爱与认识：对教育可靠基础的追问》。这将是个极具穿透力、洞察力、解释力的关于"教育何以合真理性"的可靠基础问题的具有马克思"个体直观—实践理性—历史直观"（朱小蔓，2007）思维方法论色彩的考察。爱与认识是教育合乎真理性的底色，对二者的探问像是一根线穿起了由此引起的事关无意识、意识、感性、知性、理性、情感等一系列"粘连着的"人的发展"最隐秘"问题的追问，探问的是当代的教育实践问题的本质与具体历史性中的教育哲学根基。笔者试图对该问题继续追问时，曾经思考过建基于合真理性的教育，其可靠基础是否仅是"爱与认识"，是否还要增加"爱·认识·正义"或是"爱·认识·正义·自我意识"？后来想到，"正义与自我意识"终究要因其天然固有的价值相对性而不能进入对教育可靠基础这个具有绝对性色彩的本体问题的考察中，但是，由"爱与认识"扩展与延伸出的"教育何以合真理性"的问题考察离不开对其"附着物：正义与自我意识"进行辩论。

② 高伟. 爱与认识：对教育可靠基础的追问 [J]. 教育研究，2014（6）：10-19.

③ 周国平. 周国平文集：第 1 卷 [M]. 西安：陕西人民出版社，2006：5.

人之外的事物吗？人又岂肯屈从他物，这本身就贬低了人存在的意义。"① 看来，需要寻找新的尺度与方法帮助人走出探寻与确证自我和万物意义的悖论。生命体内部的关系以及它们与外界的联结、依存和转化是一种客观存在，它们可以作为客观知识进行认识，而基于联结感的主观体验则是人的生命现象独有的普遍性生活经验②。生命体的联结感体验又以最真实的自我经验模式"以一种直接的方式，也就是人不能把主体和客体完全清楚分开的方式"③ 创造人与万物一体的秩序和意义。

那么，最合乎真理性的教育应该是从人的联结感体验中生长出来，使生命体内外保持顺畅、惬意、圆融、张弛有度的状态，这不仅是教育之为教育的可靠基础，也是人最本质的成长机制。爱与恨相伴而生于人性中，都是一种很神秘也极具附着力和牵引力的联结力量，与恨的破坏性相比，爱更适合且优先在教育可靠基础的思考框架内被讨论。奥尔弗斯教认为，万物发端于 Eros（爱），Eros 是一种创造的力量，它使不同的东西趋于统一，使一切趋于完满④。柏拉图通过《会饮》中的第俄提玛表明，爱一方面来自贫乏，一方面永远追求美和善，爱神是介于神与人之间的存在⑤。人类以爱欲为渊源，迅速升华为对城邦和对伦理生活的爱⑥。爱欲是人性发展的渊源，也是人的一种本质能力。笔者通过学习周国平的观点认识到，"爱欲在灵魂中攀升"的过程中，分化成认识、情感、意志三种能力，呈现三种各具特点但又相互缠绕、影响的精神活动。就人的心理与精神层面而言，认识是人探索未知与真实的欲望和冲动，指向"真"；情感是人与万物交往中的联结感体验，指向"美"；意志是认知与情感相互作用的区域⑦，周国平认为意志是永生与完美的欲望，创造了道德与信仰，笔者更相信意志指向"善"。

关于认识与情感关系的考察不得不探讨情感与理性的关系。针对这个问题，不同

---

① 周国平. 周国平文集：第 1 卷 ［M］. 西安：陕西人民出版社，2006：5.
② 引自朱小蔓教授 2015 年 7 月 9 日在长春题为 "'爱的联结关系'与生命教师"的讲座 PPT.
③ 叔本华语，转引自朱小蔓教授 2015 年 7 月 9 日在长春题为 "'爱的联结关系'与生命教师"的讲座 PPT.
④ 李庆明. 什么样的理论打动教师——李吉林情境教育学派的启示 ［J］. 教育研究与评论，2017（2）：125-128.
⑤ 高伟. 爱与认识：对教育可靠基础的追问 ［J］. 教育研究，2014（6）：10-19.
⑥ 高伟. 爱与认识：对教育可靠基础的追问 ［J］. 教育研究，2014（6）：10-19.
⑦ 朱小蔓. 情境教育与人的情感性素质 ［J］. 课程·教材·教法，1999（1）：8-10.

时代的哲学家给出了不同的叙述。长期以来，西方许多思想家对"理性"的认知与践行有着偏爱，对"情感"则存有偏见。正如《理想国》中的苏格拉底教导格劳孔的，使人通达的是理性与法律，属于灵魂高贵的部分，而让他听命于情感的则是低贱的部分①。追求前者的是自由人，而尾随后者的只会是奴隶②。欲爱很可能会使我们远离高贵和美，真正美好的生活，理性和法律是不可或缺的基础③。发生在 17 世纪至 18 世纪欧洲的围绕将人从自然、宗教和政治的束缚中解放出来的思想启蒙运动是理性与情感讨论激烈的一段时期④。卡西勒指出，17 世纪的思想家对情感作用的认识是消极的，在他们看来，情感是"灵魂的骚动"，唯独具有合乎理性的意志，才能克服这些骚动，18 世纪的思想家并不认为情感纯粹是一种障碍，而是试图表明，它们是一切理智活动的原始的、不可或缺的动力和刺激⑤。

然而，对在哲学话语中寻找到的关于情感与理性的话题近乎决绝的片段式回应，还是需要秉持学术研究始终应有的问题敏感性和怀疑态度，这种怀疑源自对活生生的哲学家的反思以及对"人"作为一个鲜活的发展问题的探问欲望。笔者坚定地相信，哲学家们并不会将理性与情感泾渭分明地隔离开"以至于完全信任情感或完全不信任情感"⑥。理性并不是因为排斥了情感才是彻底的、正确的，而是一旦正确区分了理性与情感实质的职能，事物必然在最佳状态下被认知和享受，理性与情感的绝对区分是现代人构造出来的一个伪命题⑦。

只有当关于情感与理性关系的探讨拉平到对作为人的精神活动的"知性"的考察中，对二者的研究才具体和深入。知性乃科学尤其是实证科学之母，近代科学昌明之际，无论是经验论还是唯理论，均大力高扬知性精神，倡导知性改进⑧。依据黑格尔的知性理论，知性包括作为意识的知性、作为思维的知性和作为逻辑的知性三方面活动，与此相对应，它们分属于不同学科的研究领域，作为意识的知性属于现象学，作

---

① 李猛. 爱与正义 [J]. 书屋，2001（5）：66-76.
② 李猛. 爱与正义 [J]. 书屋，2001（5）：66-76.
③ 李猛. 爱与正义 [J]. 书屋，2001（5）：66-76.
④ 郭景萍. 情感人文主义——另一种启蒙精神 [J]. 社科纵横，2005（2）：146-149.
⑤ 郭景萍. 情感人文主义——另一种启蒙精神 [J]. 社科纵横，2005（2）：146-149.
⑥ 高伟. 爱与认识：对教育可靠基础的追问 [J]. 教育研究，2014（6）：10-19.
⑦ 高伟. 爱与认识：对教育可靠基础的追问 [J]. 教育研究，2014（6）：10-19.
⑧ 王天成. 黑格尔知性理论概观 [J]. 吉林大学社会科学学报，2010（3）：60-66，160.

为思维的知性属于心理学，作为逻辑的知性则属于逻辑学①。黑格尔思辨现象学中关于作为意识的知性具有现象性、对象性和反思性的特点②，说明知性意识与自我意识不同，总是从现象中寻求对对象本质的认知，这也与抽象的理性不同。同时，知性意识将普遍性、共性从表象中抽象出来，因而对象便显现为内和外、本质和现象两个层面，知性意识便活动在这种内和外、本质和现象的相互规定中，或者说它只能通过作为中介的对立面规定自己③。需要注意的是，知性意识是一种能动的意识活动，而人在发展的过程中往往受许多无意识活动的影响与控制。人的意识是在极为广大的潜意识的黑箱的空间中轻轻地飘动着的，在飘动中意识很难找到着陆点④。如果从黑影中出现的东西占领了我们的意识，人就会做出难以想象的事（日本教育学家大田尧语）⑤。知性思维是指在人的求知本性的作用下运用概念、判断、推理等理性思维从事对对象本质探索的精神活动。在黑格尔看来，知性逻辑就是知性意识和知性思维的方法学，是纯粹的科学。所谓逻辑即是知性主体的运思过程的客观原理与知性对象呈现的客观原理同一。然而，黑格尔批判知性逻辑的运作机制同一律、矛盾律、根据律将对象非此即彼化，只看差异，不看彼此联系，是僵化的逻辑思考。因此，他提出将知性（理智）、辩证理性（或否定的理性方面）、思辨理性（或肯定的理性方面）三方面均安置在思辨的理性阶段，并将三者以不同方式有机统一在思辨逻辑中⑥。

鉴于历史中对由人的爱欲攀升引起的关于认识的辩证思考与辩护，本研究基本得出从无意识与意识的矛盾作用中，从感性、知觉、意识、思维、逻辑统一于人的知性发展过程中理解人的理性与情感的相互融合与纠缠的认识与探索视角。

---

① 王天成. 黑格尔知性理论概观［J］. 吉林大学社会科学学报，2010（3）：60-66，160.
② 王天成. 黑格尔知性理论概观［J］. 吉林大学社会科学学报，2010（3）：60-66，160.
③ 王天成. 黑格尔知性理论概观［J］. 吉林大学社会科学学报，2010（3）：60-66，160.
④ 引自朱小蔓的《脑科学与德育》。
⑤ 引自朱小蔓的《脑科学与德育》。
⑥ 王天成. 黑格尔知性理论概观［J］. 吉林大学社会科学学报，2010（3）：60-66，160.

（二）不同教育形态中爱与认识的变式与内容①

很显然，仅由爱出发探讨其在不同教育形态中的变式是不能被信服的。有较多的理论和现象可以证实，爱和恨都是人的精神发展进程中的"底色"，但我们很愿意也必须要承认爱是教育的可靠基础。然而，这并不意味着爱会在教育现象中时刻存在，很多时候它会演化为上义所述的"潜意识黑箱"而不被人察觉，它是调节、补给人的精神危机（由爱与恨引起的）或引领人成长的重要内容。除此之外，尤其要重视在爱与恨上附着的人的原初基本体验，它们共同构成了人之为人的精神基础——自然情感。人类的基本原初情绪有快乐、悲伤、愤怒、恐惧和厌恶②。一般处在意识或无意识或二者交织的状态中，一旦个体与外界或自我发生交往，人的这些自然情感中的某部分内容就处在待激活或被激活的状态，被人赋予情感的价值与能量，变式为一些次生情绪。次生情绪中，欣喜、惊喜，是快乐的变体；忧郁、惆怅是悲伤的变体；惊慌、害羞、焦虑是恐惧的变体；憎恨是愤怒的变体；鄙视、轻蔑是厌恶的变体③。教育者要关注的是自然情感及其在具体的情境中变式出来的次生情绪的教育性、发展性和保护性价值并学会以适切的、贴合人性的方式进行价值排序和转化。比如，快乐、兴趣、惊讶对学习有正向价值，比如恐惧、焦虑、受到伤害时的愤怒对人有一定保护作用等④。2013 年达比·普洛克特用行为经济学实验证明灵长类和人类幼童都有公平感⑤。同样有大量的现代实验证明儿童早期就具有趋利避害、盼望公平的社会性价值感需求，这既是自然情感，也有社会性情感的影子（或许是受人类长期进化选择出的基因遗传影响），需要细致关注并善加保护，妥帖地引领其发展。

---

① 朱小蔓教授所著《情感教育论纲》为中国 20 世纪 80 年代中期之后兴起并发展起来的情感教育研究与实践提供了重要的本体论、认识论和方法论基础，堪称是当代中国情感教育研究的奠基之作。本研究在探索爱和认识作为可靠基础在不同教育形态中的变式和内容时，对教育形态依据《情感教育论纲》中的划分形式与内容，分为无意识形而上形态、伦理道德形态、审美形态、科学理智形态四个部分进行论述。探讨当然不会仅限于爱或爱欲本身，还包括在教育视野下的爱欲攀升过程中爱与恨这一对固有矛盾生发与变式出的一系列情感品种、品质及其具体内容，以及我们该如何对它们形成可靠的认识并使认识本身可靠，以使教育本质可靠。

② 引自朱小蔓教授未发表文章"中华传统美德教育的情感性机制及其现代运用"。

③ 引自朱小蔓教授未发表文章"中华传统美德教育的情感性机制及其现代运用"。

④ 引自朱小蔓教授未发表文章"中华传统美德教育的情感性机制及其现代运用"。

⑤ 引自朱小蔓教授未发表文章"中华传统美德教育的情感性机制及其现代运用"。

1. 无意识形而上教育形态中爱与认识的变式与内容

原始先民并没有现当代思维范畴内的教育形态，但依据我们对教育处置、调适、引导人的精神与生理世界发展的朴素判断，从历史资料中倒是可以发掘出一些值得分析的原初具有教育性的现象、符号或仪式，对它们进行精神分析，是探索人类精神发育源头的宝贵与艰辛行为。原始先民没有自觉的情感教育，但是却有处置、安顿自己情绪的独特方式，我们把这种"前教育"形态称作无意识形而上形态[①]。原始先民最基本的情感教育形式（笔者更愿意将其认定为具有情感教育性的现象、符号或仪式）是祭礼与神话[②]。远古时期，先民们最主要的行为与任务是在与自然打交道的过程中满足生理需求，展现着人类亘古未变的自然性。但是当先民在与自然交往的过程中频频遇挫乃至面对威胁个体与种群的生存安危时，具有普遍意义的不安、恐惧感便会在种群内部产生。祭礼是一种表达人类内在情感的神圣化、艺术化形式。原始人把与自己的物质生活有密切联系的某些动植物想象为人类的祖先，将人对不能征服的自然的恐惧感通过祖先崇拜转化为心理上的安全感和精神上的慰藉[③]。当原始人通过祖先中介想象的寄托转化与消解自身的恐惧时，依然无法摆脱其与自然交往时天然的自爱、自信与控制欲。可是，当"自然"以不同的形式将被操纵和控制的"愤恨"所产生的更大破坏力源源不断回馈给原始人时，他们在束手无策的恐惧中要寻求更有安顿力的精神寄托。神话思维即是原始人通过爱与恨、恐怖与希望、欢乐与悲哀等情感和幻想创造了一个特定的表象世界……把现世中人的所有关切和愿望寄托于众神，表现出原始人对永恒、绝对、终极价值的追求[④]。祭礼与神话，不仅为我们呈现出人与自然交往时从自爱、控制向谦卑、信仰的心态的交互变迁，也为我们证实了伴随人类成长的教育形式与内容的本质是情感教育，只是后来情感教育与教育走向分化，情感教育自身的失落与澄明还要在具体的历史思维中进行分析。

2. 伦理道德教育形态中爱与认识的变式与内容

在法学家边沁眼中，人是功利主义的动物，生来被快乐和痛苦所主宰[⑤]。不可否

① 朱小蔓. 情感教育论纲 [M]. 北京：人民出版社，2007：71.
② 朱小蔓. 情感教育论纲 [M]. 北京：人民出版社，2007：71.
③ 朱小蔓. 情感教育论纲 [M]. 北京：人民出版社，2007：72.
④ 朱小蔓. 情感教育论纲 [M]. 北京：人民出版社，2007：73.
⑤ 引自丁郭心的文章《道德是天生的吗?》。

认，基于功利倾向的趋利避害是人的自然行为。因此，在社会公共体建构与发展的过程中，人们需要让渡一部分自然权利防止基于功利倾向的趋利避害行为对他人或大部分人造成伤害。人们在共同生活的过程中，基于这个公共价值倾向，受政权暴力与情感交往的双重作用影响，在不同性质的交往层面形成了具有普遍约束力的交往规则与人心秩序，表现为稳定的社会舆论与传统习俗。这些具有普遍约束力的交往规则、人心秩序、社会舆论与传统习俗大概就是人们常说的伦理道德形态。因此，如若对人的精神生活从它是与外在生活不同的内在生活这个角度判断，人的精神生活包括两个方面，一方面是自然性的功利算计生活，另一方面是涵盖审美、信仰和社会性交往需求的广泛意义的伦理道德生活。两个方面相互渗透并作用于人的日常生活，展现为不同特质的、形形色色的复杂个体。按照哲学家的一般看法，爱是有利于伦理道德生活的，当然伦理道德生活也更有利于对人施以爱的教育或对人的爱进行教育，使人能有对爱进行充分认识和价值判断、辨析的权利和可能性。就伦理道德生活的教育性而言，其节制人的爱欲功能十分可贵。由于人的爱欲被伦理道德的"规范"所节制，"用'自己人'（内部）舆论所引起的羞耻感与荣誉感来调节人与群体、人与人的关系……履行对'自己人'的义务"①。当然，在社会性调节的基础上，羞耻感与荣誉感会内化为更具个体自我审视意味的过失感与尊严感。其实，很难用生涩但又简洁的语言全面描述与解释伦理道德生活对人爱与认识的作用及其复杂变式的具体内容，这样做显然是不符合人本身具有复杂伦理的要求。但截至目前，比较清晰的是，某些不确定力量（这些不确定力量留待后文具体分析）渗透给我们的"正义"与"善"在引导社会与自我调节着爱与认识，呈现为伦理道德教育的形态与内容，"所以，卢梭直接将道德教育看作是一种情感教育，认为'良心是情感不是判断，是感觉不是理智，这种情感是对自己的爱，对痛苦的忧虑，对死亡的恐惧，对幸福的向往'"②。所以有必要从爱与认识的角度更好地把握与调制伦理道德教育。

3. 审美教育形态中爱与认识的变式与内容

西方现代审美感的涌现源于生活质态中对绝对彼岸世界的抛弃和对主体感性的回

---

① 朱小蔓. 情感教育论纲 ［M］. 北京：人民出版社，2007：76.
② 朱小蔓. 情感教育论纲 ［M］. 北京：人民出版社，2007：81.

归。韦伯用脱魅过程来描述现代社会的质态：脱魅过程指世界图景和生活态度的合理化建构，致使宗教性世界图景在欧洲崩塌，一个凡俗的文化和社会成型①。凡俗与庸俗不同，"凡俗"的"俗"显示的是某种生活的知性品质②，而庸俗显示为主体未经历过美的过程。审美感的本质是主体生活知性品质的感性形式，审美性则表现为主体感性的独一无二的特质，"人的心性乃至生活样式在感性自在中找到足够的生存理由和自我满足"③。主体审美性的终极问题是自我与他者一体，如何过幸福、完满的生活。

艺术不仅是审美性的对象也是其重要表征与实现形式，外化为美育的形式与内容。在艺术品中，风格是个体心灵之独一无二性与自然的绝对一般性之间的中介者④。回答主体审美性的终极问题既需要借助艺术作品的个体生命化，也需要个体生命的艺术化寄托，在爱的联结力量的作用下主体与他者融为"互为你我"的一体世界，呈现为个体与世界精神质态的情感文明。审美性作为生活知性的感性形式，发展出来的现代性问题是如何以返乡有根和美的方式与对象来调节与规约社会和个体的心性秩序。个体自然性的、美的原初体验出现早于道德感。审美教育中凸显的美的感召力，使个体的审美感在教育意义上优于道德感，经由知性作用于道德感，个体美感也因此经历假与真、恶与善的审视与检验，感性习得了理性品质，美的意识生长出善良意志。

4. 科学理智教育形态中的爱与认识的变式与内容

科学是人类的一种活动，科学活动的本质是实现人类对世界的规律性把握，也就是实现"思维与存在"在规律层次上的统一⑤。在此基础上，科学理智教育的本质应是一种科学活动和对科学活动的认识。建基于该认识基础的科学或科学理智教育倾向于被理解为最具知性品质的通达理性的活动，继而常常被人们贴以"理性"的标签作为评价人文或人文教育的尺度。"理性"评价"人文"囿于深厚的西方哲学思想中理性主义传统，后现代思想的"浸染"则让该现象演化为了理性主义与情感主义之争。

① 刘小枫. 现代性社会理论绪论 [M]. 上海：上海三联书店，1998：300.
② 刘小枫. 现代性社会理论绪论 [M]. 上海：上海三联书店，1998：300.
③ 刘小枫. 现代性社会理论绪论 [M]. 上海：上海三联书店，1998：302.
④ 刘小枫. 现代性社会理论绪论 [M]. 上海：上海三联书店，1998：302.
⑤ 孙正聿. 论哲学对科学的反思关系 [J]. 哲学研究，1998 (5)：27-35.

基于人学理论的发展性视野看争论本身，争论是否被思想传统遮蔽，其存在的合理性究竟有多大程度，还需细细反思。正因如此，它至少提示我们必须从"人类活动""人类状况""人类需要""人类利益"去理解全部科学问题①，而不是从对主体体验的超越去理解科学理论。

科学理智教育一定源于对科学认识对象的探究或认识冲动，可是科学认识活动相较于人类一般认识活动的特殊性在于，它在更大程度上源于认识对象的特殊性（偏向结构化、精密化、符号化、数据化等的可精确观察与确定性），科学理智教育却不完全追求其认识对象的特殊性，异化为具有纯粹知性的理性。比如，柏拉图也认为，对数学结构的追求归根结底是对适度、匀称、和谐有序的追求②。因此，当然应该认为审美性是科学理智教育的最高追求，艺术也便是科学活动不可或缺的思维形式与内容。更确切地说，为了人的整全性发展，科学理智教育追求有非理性渗透的理性；科学活动中的人通过凝练出的科学符号，经历思辨知性的训练，产生对科学认识对象以及科学活动本身的敬畏感。科学理智教育强化人在认识对象面前的谦卑心，加剧思维与存在在规律层次上统一的冲动，使个体内质中凸显出由探究冲动的自然爱"一出一进"变式出的"敬畏感"与"理智感"一体化为人与认识对象在认识过程中美的涌现及其在感性中的映照，科学理性回归并升华为有自然爱的理性。正如斯宾诺莎所说，要把认识真理变成对真理的爱恋，变成欢乐之源。他把科学认识带来的感情称作"理智的爱"，并认为这是永恒的、无尽的快乐③。

二、 人的主体性、 价值与教育

（一） 对人的主体性与价值的基本认识

主体性与价值是一对共生形式，虽不能称为教育的可靠基础，但它们是建基教育可靠基础最应该谈论的内容。原始人通过劳动将自然物从"自在之物"变为"为我之物"④，自然物因主体改造而具有对于主体的价值和凸显出的价值性。物质性劳动方

---

① 孙正聿. 论哲学对科学的反思关系 [J]. 哲学研究，1998 (5)：27-35.
② 朱小蔓. 情感教育论纲 [M]. 北京：人民出版社，2007：92.
③ 朱小蔓. 情感教育论纲 [M]. 北京：人民出版社，2007：92.
④ 袁贵仁. 人的主体性和价值的哲学本质 [J]. 人文杂志，1988 (2)：10-14，18.

式的价值生成与创造形式，亘古未变、延续至今。然而，回到上文中"万物混合，有心灵出，赋予他们以秩序"这句话，主体性的涌现与价值创造不仅需要劳动，更需要自我意识的介入，两者以自我意识为主线，互相弥补。

从生成的角度看，价值实质上是人的主体性在客体中的对象化①。价值是主体性的对象，主体的自我意识与劳动将价值化约为客体，在化约的过程中凸显价值，从而客体具有价值性。同时，主体性作为主体的对象，于主体而言本身就具有价值性。因此，有必要以价值为切入口，认识主体性与价值。

1. 主体性作为主体的价值

从主体的角度看，需要与自利是主体性的"先天概念"，"先天概念"规定着判断的基本形式②。因此，价值本质是主体对什么和怎样对自己最有利的回答，再深入是对怎样最好或最高尚地满足需要的回答。可见，价值因主体性的"先天概念"和倾向性而呈现出相对性，价值的绝对性是基于主体的，主体外的客体价值可理解为价值属性或价值性。基于此，立体性需要教育，教育也想调和主体性"先天概念"与价值相对性间的矛盾。带有稳固价值判断风格与内容的教育活动、行为经过长时间对主体的影响与内化，试图将同一个体或群体交往的观念、秩序、规则，或多或少地外化为"可见"的价值观。

不仅要从需要切入认知价值，认识主体需要也是明晰主体性的一个重要前提。"情绪心理学认为，需要既是情绪发生的生物性内在原始根源，又是制约人的情绪社会化的重要内在因素；情绪的生物和社会适应功能，情绪的分化，情绪与客观现实、认识、动机和人格的关系等，都是以它与需要的关系为基础的。"③ 主体需要可以分为界限相对清晰的四部分内容：指向自然感觉、欲望的生物性需要；指向伦理道德的社会性需要（私德是社会性需要与精神性需要要重叠探讨的问题，指向善意灵魂，公德还是社会性需要的问题）；指向善意灵魂的精神性需要；指向彼岸世界与美的瞬间永恒或超越性需要。主体需要的四部分内容不仅是对主体性进行层次划分的依据，也是认识从主体迈向主体性的质料。四个部分常常复合性地涌现在主体活动中，逼迫主

---

① 袁贵仁. 人的主体性和价值的哲学本质 [J]. 人文杂志，1988（2）：10-14，18.
② 朱小蔓. 情感教育论纲 [M]. 北京：人民出版社，2007：99.
③ 朱小蔓. 情感教育论纲 [M]. 北京：人民出版社，2007：111.

体判断——选择需要内容的优先性与次序。主体判断——选择的过程生成了可被认识和感知的主体理性与情感，表现为自在（敏感性）、自觉勾连一体的自我意识，弥散进主体的语言、秩序、节奏、气场中。其中，自在表现为主体瞬间行为的质态，源于主体长时间活动形成的稳定的判断与选择依据、模式。敏感性不仅是自在的突出内容，也是认识自在的突破口。敏感性是主体长时期与客体交往过程中，回溯到主体自我形成的认识、体验与行动的意志与倾向性，它是主体性凸显的表征，常常决定了主体非瞬间的道德判断与理性选择的方向与内容。自在经由敏感性走向自觉，自觉是主体能够基于现实又要自主超越现实的思维与行为。可见，无论具有敏感性的自觉还是自觉的敏感性，都离不开主体的判断与选择，依据往往涉及视角（利己与利他）、性质（好的与不坏）两个维度交错在一起的四部分内容，形成如表 2-1 所示的基本的主体判断与选择模式。

表 2-1　基本的主体判断与选择模式

性质判断 选择视角	好的	不坏
利己		
利他		

也正是在主体的判断与选择的过程中，理性认识与情感体验不断得以建构、重构、发展；好的与不坏的需要内容（基于四部分的需要内容）得以满足、实现；主体在伦理生活中，创造有道德善意和美的价值，这是主体性相对于主体的价值。但是，如同唯有形式伦理学才能够论证并确定人格的自律性，唯有形式伦理学才能够论证意欲的道德性……所有质料伦理学最终都必须将伦理价值评估的基础移植到人类自然组织的本能利己主义之中，唯有形式伦理学才能够论证一种不依赖于任何利己主义和任何特殊人类自然组织的、对所有理性生物一般都有效的伦常法则[①]。从主体性的质料认识主体性作为主体的价值，还是需要再回到主体性在客体中的对象化认知主体性与价值，才可能获得形式伦理学和形式价值学对"所有主体、组群"的一般有效的伦常法则，为可靠的教育建立基础。

---

① 舍勒. 伦理学中的形式主义与质料的价值伦理学［M］. 倪梁康，译. 北京：商务印书馆，2011：34.

2. 劳动既是价值又创造价值

人的主体性的对象客体既包括他人、自然、社会，也包括自我，劳动是勾连主体性与客体的中介。劳动包括精神性劳动与物质性劳动。精神性劳动以主体自我和对象为认识基础，依托自我意识与能力的不断攀升，创造勾连主体自我与对象的精神世界，以满足主体除生物性需要之外的其他一切需要。精神性劳动具体表现为情感体悟与理智思维。而人的主体性在自我中的对象化澄明了主体性作为主体的价值，其中作为勾连主体性与自我的价值创造中介的只能是精神性劳动。物质性劳动以他人、自然、社会为认识对象，受主体精神性劳动的作用，依托物质性生产工具与环境，创造可能满足主体一切需要的价值。物质性劳动具体表现为使用劳动工具，利用并改造劳动环境和对象等。从主体迈向主体性，本质需要心灵的介入，因此，物质性劳动本质离不开精神性劳动，否则物质性劳动就不能称为劳动，而只能是没有主体性介入的机械操作，是彻头彻尾的技术。精神性劳动是最清明的主体性显现，也是主体化客体、主客体同一的最重要基础。其内部是主体从自在、敏感性向自觉的自我意识与自我认识能力提升的过程，外部凸显为自主能动性与自主创造性①的主体性质态。自主性是人类精神性劳动的前提，是主体之为主体的自我本体性，对自主性的判断，展现了主体人自我意识的程度与对本体的认识态度、内容。然而，人类的自主性涌现与凸显在客体的对象化过程中历经了漫长的现实斗争、灾难、磨炼，精神启蒙、开化、升华、斗争、灾难、磨炼的循环往复，直到现当代，人类才渐渐从对上帝、神性、普遍皇权等具有绝对性的本体想象中走出来。"从此之后，对世界的理解和重构变成人自己的事情，主体性原则得以彻底确立。从此之后，人类不再自动地服从外部客观的力量，而转而相信通过主体的活动可以使外部适应主体的内在需要。由于本体论被认识论代替，客观性原则被主体性原则代替，也由于人在意识上超越了自然，甚至上帝也死了，人必须自己安排自己的生活。"②当人开始意识到不仅要安顿好自然生命，也要安顿好心灵与灵魂时，自主性便不断地凸显。能动性与创造性是主体自主性的两种质态，分别体现了主体精神性劳动指向现实性与超越性，而高质量的精神性劳动一定是

① 袁贵仁. 人的主体性和价值的哲学本质 [J]. 人文杂志，1988（2）：10-14，18.
② 韩震. 现代性与认同问题的思考 [J]. 学习与探索，2004（6）：13-15.

主体自主能动性与自主创造性的统一，现实性与超越性的统一。"通过意识把这种不同形式的主客体之间的价值关系作为反思的对象，自觉、能动地理解和调节这种关系，使客体属性和主体需要之间更为和谐。理解和调节的方式不同，表现出主体人的文明程度、主体性程度，亦即马克思说的'教养程度'不同。"① 可见，劳动作为勾连主客体一体化的中介，不仅创造价值，又因促进主体性的不断提高而本身就是价值。

（二）主体性教育对人文体验性与科学理智性的整合型发展

就一般意义而言，对人的教育是依托人的主体性介入，并借助各种有效方式、资源对人实施整体性影响，不断提高主体性水平的过程。因此，教育区别于其他社会活动的一般特质是依托主体性、通过主体性、为了主体性的一种作用和影响。如若让目的和方法更明确些，教育实质就是主体性教育，或是自我启蒙、自我教育。依据上文分析，主体性是在交往中创造价值并不断提升水平的，教育也只有在交往中才能发生，那么就要从交往出发，更深入地理解主体性教育并借此寻找适恰、有效的教育形态、方式与内容。

1. 在交往中学习，学习即体悟

日本学者佐藤学这样解读中国繁体的"學"字："首先看'學'字的上部，其中间的两个'✕'表示'交往'的意思，上面的一个'✕'表示祖先的灵，也就是和文化的遗产的交往，下面一个'✕'表示学生之间交往的样子。那包着'✕'的两侧，形为大人的手，意味着大人千方百计地向儿童的交往伸出双手，或者说，表示大人想尽方法支持学生在交往中成长，这就是'學'的上部结构，这一字体显示了对以儿童为中心的交往的支持。因此，可以说，在'學'这个字里，以'学'为中心的教学状况被表现到了极致。"② 因此，课堂教学的本质是师生在场的学习，更进一步的阐释是教师如何让发展着的学生个体与人类发展历程中在某个历史时期积淀下来的知识承载物——教学文本产生勾连并使学生从中自觉地建构新的知识和价值。在这个过程中，知识是变动不居的，附着生命又勾连了生命，教师也需要在其中不断地增长新

① 袁贵仁. 人的主体性和价值的哲学本质［J］. 人文杂志，1988（2）：10-14，18.
② 佐藤学. 静悄悄的革命——创造活动、合作、反思的综合学习新课程［M］. 李季湄，译. 长春：长春出版社，2003：40-41.

知、建构意义。可见，学习是在交往的过程中发生的，也只有在交往中才有可能发生有意义的学习。

然而，历史上，人们对教学乃至学习的认识却忽略或片面化了交往的实质。夸美纽斯"知识的溪流顺着学生注意力的水槽流进学生大脑里"① 的说法显然忽略了学习中的交往，学生被认为是知识的被动获得者。赫尔巴特的教学活动四阶段论说明了他开始重视学生学习过程中外部知识与学生个体经验的交往联系，使用统觉的概念强调学生在学习过程中的交往主体性，然而知识来源于人类实践，缺乏活动情境的单纯的统觉是对学生个体经验与人类认识的生硬勾连，很难产生新知并建构新的生命意义。杜威认识到了人类认识与学生个体经验的巨大差距②，认为不能再像过去那样单纯地强调正规教育、学校教育对个体经验发展的重要性，"现在正处于正式教育和实际生活的分裂愈演愈烈的前所未有的危险时代，力争保持两者的平衡是当今的要务"③。强调"做中学"使学生在真实的实践中获得经验、改组经验并发展心智。杜威的教学论进一步强调了学生在学习中的交往主体性，相较于赫尔巴特的教学论，其进步之处就在于使学生在活动中将个体经验与人类认识历程有了真实的交往或一定程度上的契合，这种交往饱含着学生鲜活的体验，也更能激发学生深入学习的主动性和创造力。然而杜威对学生在活动中经验自然生长的逻辑必然忽视了明确性知识、凝聚态知识对提高和发展学生心智的便捷性，使得其教学实践促进学生快速获得人类认识成果并提高经验水平的时效性不高。

人类文明史的发展历程可以被简单地、更具可观性地划分为个体经验发展历程和人类认识发展历程相互平行的两条线，恰恰是因为学校教育教学和日常教育④使得个体经验历程与人类认识历程有了勾连，构建起了"我在历史中、历史在我中"的文明发展风貌。通过上文对经典教学论观点的回顾可见，长久以来，人们始终秉持一种主

---

① 郭华. 带领学生进入历史："两次倒转"教学机制的理论意义 [J]. 北京大学教育评论，2016（2）：8-26，187-188.
② 郭华. 带领学生进入历史："两次倒转"教学机制的理论意义 [J]. 北京大学教育评论，2016（2）：8-26，187-188.
③ 杜威. 民主主义与教育 [M]. 王承绪，译. 北京：人民教育出版社，2010：14.
④ 个体无时无刻不在接收、发出信息，将历史和未来勾连在当下的"存在"，与自我、外部世界交往并建构新知和意义，深处在人类文明高速运转的历程中，又深处在无时不在的日常教育生活中。

客二分的交往立场认识教学，只是在认识主体和作为认识对象的客体之间的侧重不同，"人类认识成果"与"历史"在教学认识活动中被割裂开。事实上，"人"与"事物"只有在人的认识活动和实践活动中，才能构成"主体"与"客体"的关系，二者本质是一对密不可分的"关系性存在"①。因此，教学活动作为深处在文明史发展历程中刻意去回溯人类认识历程的学习活动，不得不寻找切实的方法与机制将"主体"与"客体"勾连为深处在文明发展中具有同一性的存在去认识和建构。那么经过中国数千年的整体哲学观历练、被现代心理学验证的"学习即体悟"的教学认识论应当成为教学活动化解个体与生活、个体与历史被割裂开的教学危险的一种学习哲学。

　　"学习即体悟"即是教育常识，也是被历史和文化反复论述和验证过的教育公理。从文字分析来看，体悟首先需要身体卷入，在各生物器官的整体作用下发挥身体的听、看、闻、触、尝的功能。需要注意的是，身体各功能的孤立显现，则很有可能使学习碎片化、片面化或是无意义，因此学习一定需要主体全身心卷入并发挥整体作用。比如，中国繁体的"聽"（听）字，在《说文解字》中是这样解释的："聆也。从耳悳。壬聲。"它是由"耳、壬、直、心"四字会意构成，"壬"寓意立体、站立的人，整个字表达了人从耳朵获得声音，声音直抵人心才算通达"聆听"。可见，聆听、倾听本不是容易事。中国古代哲学的基本精神为"即身而道在"②，学习的意义蕴含在身体成长过程中。中国古代教育在主张教师"传道、授业、解惑"的同时，更强调学生在教师主导下的"悟"道，强调个体致力于"格物、致知、正心、诚意"，通过自我修身达到"齐家、治国、平天下"的目标③。同时，"学习即体悟"的学习观强调的即是认知—体验—建构意义一体化在个体的行动中，这也是中国传统哲学思想长久以来论证并孜孜追求的学习信念。就像程颢、程颐强调道德教育必须以知为本、以行为终，做到知行统一，"学者言入乎耳，必须著乎心，见乎行事"④。

---

①　孙正聿. 论哲学对科学的反思关系 [J]. 哲学研究，1998（5）：27-35.

②　李申申，李志刚. 中国古代"即身而道在"教育的基本特征——一种具身性教育的永恒魅力 [J]. 河南大学学报（社会科学版），2016（4）：103-114.

③　李申申，李志刚. 中国古代"即身而道在"教育的基本特征——一种具身性教育的永恒魅力 [J]. 河南大学学报（社会科学版），2016（4）：103-114.

④　李申申，李志刚. 中国古代"即身而道在"教育的基本特征——一种具身性教育的永恒魅力 [J]. 河南大学学报（社会科学版），2016（4）：103-114.

综上可见，学习的本质是体悟，可以以学习发生相对集中的教学活动为例进行具体阐释，阐释这个问题，需要将上文中文明史发展的"两线说"放到具体的教学活动中。如图 2-1 所示。

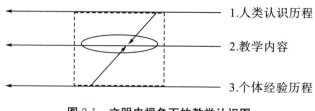

图 2-1　文明史视角下的教学认识图

图 2-1 是一个在人类文明史视角下将不断发展着的个体与人类认知进程静态处理以认识教学的切片结构。其中 1 号线代表人类认识历程，2 号线代表从人类某段认识历程中积淀下来的以教材、教学文本为代表的教学内容，3 号线代表个体经验历程。正方形虚框代表教学活动，其中椭圆形代表具体的教学情境，教学情境中除了教材是教与学的内容外，教师、学生、教学组织程序、方法、教学任务都可成为个体经验发展所依据的教与学的内容。从图 2-1 可见，人类认识在不断的向前发展，而个体如若向前发展，需要不断通过一个又一个教学活动，在具体的教学情境中，实现个体经验与人类认识的勾连。勾勒出这样一个教学认识图，是为了强调：首先，教学情境很重要，是教学活动的进一步具体化，也是个体经验能否与人类认识进程真实勾连在一起的关键；其次，教学活动中必须十分重视学生的主体性，教师对于激发学生的主体性起到至关重要的作用。学生具有了学习的主观意愿后，在教学情境中与教师、其他学生、教材等其周遭的一切释放出的信息①产生了交往，具有教育性的体悟便在交往中发生了。这样，教学活动中的体悟学习观便将教师与学生、传授与接纳、经验与信息、知识与价值等一对对以往人们割裂开进行认识的教学矛盾统一在了具体的教学情境中。因此，学生学习不仅是对教材文本所代表的知识符号和知识符号所暗含的人类认识历程的认知，更是通过知识符号认知在教学情境中产生了真实的情绪情感体验，

---

①　从知识由外向内流动的视角分析，本研究认为一切可视的所谓"知识"只能被理解为信息，只有信息被个体内化、体悟并与个体生活和经验勾连、产生了生命意义才可被叫作知识，在这种视角下，知识只能是过程的、个体的、具有情感性而且彰显力量；相应的，个体知识以某种方式（身体动作、表情、话语、文字、图像等符号）向外表征成人类暂时稳定的、可被体悟的、可被证明的、具有相对普遍适用价值的权威信息。

经历了共在的认知与体验，建构新知和意义也就有了可能。需要指出的是，杜威"做中学"的观点就是为帮助学生建构一种图 2-1 中椭圆形代表的能够最大限度复演人类认识进程的教学情境，其中饱含有许多知识符号认知所无法代替的情感性知识、体验性知识，因此，该教学论能更好地实现个体经验与人类认识进程的真实勾连。但我们又要重视对人类认知进程中积淀下成果的运用，以让学生更快捷地建构新知和意义。

2. 需要整合人文教育形态的体验性与科学教育形态的理智性以提升人的主体性

人是在交往中整体性发展的，只是不同的人因其生活环境、内在特质不同，在相似的教育环境影响下，其整体的发展侧重不同向度。然而，我国的现代学校教育在学习西方分科教学的传统中走上了一条分学科培养人的教育道路。分科教学产生的细微问题留在下文慢慢谈，这里还是从人的整全性成长的宏观视角谈一谈如何才能基于现实的教育形态实施整合型的主体性教育。

虽然，分科教育于个体、群体乃至民族的整体性发展究竟是利大于弊还是弊大于利还很难说清楚，甚至根本就是一个没有哪种研究能给出明确答案和改进方向的命题（因为就目前人类的认知程度和世界发展状况而言，分科教育的利与弊还没有到需要引起改革以及探讨改革的最大阈值，至少在我国是这样的）。但是还是有必要从这个教育现实出发，依据主体性发展原则寻找问题，尝试解答问题。通过对一般教育现象的分析，当前我国各级各类学校教育中开展的学科教育大致可归纳为人文教育形态、科学教育形态、身体教育形态与综合教育形态。这样的教育形态归纳依据是基于学科的，又指向主体性的不同向度：人文教育形态侧重对主体情感体验性的呵护、培育与发展；科学教育形态侧重对主体思辨知性、理智性的呵护、培育与发展；身体教育形态侧重对主体的生物性躯体的认识、磨炼、改造与发展，意图培育强健的体魄；综合教育形态是近些年发展起来的综合了以上多种教育形态和培育目标的教育活动，意图对人进行整全的综合性历练，比如游学、文化考察等活动，但这类教育活动往往因不具备与活动深远目标相匹配的教师和教育策略、资源而缺少了上述三种教育形态中各有侧重的、深厚的专业性。

四种教育形态虽在主体性发展原则方面有不同的侧重，但有必要从主体劳动的视角，对四种教育形态进行整体性的判断与认识。就主体劳动而言，人文教育形态与科学教育形态其实就是主体的精神性劳动在不同侧面的澄明。而身体教育形态是主体的物质性劳动呈现，和所有质态的物质性劳动一样，只有精神性劳动的卷入，身体教育形态的教育活动才能创造主体性价值。就目前的教育现实判断，综合教育形态是精神性劳动与物质性劳动结合一体的教育形态，代表一种发展趋势。但如何才能更好地创造主体性价值还需在实践中摸索。因此，依据上文所论述的主体性提升的精神性劳动原则以及教育形态现状，主体性教育的关键还在于整合主流人文教育形态的体验性与科学教育形态的理智性，这是基于主体性提升的实质问题在主体性形而上层面的探讨。至于将体验性教育与理智性教育整合成哪一种具体的教育形态（比如当前的综合教育形态），以及将如何解决实践的问题留给下文探索。

虽然四种教育形态是从不同学科教育现象中归纳出来的，但是它们不必然会演绎出泾渭分明的学科群。例如，数学既可属于人文教育形态，也可属于科学教育形态，当然也可属于身体教育形态和综合教育形态，也就是说所有从事不同学科教育的教师，如若有意识认识到学科教育应该指向主体性发展原则，那么他会愿意将其学科教育演绎成更贴合又指向人的发展的、有所侧重的不同教育形态，学科教育也就自然成了基于主体性提升的具有深厚专业基础的整合型教育。可见，人的主体性发展的关键在于教师，应从教师改变开始。

第二节　教育现代化进程中的教师情感问题

关于教育可靠基础的讨论源于对教育何以亘古恒常的合真理性的考察，是教育作为科学形而上学的映照，当然可以作为尺度洞悉当下教育。依据对时代大背景的观察，当下迫切的教育大问题是现代性问题背景下的教育现代化的革新。但是，无论出于何种目的提或不提教育现代化的概念，迫切的教育大问题的实质依然是人的主体性发展的问题，只是当下相比"前现代化"时更需引起关注的是"人的主体性发展"的"定语""现代性问题"。"现代性问题"如同"人"的问题（其实就是"人"的问题，只是为了把"人"的问题尽量研究透彻，还要根据"人"的立场看现代性实质），虽然一定无法研究透彻，但可以在对教育可靠基础的追问下将其研究扎实，这样也能渐渐描绘和阐释出来人的现代性品质，搞清楚他"何所'是'""为何"与"何为"。

从宏观视角看中国的现代化进程，始终离不开传统与现代、东方与西方的一以贯之的矛盾张力的作用。对中国教育现代化问题的讨论可以从两个方面叠加推进。一方面是探讨中国政治、经济、社会、文化、生态环境现代化进程中的教育现象与问题，另一方面是中国教育现代化的政治学、经济学、社会学、文化学、历史学以及人学分析①。现代化的本质是主体人的现代性转化，教育现代化关注的核心应该是人的发展，更具体的是人的现代性品质及其教育。基于上述基本判断，中国的教育现代化在传统与现代、东方与西方的矛盾张力，以及这种矛盾在中国发展的各个侧面的快速"现代化"、城镇化背景下具有特殊性的变式矛盾中间并没有明确的认识与立足，根本原因是对现代化本质问题的探讨与解决上还离得较远，以致产生了许多教育怪现象和具有悖论性的教师问题尤其是情感问题。

一、 文化认同危机与教师的 "无根"

"自晚清以来，中国社会发展的最基本的动力就是重思中国传统文化结构中作为他者的西方问题，而在'五四'以后，以西方文化系统的解释学框架来诠释中国文化传统特色的叙事模式就基本固定了下来。古今之争被理解为中西之争。"② 回顾现当代凸显出的以"学习西方"为主要方式的中国现代化进程，政治、经济、社会发展方法、结构、模式与格局经历了天翻地覆的变化，随之而来的是文化基本形态与国人文化心态的适应性变化。文化心态的这种渐进而又缓慢的变化并不像"外部现代化"那样给历史的亲历者以剧烈而又快速的冲击感，原因是这场影响深远的现代化转型本质是从外借鉴而来的自上而下的变化，是中国广泛的民众还未形成与"外部现代化"相适应的现代性心态时的一次又一次突变。很显然，这一次又一次的突变给"还未准备好的"国人带来了一次又一次的冲击，有着不同学习和生活背景却又坚守不同"生活哲学"立场的人从不同角度感受着突变的冲击带来的不适与浮躁。

在当代，宏大的中国现代化问题可分解为两层叠加式的具体问题：依然是不得不面对和处理好东方与西方、传统与现代关系的经济全球化与城镇化问题。对代表着经济与社会两个事关发展核心的问题的解答像一块巨大的"吸铁石"牵引着中国各方面

① 朱旭东. 关于教育现代化研究的几个问题 [J]. 教育科学，2001 (1)：1-3.
② 高伟. 中国教育改革的文化逻辑 [J]. 教育学报，2014 (4)：3-11.

事业的发展方向，更重要的是形塑着一代人的心性品质。不管承认与否，现代化已表现为除政治意识形态领域外的各领域以西方观念评价中国观念，以城市发展评价、塑造乡村发展；反过来，一部分传统文化与乡村"代言人"又通过各个渠道、以各种方式行"逆全球化""逆城镇化"之实，近年兴起的国学热、读经热、返村潮即是表现。事实上，就像正常的全球化必然伴随逆全球化暗流一样，正常的城镇化也一定要伴随逆城镇化的暗流，矛盾内与矛盾间存在良性的依附关系并维持动态平衡才能使事物与人健康发展。然而，从全国范围看，当前全面现代化的初始阶段，恰恰是现代化潮流中的矛盾始终处在区域性、结构性、层次性的冲突与失衡中，凸显为各阶层人的文化认同危机（文化认同是"一种心理归属的依恋过程，也是一种原初情绪，人们正是从这种本体稳定存在的安全感觉中获得道德与意义尺度的参照"①），没有人能感受到稳定的、长期的安全、宁静与惬意。

　　事实上，自晚清以来的中国的现代化走到今日，一定程度上尚未摆脱利用"模仿""学习""依附"来对待西方的方式，也尚未摆脱利用"古为今用""批判继承"的视角与方法对待传统的方式。说到底，一百多年以来的现代化进程实质是在深刻的文化认同危机底色上的发展，渗透进教育中并延伸出来的现代性问题是"往返于对象与自我、'进步'与'落后'、批判与理解、精神与欲望之间让教育中的人找不到寄托"②，表现为传统文化失落、多元价值冲突、价值相对主义，直接导向的是价值虚无主义，深处其中的教师大多像是"无根的浮萍"：一些教师看似繁忙不堪，"精神四处摇摆"③，却无意于或找不到精神根基；一些教师时常能看清"教育问题"，但却孤

① 高伟. 中国教育改革的文化逻辑 [J]. 教育学报，2014（4）：3-11.
② 现代人面对不确定的未来，教育似乎并没有提供安适、惬意的"精神家园"，相反，教育中的人普遍存在渴望寄托却找不到寄托的精神危机，人们面对"教育"既审视又依赖、既自卑又自大、既想逃离又不得不依靠。内心景象"像四川诗人钟鸣在纪念海子的文章《中间地带》里认为，'海子的自杀与他生活、往返的两个地区有关'；'一个是单调乏味的小镇'，一个是"首都"这个'精神上可以得到拓展和丰富的文化中心'。而海子则作为'这两个地区的代言人，在判断的法庭上相互审查、挑剔、寻找机会，抓住对方的每一个弱点和纰漏'"；也有斗士能如王小波一般"'人文事业就是一片着火的荆棘，智者仁人就在火里走着'。'在火里走着'是什么意思？就是宁愿忍受没有'家园'的痛苦和煎熬，也不轻易给自己找一个归宿，一个温柔乡，一个停下脚步来的歇息之处。他不是没有感受到虚无的侵蚀，不是没有感到除魅的现代生活特有的空虚之味，但是他宁愿采取一声不吭的方式，他熬着、他能熬"。参见：崔卫平. 海子、王小波与现代性 [J]. 当代作家评论，2006（2）：38-45.
③ 像是每逢节假日，人们对拥挤、嘈杂、长时间无意义的旅行怨声载道，却总会在节假日来临时加入其中，教师的工作常常就像节假日时期的旅行，在抗争无意义尝试返乡与经历无意义之间来回摇摆。

独而无助、焦急而彷徨、渴望呐喊而又无力呐喊，生存成为焦虑的存在；一些教师尤其是培养教师的教师成长于西方、西方语境或纯粹的理论语境，早已习惯于用西方或纯粹的理论思维分析表层的或想象的中国教育现象，使得未来教师对教育问题的分析与教育实践不是中华文化思维营养不良、欠缺有效性和深度，就是行为上格格不入、走不进人心。"由此可见，现代性和认同问题本质上是相互关联的，由于发现了人的力量，人作为自觉的意识才在精神上获得了独立于自然母体的感觉；由于发现个人，自我才从仅仅是社会的要素成为具有个性追求的存在；由于自我意识与个性的发现，人对自己生存的连续性质（即认同）的焦虑成为可能。"①

二、 倒置的教育思维： 唯技术主义与教师的 "无心"

"人心"是"一"，"人心"化"万物"，技术是出于"人心"的现象，勾连"万物"的存在，与"人心"共在。回望人类发展史，技术起源于原始人基于生存需要的交往，表现为原始人之间沟通交往的方式与方法，对生存工具的获得、使用与控制、征服、依赖、信仰自然的方法和手段。就一般意义而言，技术是人在交往过程中认识、改造自然、他人和社会并认识、改造自我的一切工具、方式和方法。观察发现：技术并不寻求"人心"存在的整体性，只寻求短时段、结构、部分的认识性、耦合性、合规律性与合功利性，这也是技术虽与"人心"共在，但技术之为技术与"人心"的本质不同；技术在交往中发生与提高，常见的技术现象分为作为思维的知性的技术，作为逻辑的知性的技术与人心外物运行、呈现的技术。就教育合真理性的意义而言，技术应该是追逐本真的过程中化约与升华"人心"自然的善与美的存在，但不能也不应该取代"人心"本体，否则万物失序，渐渐归于混沌。然而，现代最为触目惊心的生存悖论是："人创造了种种新的、更好的方法以征服自然，但他却陷入这些方法的网罗中，并最终失去了赋予这些方法以意义的人自己，人征服了自然，却成了自己所创造机器的奴隶，他具有关于物质的全部知识，但对于人的存在之最重要、最基本的问题——人是什么、人应该怎样生活、怎样才能创造性地释放和运用人所具有

---

① 韩震. 现代性与认同问题的思考 [J]. 学习与探索，2004（6）：13-15.

的巨大能量——却茫然无知。"① 这也就是哈贝马斯所认为的技术力量的倒置——技术本来由人与自然的关系中解放人类的力量，变成一种政治统治的手段②。

以现代制造工业、信息技术、移动互联技术为代表的现代人心外物技术迅猛化、智能化、高便捷化的发展恰到好处地极大满足了人的自然性功利倾向③；反过来，相比生物性、社会性、精神性与超越性需要中的非自然性和非功利倾向，人的需要内容中自然性功利倾向的极易被满足的特点不仅加深、加大了人的自然性功利倾向的程度与范围，也在形塑着上述人性外物技术的发展。现代性问题中，除却发展本源的"人心"与技术力量的倒置，最吊诡的是人心外物的技术代技术、技术代"人心"，它们合谋构建了唯技术主义思维现象，进而建构起一个人心外物的技术发展就是人类发展本质的虚假想象世界与追逐轨道。紧紧依附其中的教育的唯技术主义思维④构成了具有特殊内容的吊诡。现代教育本该走在生存悖论前面，正视人类发展的唯技术主义危害，倒置、理顺"人心"与技术的秩序，诡异的是，教育"义无反顾"地扎根其中，不是乐此不疲地只帮助人认识人心外物的运行、呈现技术，就是只帮助人认识逻辑的、思维的技术；用技术规定、评价人，靠数据诠释人；教育手段、内容与目标只见技术难见逻辑与思维，更是难觅"人心"，不见情感。所见的教育现象几乎全是"合技术"发展，不是"合人"发展，现代教育在加大着人类生存悖论的剧烈程度的同时，离人之为人的本质规定越来越远。

因此，教师天然地以为教育就是在按唯技术主义的思维与虚幻那样发展，忽略了人心。教师的工作理所当然地成了历史积淀下的、有规律可循的、可直接拿来用的、不用人心的外在技术：只要把"商量"好的教案在课堂上诠释好就是一堂好课；不依据学校制度和文化"遵章做事"就不是好教师；学生不按教师设想的逻辑与方法思考与表现就要受到批评；贴合职称评定制度诠释出的晋升路线与内容即能成为"高水

① 高伟. 现代性背景下当代教育价值批判 [J]. 陕西师范大学学报（哲学社会科学版），2010 (2)：160-167.
② 高伟. 中国教育改革的文化逻辑 [J]. 教育学报，2014 (4)：3-11.
③ 人的自然性功利倾向与非自然性、非功利倾向都会摄入到人四种不同类型需要的叠加中，也恰恰是自然性功利倾向与非自然性、非功利倾向的相互拉扯与形塑，"此消彼长"，影响着人的需要形式与内容的构成，需要反过来亦会摄入并影响着人的倾向的形塑。
④ 教育是人在实施，而技术本质具有的属人的合功利性与人的自然性功利倾向相互有利、不谋而合，据此，教育的唯技术主义思维诡异现象也便不是不能理解了。

平"教师；找一个"专家"来学校讲学，教师、学生深受"启发"就算是受了教育了，能为之感动则"更好"……总之，教师只需要贴合"显性地与隐性地被告知应该怎样运思和行动的"技术就会获得安全感，在此基础上，再努力些便可获得荣誉感，长此以往，形成稳定的、安宁的、惬意的唯技术主义工作模式。在现实现象中，教师工作看起来十分繁杂而令人疲倦，但其实并不难，因为不用"入心"①，因为只要思维贴合技术，技术就可带着教师"往前走"，满足自然性功利需求即可获得高度赞赏。之所以绝大多数教师会感觉到教师工作繁杂而疲倦，是因为他们还没找到或训练好有效满足需求的思维技术，而寻找和训练的过程让教师感到了疲惫，使得教师把工作与生活截然分开，工作是工作，生活是生活，工作中不想让心灵介入，工作后急匆匆地想返回生活、寻找心灵。可见，教师有了心灵参与，就触碰了当前整个教育实践的技术主义哲学根基，技术主义中"愚蠢而庸俗"的教育与教育人会马上让其感受痛苦，相反，贴合技术的运思与行动既不用"太费力"又能获得"幸福感"，教师"何乐而不为"呢？唯技术主义的、倒置的教育思维既"逼迫"又"惯着"教师在从事教育工作时不能有也可以没有心灵参与。同时，历史积累下的威权伦理很好地帮助了教师发展唯技术主义，又遮蔽并加剧了教师对人心的误解。

循着对教育可靠基础的追问，需要在教育现象的悖论中找到解决问题的突破口。教育需要教师的心灵参与，有了心灵参与，教师的工作与生活才不会有被撕裂的可能，心灵参与生发的精神养料也恰恰会补给教师一体化生活中的"不适"。然而并不是教师有了心灵参与就会"不幸福"，更普遍的原因是，教师往往没有意识到每一个学生、同侪、对象都具有精神性，被"责任"蒙蔽以预设的、技术般的方式自信地、生硬地摆置另一个心灵。然而，面对每一个独一无二的心灵，教师的谦卑是更明智的教育原则，只有感受到这一点的人才能发挥教育的权威作用，并且不会违背自由的原则②。这种意识恰恰是理解与发掘精神性的前提。

①　相反，有趣的悖论是，只要在现实工作中，教师稍微"入心"呈现些许"反技术"的姿态，便会像触碰到电流一样感受到烦躁、不理解或是生气、愤怒，越想"入心"，负性情绪的作用力越大。这种现象太常见了，教师会因见学生学习成绩差却怎么教都始终无法提高而生气等。承受久了有心灵参与的教育带来的不幸福后，教师也便"失望了"，不"入心"了，"合技术"地施展"无心"的"教育"。

②　罗素. 罗素自选文集·论教育［M］. 戴玉庆，译. 北京：商务印书馆，2006：80.

三、 教育功利主义与教师的 "无爱"

人都具有自然性功利倾向，甚至可以说人的自然性本质是功利的、利己的，社会性发展本质是求公利的。教育与交往在唤醒与满足无论人的哪一种类型的需要时，都是以指向人的自然性功利倾向的满足为基础与前提，没有这个基础和前提，人的主体性就不可能被激活，过更高层次和丰厚内涵的精神生活就更不可能。通俗点讲，人的趋利避害无可厚非，甚至是人发展成为一个人的基础。然而，现代人心外物技术与市场、工商业原则与人的自然性功利倾向相互有利，前两者极大程度地满足人的自然性倾向，把人拉得始终离生物性需要很近，乃至持续产生追逐生物性需要的倾向，以致人多层而又丰厚的指向伦理道德的社会性需要、指向善意灵魂的精神性需要、指向彼岸世界或美的瞬间永恒或超越性需要始终处在"睡眠状态"。当然，人的自然性功利倾向也在不断"反哺"上述技术与原则，三者合谋助力人的自然性功利倾向普遍地超越人之为人为其设置的阈值，人的自然性功利倾向演化为可以吞噬心灵的功利主义，表现为社会人的普遍心态。

教育与学校应当是现代人能够很好安顿生命与灵魂的精神家园，更具体与微观的指向是教师，人在这个家园中安静地自我生长，可问题是几乎所有人深受教育功利主义的蒙蔽与侵扰，都不往共筑精神家园的方向努力。教育功利主义具有功利主义从利己出发最大限度满足利益相关者利益的普遍性特点，凸显出现代教育形塑的特殊形式与内容。"竞争"与"成功"是教育功利主义最核心的关键词，最能满足广大师生家长、社会共识的自然性功利倾向，自然也就成为最广泛的学校教育中"合法的"、稳定的、"合理的""形式主义伦理学"。当前，几乎所有可见的"官方"教育制度、政策、共识、话语体系与学校隐性文化合谋铸造了一栋以"竞争"与"成功"为伦理基础与核心的现代教育大厦，"人"在这栋大厦面前总是会显得渺小，也常常能感受到卑微。"成功"的"质料"是数据、职称、分数、名望、社会地位、财富，学校、管理者、教师与学生以为追逐各自角色被规定的那些成功质料就是"教育"①。然而，"成功"的质料是有限的，不同角色的个体需要在各自共同体内竞争，他们也学会乐于为了"成功"孜孜不倦地参与到竞争当中，能最大限度压榨自己、压榨对手、懂得"巧取豪夺"的便能登上时下角色规定的成功顶端，获得"成功"给予的卑微的"幸福感"，接着再追逐，再竞争。渐渐地，教育中的人忘记了自我，只去认识他人眼中的自我并努力按要求去塑造，普遍辛劳与脆弱的人们也只有在自然性、生物性的感性需求得到满足时才能意识到存在与真正的幸福。上述的一切遮蔽了教师对教育可靠基础的意识与认识，可悲的是，"支配着道德判断的就不再是爱，而是不爱，或者是对爱的反抗或决绝，即怨恨"②。

　　教育的技术主义与功利主义相互助长，教师的"无心"消解了教育的理智性内涵，教师的"无爱"拉低了教育的道德可能性。已经很难找到何外在的力量能有效帮助教师唤醒沉睡的非生物性需要，步入精神世界不断自我提升的轨道中。相反，广大教师的精神世界处在不断下滑的状态中，甚至可以说他们的精神世界早就没有了自我意识。教师在共同体中很难有真正的沟通与切实有效的相互帮助，因为，教师是在以"无爱"为基础审视、揣测、判断着合作对象与共同体，功利主义的氛围中"不展露"自我就是对自我最大的保护，长此以往，广泛的"不表达"与揣测加剧了教师的"无爱"，"不理解"成为教师最常出现的心灵状态。自然的恨会随不同的情境变式为怨恨、愤恨、埋怨，不管恨与恨的破坏力会不会即时爆发，它们终究会消解教师宝贵的自然爱，为潜在的恶埋下了种子，延伸出来的危害表现为现代教育变成了一个"谈

---

① 　教育功利主义蒙蔽人，其危害极深。比如，有一些学校搞校庆活动，宣扬的全是"成功"校友，普通校友连在各种场合的宣讲的末尾被提起的机会都没有。可惜的是，大多数教育工作者根本意识不到这个问题的危害性，一方面伤了大多数校友的心，另一方面加剧了人们对"成功"的趋之若鹜。学校教育成了名利场与生产线，其中的人本质既渴望宁静成长，又不得不强迫自己参与竞争，追逐"成功"。
② 　高伟. 爱与认识：对教育可靠基础的追问 [J]. 教育研究，2014（6）：10-19.

情色变"的奇怪场域①：几乎人人都不想去理解他人，都不尊重并去体悟真实的情感联结，几乎人人都乐于沉迷于生物性需要、感性被满足的虚幻中；教师的教育工作不想也不会直抵人心了，更乐于指向分数、工具、荣誉、职称等外在功利条件；教师的教育工作不用谈情感了，只谈规则、原则……教育成了需要精明算计的事物，教师以精明算计的方式施加教育。

分析教师的"无爱"情感现象是为了剖析功利主义教育大厦的基础，这虽然是一种常见的现象，但不可否认的是，像爱与恨一体存在于人的情感基质中一样，教师依然普遍具有自然爱的倾向，乐意实施爱的教育。但是，要警惕的问题是教师爱的教育易被功利主义裹挟与欺骗。教育等同于"洗脑"，更确切地说，一切教育现象都是边"洗脑"边"教育"，只是"洗脑"是中性的，教育要激活精神性需求，追求善意、美和超越。那么，爱的教育或情感教育会由于情感本质具有的弥散与裹挟性而被功利主义者利用走向善意、美和超越的对立面。比如，对于当前"教育市场"上炒得轰轰烈烈的"感恩教育"，功利主义者借感恩之名，用煽情之术行功利之实，加剧了学校与社会以为情感教育就是"煽情教育"的误解与偏见，害的不仅是学校师生，而且使他们更怕也更不愿意谈情感，还激活了中国情感文化传统中的糟粕，使得有道德的情感教育者要费大力气先自我祛蔽再帮受教育者祛蔽才能真正走进发展人的爱与情感的正确轨道。

上述中国教育的现代性问题共同作用促成了中国教师情感问题的整体图景与复杂内容。反过来，教师的"无根""无心"与"无爱"虽是对普遍精神现象的描述，但它们变式出了太多的、难以解决的现实问题，成为羁绊解答中国教育的现代性问题的根。比如，中国教育的大视野中无论是所谓的理论研究还是实践领域根深蒂固、屡抑不止的唯理性主义倾向，以及西方思想在摄入过程中分化而来的唯科学主义、唯理智

---

① 小孩子最不会表演，但有这样一个现象：一名小学生在动情地朗读刘胡兰的故事甚至失声痛哭时，周围的孩子都在嘲笑或讥笑……可怕啊，在培育和发展对孩子一生学习和生活都有益处的崇高感与敬畏感的最佳时刻，功利主义"无爱"的交往原则却早已经渗透进他们心里，任何形式的心灵力量的迸发显得如此的无力而渺小。他们那个年龄段正是需要爱和善良意志的滋养以奠定一生善意和美的精神基础的时候，却早早地不再相信人性的光辉与爱的力量，如果不尽快调适，难以想象这些孩子未来的精神生活将是何样？当一个民族、国家的青少年都对最基本的情感体验有些麻木不仁的时候，民族与国家未来的精神状态又将是何况？整个教育系统、教师、家长应该先站出来反思与改善，否则，教育就像河流每日都在流淌一样，只是在"流"，于青少年、整个民族与国家没有任何意义。

主义倾向，都极大地压抑人性催生的逆反心态和功利主义作用下的享乐主义倾向，使得中国的教师以及教育系统培养出的大多数"人"已或多或少地具有"西方人""机器人""娱乐人""寄生人""善用规则的利己人"的特点，中华优秀传统文化中那绵延数千年积淀下的既能独立于天地之间又能横穿历史潮流中"究天人之际，通古今之变"的高贵人格与人文精神如何接续与传承已经是令人心痛却感到解决乏力的大问题。这些问题的产生源于教师，却不全是教师的原因，需要与宏观体制的改革结合解决，它们相互缠绕构成中国教育最大的也是最不易被发现的隐患。然而，当前更遗憾的是，有着深厚且绵长的情感文化传统的国度的教育基本理论研究以人的"情感"为研究对象的人学理论研究极度匮乏，即使为数不多的以接续中国传统哲学思维方法进行情感研究的学派也会因没有采用西方主流概念、思维方式、科学实证研究方法而被误解和诟病为"不科学"①。当然，在中国的学术语境中进行情感和情感教育研究容易被误解和引起偏见的另一个重要原因恰恰是情感文化中的"情"随着现代化的发展被异化为了绝对的"人情关系""利益交换"等带有条件满足规则的"坏的"情感交往，而关于情感和情感教育的研究正是要站在其对立面展开对"人"良善、高贵与迷人情感的思考。

第三节 教师情感文明：基于中国情感文化传统的教师关键素养

"文化认同是个体精神血脉绵延流淌的根源与交往生活的依据。教师需要在丰富多样的职场生活中多感受、多理解，强化从事教育工作时的责任感、荣誉感与崇高感，也需要学会依循中国绵长而深厚的优秀文化传统开展教育工作。"② 因此，当前中国教师最迫切需要面对和解决的具有精神根基性质的问题是如何基于中华文化传统诉说中国话语，讲好中国故事；从中华文化传统中寻找全球教育中的中国问题与中国

---

① 教育学本质是关于"人"的成长与发展的研究，具有强烈的复杂性、情境性、过程性和反思性特点，很难用从自然科学研究中借鉴来的结构化、量化等追求可重复的、稳定的、可证明的科学方法对教育现象与问题进行正确且全面的描述和解释，甚至可以说，教育学是一门始终要在教育情境中进行探讨的实践科学，本身具有相对科学性，而用"看似绝对科学"的方法试图对其进行探讨和验证，则与人的复杂发展脉络和不断凸显的不确定性不一致，也就不科学了。

② 王坤. 迈向教师情感文明 [N]. 中国教育报，2018-03-15（10）.

教育中的全球性问题的解决方案。中国教育与教师已经不得不需要进入深深嵌套在中华文化传统中以自我意识与反思为主线的自我发展并谋求全局发展的时代。

事实上，中华传统文化发展过程中基于"人"的认识的无论思维方法还是行为方式都有着深厚的、整体性的"情感基因"。中国传统社会的发展基本可看成是以"人"所处"差序格局"中的情感纽带及其彰显和暗含的伦理规则所牵引，良善情感的培育亦是中国文化传统中"立人"道德的基础与目标。所谓"情本体"，是以"情"为人生的最终实在、根本①。中国传统文化中的"情本体"力量是牵引中国社会数千年赓续绵延的重要脉络，有其独特"魅力"，也是中国各项事业现代化进程中，尤其以人的现代心性和国民性培养为核心目标的教育现代化②进程中必须要正视并"破题立论"的本体性基础。为此，需要在中国文化传统的脉络中寻求秉持交流互鉴、开放包容，以我为主、为我所用，不泥古，不简单否定，不断赋予新的时代内涵和现代表达形式③，将教师专业成长与中国情感文化传统的"创造性转化、创新性发展"④ 结合，深入阐发教师关键素养的现代意涵；倒置唯技术主义的教育思维，消解、祛蔽功利主义的教育倾向，寻找自上而下与自下而上双向结合的力量，增进教师的自我理解，帮助教师"稳住并安顿好灵魂""寻找文化（本土）认同的根""深刻阐发教育初心""适恰地站在本土情感伦理的立场生动诠释教育爱"，促进教师正确认识和施行具有可靠基础的教育。

一、 对教师情感文明的再认识

教育现象中，教师在帮助学生和自己复演人类文明发展进程并引领个体精神发展的过程中起到极其重要的作用，这样的重要性无时无刻不在考验着教师的情感人文素

---

① 李泽厚. 人类学历史本体论［M］. 青岛：青岛出版社，2016：58.
② 宏观层面讲，中国教育现代化是在处理好传统与现代、东方与西方的关系中推进的，微观层面处理的是在上述两对宏观关系问题的影响下"人"的现代性及其教育问题。中国教育现代化的本质是上述微观层面的问题，清理并解决宏观层面的问题也是为更好地解答微观层面的问题，然而，对宏观关系问题的认识与解答，必须要正视并善加保护和发展中国传统文化中的"情本体"基础，这些是在中国历史发展语境中打通上述两对关系，观察并推动教育现代进程的可选择和运用的有益思维成果，否则，中国教育现代化很容易走向"西方化"。
③ 摘选自《中共中央办公厅 国务院办公厅关于实施中华优秀传统文化传承发展工程的意见》。
④ 摘选自《中共中央办公厅 国务院办公厅关于实施中华优秀传统文化传承发展工程的意见》。

质及其内化、外显、扩张并催生出的个体与环境的情感文明。

一名以情感尤其情感教育研究为理论背景的教师教育研究者，在对教师情感文明进行理论与行动阐释之前，一定要对关于这个"新概念"的自我思考进行清理，一方面回答所有读者内心的疑惑，另一方面为后续的研究扫除内心羁绊，找到清晰明确的道路。为了达到上述目的，需要进一步凝练并回答这样两个问题：为什么选择"教师情感文明"这个概念？用这个概念究竟想干什么？事实上，从20世纪80年代发展至今的教师专业化概念与相应的教师教育实践，基于实际问题提炼、演化和发展出了许多希望能引起广大教师关注并着力改变与提升自己的专业素质构成中的某个、多个方面或是教师整全素质发展的问题、概念或命题，比如，教师知识、教师能力、教师文化、教师学习、教师人格、教师反思、教师身份认同、教师幸福感、教师精神等，这些问题、概念或命题又演化出了许许多多的分支，总体展现了一个"教师作为客体，他者引领客体发展"的教师专业化时代。虽然早在20世纪90年代就已经有学者关注教师情感，提出教师情感人文素质、情感型师范教育的研究概念或命题，乃至近些年兴起了教师叙事研究、教师现象学研究等能够深入教师自我意识层面的研究范畴。不可否认的是，教师自我发展尚很难成为教师专业化研究与实践的哲学根基，以致几乎所有的教师研究与实践似乎都只是针对教师的意识表层做工作，难以产生深刻的教师自我认识与改观。当我们需要在教师研究以及教师教育研究层面首先倒置哲学根基，让教师从研究客体变成研究主体，让上述一切概念从本体论、方法论变成教师自我研究的认识论的时候，需要提出一个基于"教师作为一个人"的教师哲学的根本概念；而当我们又迫不及待地必须要让教师在经历上述的现代性问题时既自我解答问题又合真理性地施以教育的时候，"教师情感文明"成了一个基于中国当代情感教育三十多年研究历史的可取的概念。同时，教师作为现代文明进程中的思想者，希望对教师情感文明概念的研究与行动阐释能够自然地演化为情感的文明化与文明的情感化一体于教师个体全部素养底色的关键素养，也希望在后续的研究与行动阐释中能将这个概念建构一个切实有助于并能引领教师自我成长的方法论体系。

（一）对教师的情绪情感感受与表达机制的认识

笔者曾长期观察婴幼儿的情绪感受与表达状态，发现0～3岁的婴幼儿由于没有显著的自我意识和他心想象能力，其情绪表达一般是受外界刺激影响而自然感受的自发展现。比如，吃到酸橘子时眯眼睛，面部肌肉稍微扩张，伴随着嘴巴微微张合的品味酸意的状态；其他小朋友拿走自己心爱的玩具，立马张大嘴巴哭泣的状态；追赶风筝时欢心愉悦、又蹦又跳的状态。伴随着婴幼儿语言和身体活动能力的增强，其交往和学习的时空不断扩大，内容更加丰富。在其中，他们渐渐地感受到激励与受挫的感觉、奖励与惩罚的感觉、无拘无束与被限制的感觉等。在与外界的交往中感受到的这些一对对积极与消极的、内在互为否定性又一体的感觉逐渐增进了他们与自我交往又必须观察并感受他人的愿望与意识。为了获得更多的积极感受，儿童在交往与学习的过程中需要不断增进自我理解与他心想象能力，其自然的情绪感受与表达因长时期的社会伦理道德规范、文化习俗的习得与内化而附着在指向更深刻精神层面的以情感为表征的人的情理结构上面，儿童也是在这样的过程中逐渐社会化。就像快乐可以分为感觉意义上的快乐与精神意义上的快乐一样，成年人的情绪感受与表达更多具有自然的感觉意义，情感感受与表达更多具有精神意义。但我们绝不能如此简单地割裂认识成年人的情绪情感感受与表达机制，对其认识既要回溯和理解外在的成长历程、文化内核和伦理道德风尚，也要辨析其内在的自我意识与他心想象能力，在这样的认识基础上，反复感受与体悟他们感觉意义上的情绪与精神意义上的情感勾连一体的"美妙景致"。

认识并建构起教师情感文明理论体系的重要前提与基础是认识教师的情绪情感的感受与表达机制。然而，认识上述机制首先涉及的是认识一个人的情感动态，我们还要解答的特殊或价值性问题是认识教师的情感动态，以及这种情感动态如何才能具有可靠的教育意义。那么，首先就要回答尤其是帮助教师回答具有教育意义的情感是什么？这是一个回答起来十分困难，而且需要在具体的教育情境中辨析的问题。无论上文关于教育可靠基础的历史考察还是后续将要进行的研究其实都是想从某个侧面回答有教育意义的情感是什么以及什么才是可靠的情感教育。关于"是什么"和"什么是"的问题还是留给整个后续研究回答，但是，针对当前的教师认知现状，十分有必要对有教育意义的情感"不是什么"有一个清晰的判断和说明。有教育意义的情感一定不是功利主义"无爱"的市场交往原则渗透进的、被赋予了利益交换原则的作为人际交往手段的情感，当然也不纯粹是技术主义渗透进的"干瘪的""僵硬的""机械化的"、无感性的情感逻辑或思维。借此稍微扩展一点说，有教育意义的情感一定是基于真实、生动的情感联结的，更侧重体现人作为一种精神存在的本性和原初体验，珍视本性和原初体验在当代是难得与宝贵的，借以感动自我、感动他人，教育自我、教育他人。因此，"情感"是教育的目的，并不是纯粹为达目的的一种手段，但情感可作为认识与理解或认同的思维工具，如，体验、移情、同情、共情等。

　　机制的问题是技术性问题，有了可靠的价值性判断，在此基础上对教师的情绪情感的感受与表达机制的认识在方向上至少是正确的。有必要回到交往中去认识和理解教师情绪情感的感受与表达机制。有交往的形式，那么关系就是内容，对交往加关系的整全性认识是理解教师情绪情感的感受与表达的关键。依据对教师教育生活的观察，一般意义上可分为人与自然、人与操作对象、人与他人、人与社会、人与自我五对交往关系①。需要注意的是，在任何一对交往关系中，有一个有必要引入到思考范畴中的主体与对象互化的中介，就是技术。因为，人通过技术化自然、化操作对象、化他人等，当然反过来，人也是通过技术自然化、操作对象化、他人化等，在每对交往关系中引入人与技术交往关系的探讨是认识并引导人与对象一体化的关键。教师的情绪情感的感受与表达有时独立，有时一体地存在于上述五对交往关系中，离开了对交往关系的分析，对教师的情绪情感的感受与表达的分析也就没有任何意义，反过来亦是。它们之间互为形式与内容。为了认识深刻，需要先将教师的情绪情感的感受机制独立出来分析。教师的情绪情感感受发生在任何形式的交往中从主体向主体性介入的过程，分为自在的情绪情感感觉和自觉的情绪情感识别与调适两种主要形式。自在的情绪情感感觉则是教师主体在经历交往的过程中没有主体性卷入即自然感觉到的一些情绪情感内容，比如积极的快乐、舒心、舒展、惬意等，消极的悲伤、愤怒、恐惧等。它们合力构成了教师在交往过程中自觉的情绪情感识别与调适而感受内容的基调，变式成教师在识别与调适主体和对象情绪情感过程中反作用于教师主体的一系列感受内容，比如积极的爱意、幸福、开心、美好、惬意、舒心等，消极的怨恨、愤

----

① 朱小蔓. 情感教育论纲 [M]. 北京：人民出版社，2007：135-140.

恨、悲伤、恐惧、焦虑等①。

从他者认识的角度讲，教师的情绪情感表达是他者认识教师情绪情感感受的重要媒介，可分为身体、语言、表情、情感场的情绪情感表达。从教师主体的角度分析，教师的情绪情感表达是教师主体在交往中情绪情感感受的再现或创造性表现。依循教师主体的角度进行分析，教师的情绪情感表达分为自在的表达与自觉的表达两种形式。自在的表达是教师无意识自在感受的自然流露，就内容而言，它就是自然的爱与恨及附着其上的原初情绪的外现，表现为积极的关心、关怀、同情、担忧、惬意、开心等，消极的厌恶、烦恼、怒气等。自觉的表达则既包括对感受内容自主地再现，也包括出于情感教育价值需要的创造性表达。当然，无论自在表达的积极形式还是消极形式也都可因教师的主体性卷入而成为自觉的表达形式或是变式为更加复杂的形式与内容，比如，凸显为民主感、公平感、正义感等公共价值的表达也是基于自然情绪情感的自然流露与自在的表达和转化，只是要依据教育情境的不同，对情绪情感表达形式的具体内容进行辨析，并善加运用。

当然，教师的情绪情感感受与表达机制在形式与内容上是十分复杂而且是一体的，独立出来分析是为认识得更加深刻。也正是由于教师情绪情感的感受与表达在交往过程中的自在的或自觉的共同作用，呈现了一个教师活生生的、动态的、既可整体性分析又可部分性洞察的、既积极的又消极的情感品质、状态。研究者的任务是帮助教师学会在教育情境中既能适恰地彰显积极的情感品质，发挥育人作用，又能学会消解消极的情感状态，同样让其发挥育人作用。

（二）教师情感文明的层次与内容：教师的情感性教育行为与教师理智感、道德感及美感的螺旋上升

教师情感文明并不仅是在对教师情感人文素质（以教师人文素质为底色的健康的情感品质与能力）进行界定的基础上对教师的内质性素养提出的静态要求与期待。它一定是在关于教师情感人文素质考虑基础上对教师专业素养进行观察与提升的过程性

---

① 从自在到自觉，教师积极与消极的情绪情感感受形式一定会有一致的，但会因教师自在与自觉的感受状态不同，其内容则大不一样，需要在具体教育情境中辨析。比如，教师自在的恐惧与自觉的情绪情感识别或调适后感受到的恐惧肯定具有不一样的内容。

问题、情境性问题和主体内质性问题。在教师成长的过程中探讨涉及情感教育、通识教育、学科教育、价值观教育与日常教育生活如何糅合指向人的整全发展。

虽然教师情感文明涉及的是过程性、情境性的教育问题，让人难以捕捉与把握，但是我们依然需要而且可以从教师主体内质性发展的视角审视并界定其层次与内容。当代情感教育在内容上仍然强调道德感、理智感和审美感，我们承认这一历史分类的合理性，但认为必须在新的历史条件下对它们做出新的更为丰满的解释①。教师情感文明的第一层问题关注的是教师如何正确认识原初体验、情感、课堂教学中的情感教育以及日常教育现象中的情感教育的问题，这一系列问题的核心指涉便是人的理性与情感协调一致发展的问题。即教师自己以及帮助学生在探求未知、追求真理、运用智慧的过程中，产生出来的冲动、愉悦和幸福的感受——理智感问题②。在关于主体理智感层面的探讨范围内，认知与理解是需要教师重点掌握与内化的情感性教育行为③。如果说理智感是教师情感文明发展在心理层面的认知性基础，道德感则是教师情感文明从心理层面上升到精神层面，广义范围内对道德品质和行为的认同与默契④。在具体教育情境中，教师道德感侧重指教师在关系发展中的关爱、理解、宽容、批评、惩罚的行为回馈到个体精神层面的反应，或者说人的作为意识形态的情感具有道德的内涵，它们是道德活动引起的精神上的感受状态⑤。教师经过长时期的专

---

① 朱小蔓. 情感教育论纲［M］. 北京：人民出版社，2007：119.
② 朱小蔓. 情感教育论纲［M］. 北京：人民出版社，2007：120.
③ 教师的认知、理解、关爱、宽容、批评、惩罚、信任、尊重、欣赏、期待等行为本质上是教师在交往过程中的情感表达行为，这些行为的有效施展首先需要教师对情感、情感教育等有正确认知，即教师理智感的问题，而本书谈论的教师情感文明作为教师引导"人"成长的关键素养，还要特别思考这些情感表达行为如何才能具有教育性，也只有这些情感表达行为具有了指向自我与他者的教育性时，积极的情感品质得到彰显，消极的情感状态被消解，教师的理智感、道德感和美感才有了通达一致、螺旋上升的可能。所以，本书把它们界定为情感性教育行为。教师要思考和实践的是如何在交往互动中正确且适切地表达上述行为，并让学生、同侪、家长等交往中的主体感受到上述行为的善意与美，同时又能让主体在这种交往互动中也学会适切的情感性教育行为表达。要注意的是，这里没有梳理教师的表扬、鼓励等行为，是因为一方面它们与上述情感表达行为给人带去的情感体验有重复，另一方面却天然带有一种人与人交往过程中自上而下传递"信任""欣赏"等感受的威权气质，不太适合倡导平等交往理念的情感文明思想。虽然，批评与惩罚也具有这种自上而下的威权气质，但二者与其他几种情感表达行为没有重复，且在教师情感文明的思考框架内一定需要探讨负面情感体验如何转化为正向力量，否则情感文明就陷入了情感相对主义的泥沼。
④ 此处借鉴周国平文章《情和欲的界限到底在哪里？（理论分析）》中的思考与说法。
⑤ 朱小蔓. 情感教育论纲［M］. 北京：人民出版社，2007：120.

业生活磨砺与积淀，其情感文明内涵会逐渐由道德感发展到更高精神层次的美感。教师美感源自从对自我与独一无二的交往主体"一体感"中生发出的向美、求美和惜美的需求。在具体教育情境中，教师美感侧重指关系发展中的教师信任、尊重、欣赏与期待的行为及其回馈到个体精神层面的反应。与教师对真与假、好与坏的辨析所带来的内心感受不尽相同，教师美感是教师的一种思想意识和高级情感，不仅要从大自然、艺术品中获得美感，而且要从生活本身获得美感，要学会欣赏生活，挖掘出生活的新图景、新意义，发现人的勤劳、善良本性，能与人分享这种美①。

（三）教师情感文明本质是教师的"抽象的感性"在交往与教育的过程中不断自我加强

需要注意的是，教师理智感、道德感与美感并没有泾渭分明的层次与界限，它们是教师自我与外部伦理实体在不断交往与碰撞的过程中引起的教师心理——精神质料的相互缠绕并作用于教师感受形式的螺旋上升的进程。上述在这个进程中所探讨的教师情感文明的具体内容，是帮助研究者和教师认识致力于破解"人"的发展难题的教师关键素养的"压缩了的思维工具"，或是关于教师情感文明的认识论。教师情感文明的本质是教师对理性与情感以及具体教育现象中的情感教育有正确的判断与认知，并施以妥帖的情感性教育行为，继而在人与自然、人与操作对象、人与他人、人与社会、人与自我的交往关系中实现自我意识的不断觉醒与凸显，不断地认识并理解差异，进而增进自我认知与理解，又能将这一过程转化成适切的教育性力量。

同时，由于教师本质是一种学校制度生活中的公共身份，而教师情感又因天然的个体性、特殊性和相对性与其公共身份内在规定的普适性情感有着天生的矛盾，更深层次的是教师专业成长过程中教育性价值追求与世俗性价值追求、公共性价值追求之间的矛盾，因此，教师情感文明的发展始终处在多对重叠的矛盾张力中，需要在更微观的教育情境和问题中寻找能够激发教师情感性教育行为表达自觉的现实条件，面临的困难与问题，辨析其行为的规则与限度，以及具体的交往关系中教师情感文明层次与内容的具体意涵。

---

① 朱小蔓. 情感教育论纲［M］. 北京：人民出版社，2007：121.

也即是，教师情感文明倡导教师作为一种整全性的情感力量将自我教育、环境教育与他者教育贯穿一体于交往中，寻求教育主体与对象、教育形式与内容的和谐一致。学习即体悟，也即是教师在交往中如何将体悟通过情感性教育行为幻化成直抵人心的力量，这其中最关键的是教师在交往的体悟中的思维技术的整合与超越，也即"抽象的感性"的能力及其训练。"常为科学家十分重视甚或以之为依托来寻找真理的形式感，我称之为'抽象的感性'……这'形式感'既不是视觉、听觉之类的具体经验感知，也不是某种思辨推理之类的抽象理知活动，它是脱离了具体试听感觉的感知，尽管可能朦胧、含混、模糊，却仍然是感知……即在形式感基础之上对真理的领悟和启发。"① 还是需要对教师"抽象的感性"进行技术性分解以求深刻认识。比如，教师要对学生情感需求的相对性有充分的觉察与认知，依据学生不同的情感基质加以引导，促进其理智发展，但决不能走向情感相对主义的极端，即认为每个学生的每种情感特质都有其值得理解、尊重与欣赏的方面，而是要在不同情感行为的表达与交往中，在人的情感品质相互缠绕的过程中始终包裹并渗透着不同的理性思维形式（概念、抽象、推理、归纳、演绎、怀疑、质疑与批判等）与无意识的非理性思维形式（原初体验、情感基质、自发感、模仿等）的不同程度的审视与牵制，这样交往中主体的情感思维②形式（敏感、比较、联想、想象、共情、直觉等）才可能会健康发展，统整于情感文明层次的螺旋上升进程中。当然，教师"抽象的感性"能力的提升并不仅仅限于理性思维形式、非理性思维形式、情感思维形式的训练，也需要对人的心灵做出力量更强烈的、呈现美感的"诗意之思"的融合与幻化。诗意、科学与哲学

---

① 李泽厚. 人类学历史本体论［M］. 青岛：青岛出版社，2016：290-291.
② 情感思维与学习是关于人的情感文明研究的重要领域，研究者甚至认为其是高（优）于理性思维形式，对个体的人和人类发展最有牵制力、最有影响力但却最容易被忽视的一个研究领域。一个最常见却最不容易被思考的问题是：为什么历经"生活洗礼""风雨沧桑"、无论被赞誉为成就极高还是平淡无奇的老人们在聊天或谈话时总会动情？他们根本不需要用追求"合埋"的理性方式却能让听者感受到面前是一位"饱满的人""厚重的人""情感人""道德人"。其实道理很简单，人一生中的理性思维训练与发展都会作用于人的情感学习并积淀为情感思维机制，展现为一个人的宏大、厚重与迷人。这个实践中的问题为教育学研究和教育活动提出的问题是：当我们常常能从身边老人们身上看到、体悟到教育作用于人的大致"轮廓"后，"从结论推向起点与行动"，为什么不能将"情感学习与思维"作为研究和实践的逻辑起点与主线呢？这样，人类的进步才不止于科技进步塑造却又阻碍"人"的发展的虚幻中，走入"人"的进步与发展为主线的逻辑中，人类的进步也才不会被广受质疑，进步也才更真实、更贴合人心。所谓情感文明大致就是要回答上述既小又大的"人心与文明"的问题。

是人的爱欲攀升的三种目标形式，而人的爱欲攀升的最终目标是超越一切的哲学之境，哲学之境建立在诗意之思与科学之思的基础上。所谓"诗意之思"，实际上是努力去超越理论玄思和功利实践的对峙，使"思"返回激情，返回感觉，返回幻想，返回大地，返回艺术，亲近真理的本源并使之得以彰显①。在交往中，教师不断地思考与沉醉，直面危机、感受危机、解答危机，化约自我与他者，一体于环境，"这种'抽象的感性'即形式感的人性能力由于文化的积淀、理解力的发展，在不断加强"②，"感觉通过自己的实践直接变成了理论家"③，这个过程大致是教师情感文明的澄明，也是未来的"阐释之眼"。

二、 增进教师情感文明的行动预期

增进教师情感文明源自教师对自我及其周围微环境情感教育力量的敏锐认知、适切表达与妥善调适。因此，第一种视角与探索是研究者依据教师在课堂教学（含教师教学、师生课堂教学中的交往两个维度）不同情境中所面临的主要情感交往问题，通过文献梳理、访谈、观察、合作学习（含历史）、共同实践等方法编制致力于教师情感人文素质提升的思维工具，并将这些工具运用到教师的专业生活的具体情境中，通过"我"的观察、反思，依托包含教育现象学写作在内的人文写作方法、生命叙事等活动，带动教师的自我观察、反思。"我"在与教师的情感交往中，在教师的自主实践过程中，丰富和完善这些工具的实践路径和策略，继而帮助合作教师和研究者具备在微观的教育现场持续进行情感学习与情感文明素养提升的敏感性、反思力与行动力。

增进教师情感文明，需要教师的敏感与努力。趋向安全是人的天然禀赋，制度化是有限理性的人面对不确定世界的必然演进过程。现代学校制度通过让师生过制度化生活规范着师生的专业角色，积淀个体稳定的情理结构和群体基本的差序格局、物质秩序，引领着师生的价值观形成与行动。教师的日常教育生活（含与学生、同侪、家

---

① 李庆明. 什么样的理论打动教师？——李吉林情境教育学派的启示 [J]. 教育研究与评论，2017 (2)：125-128.
② 李泽厚. 人类学历史本体论 [M]. 青岛：青岛出版社，2016：291.
③ 李庆明. 什么样的理论打动教师？——李吉林情境教育学派的启示 [J]. 教育研究与评论，2017 (2)：125-128.

长、自然与生物交往四个维度）无时无刻不在受制度化的学校和学校的制度化的影响，因此，学校管理活动孕育出的学校制度化生活（包含组织、课程、课堂、班集体、社区与家庭等维度）同样对个体的情感文明发展起到不可或缺的重要作用。管理本质体现的是人与人的关系①，基于对学校管理一般现象的考察可以发现，维系学校管理的动力机制是权力与情感，在二者的交缠下，权利与资源实现着在制度化生活中的配置与流动，影响着教师情感文明的发展。因此，迈向教师情感文明的第二种探索是研究者依据一般的学校管理现象深入具体学校，探索如何将"情感软化制度"与"制度统整美好情感"统一到教师自我发展与日常教育生活中的良好微环境建构的过程中，帮助学校管理者与教师在秩序与自由、效率与艺术间求取平衡，使学校走上培养整全人的轨道。

---

① 汪丁丁. 知识动力学与文化传统变革的三类契机 [J]. 战略与管理，2001 (1)：77-81.

第三章

教师情感交往与情感人文素质提升的观察理路与行动建议

> 世界性的广博知识与充沛的同情本身是无法自足的，这些特质要想变得人文化就必须经过纪律与选择的调节与训练。真正的人文主义者在同情与选择之间保持一种正当的平衡。
>
> ——［美］欧文·白璧德

　　教育即影响，本身是源于人的生活需要又弥散于人生活中的一种精神现象，因其对人的成长所依托的又深处其中的思维机制、情感机制与生理机制的运行和发展的作用以及功能，凸显存在价值与本体意义。德国哲学家罗姆巴赫在其《关于教育实践的哲学思考》一文中指出："在这个半是部分体系化、部分经验化的教育学区域的背后，要看到一个深层维度，在这个维度中，教育没有完全与人类存在区别开来，因此，人在其基础中和整体上就是'教育'（在一个尚需澄清的意义上）。"① 教育具有日常性、普遍性，更需要指向人的发展的内在机制。甚至可以更宽泛地理解为，人的存在即是一个教育与受教育一体的有机过程，而从自然的日常教育现象中分化出来，有着专门化、制度化、专业化的教育身份的教师，探问与追寻教育意义应当是其生活底色，教师的学校教育生活也就必然具有除了课堂教学之外更广博的日常与非日常教育需要与责任。

第一节　教师的学校教育生活构成与交往文明

　　我们需要寻找更贴切也更成熟的理论分析框架去认识和理解教师的学校教育生活。从胡塞尔的"生活世界"理论开始，经由整个 20 世纪的发展，20 世纪末从西方引介到国内的日常生活哲学，吸收了现象学、语言学、社会学、人学等大量的代表不同研究视野却始终立足"全面自由发展的人"的研究立场的、深厚的哲学养分，应用于社会学研究领域，逐渐形成了较成熟的社会观察与分析框架。然而，中国的学校教育研究领域及由此分化出的教师研究对弥散浓厚"人研究"旨趣的日常生活哲学似乎并未过多关注或是并未产生极大的兴趣，研究者也还未见到能够洞察中国教师教育生活全景的理论模式与分析框架。在该部分，本研究借鉴日常生活哲学的理论尝试完成上述研究工作，以更深刻、更全面、更真实地认识和理解社会转型和教育现代化进程

---

① 项贤明. 论生活教育与学校教育的逻辑关系［J］. 教育研究，2013（8）：4-9.

中的学校教育发展以及深处其中的教师。

一、 教师的日常教育生活与非日常教育生活

"如果我们知道了某动物种属的解剖学结构，那我们也就拥有了重建其特殊的经验样式所需要的一切材料。"① 我们首先需要解构学校教育生活，了解其复杂的构成与联结形式，才能深刻地理解教师的身份构成及其教育生活的复杂样态，为更高品质的教师教育行动和意义建构寻找切入口和思维脉络。人通过生活并在生活中获得生存与成长的条件与资源，也正是在这个过程中相应地改造与改观生活。学校不可能真正脱离人的生活，人无论是生活在家庭、学校或工作场所，都是存在于生活之中，区别不过在于生活的具体内容和具体情境不同，因而学校教育也总是生活教育的一部分②。学校教育生活是人的社会生活的一种特殊形式，需要社会生活的自然"流入"并以更适恰的方式，在更贴近人的生活质态的情境中培育人。而与社会生活的质地不同，学校教育生活以教育性为唯一的核心价值取向和存在根基。基于学校之为学校的所有要素以及从学校存在与发展中生发与延展开的一切教育教学活动、管理运行、交往活动都应围绕并致力于构建良好的教育性，追寻教育意义，在引领人成长的同时应始终抱有检视并改观社会生活的意涵与期望。

（一）教师的日常教育生活与非日常教育生活的初步界定

"从方法论的角度来说，生活世界体现为生成性思维；就其内容来讲，生活世界又可划分为日常生活世界和非日常生活世界两大领域，其中日常生活是'那些同时使社会再生产成为可能的个体再生产要素的集合'。"③ "而非日常生活则是社会和类的再生产领域，个人通过其社会意识和类意识的发展实现对天然关系的突破而进入非日常生活，从而成为'全面而自由发展'的人。"④ 然而，上述定义对认识教师的学校教育生活而言依然十分抽象，笔者尝试寻找更具直观性的定义，"从字面意义上，日

---

① 卡西尔. 人论 [M]. 甘阳, 译. 上海：上海译文出版社, 1985：32.
② 项贤明. 论生活教育与学校教育的逻辑关系 [J]. 教育研究, 2013 (8)：4-9.
③ 项贤明. 论生活教育与学校教育的逻辑关系 [J]. 教育研究, 2013 (8)：4-9.
④ 项贤明. 论生活教育与学校教育的逻辑关系 [J]. 教育研究, 2013 (8)：4-9.

常生活就是人们每日每时所进行的活动的总称……日常生活与个体的生存直接相关，它是旨在维持个体生存和再生产的各种活动的总称。在这一活动领域之外或之上矗立着非日常生活世界……非日常生活领域是旨在维持社会再生产或类的再生产的各种活动的总称"[1]。依循上述日常生活与非日常生活的定义，教师的日常教育生活与非日常教育生活勾联并建构了教师个体的学校教育生活全域，而学校教育生活内在的教育意义规定性又为定义教师的日常教育生活和非日常教育生活提出了具体的要求与内容。学校教育生活内在教育意义的规定性具体表现为学校教育视域中的一切要素、活动、过程的集合要为人的精神再生产、技能训练以及健康、健全的情感与道德成长服务，为了定义方便，我们可以理解为了学习品质的提高与整全人的培养。

基于上述思考，教师的日常教育生活是指维持教师生存和为了并进行整全人的培养的要素与活动的总称。与之相对应，教师的非日常教育生活是教师旨在维持学校教育制度视域下的整全人的培育的要素和活动的总称。当然，对教师的日常教育生活和非日常教育生活的划分源于我们认识教师和学校教育的需要，两种生活领域之间并无绝对的界限。比如，教师的课堂教学既是学校教育制度视域下培育人的活动，属于教师的非日常教育生活范畴，也可理解为教师为维持生存的日常教育生活。因此，应当从相对的视角理解教师的日常教育生活和非日常教育生活的关系，它们是我们认识整全的、灵动的教师生活的两种视角。研究者既要意识到两种生活领域的相对独立性，分别观察与研究；也应当意识到两种生活领域的相互渗透、补偿、叠加对教师成长和教育质量的影响与作用，整合性思考与洞察；既要有即时性、切片式的观察与思考，也要进行动态的历史研究，这样对教师的学校教育生活研究才能更深刻、更全面和更真实。而以往的教师研究中常常更关注处在教师的学校教育生活"前台"的非日常教育生活。其实，通过上述浅显的定义可以看出，在当下，教师的日常教育生活虽然处在理论研究与实践活动视野中的隐性甚至被忽视的位置，但该生活领域既是教师作为专业的教育身份存在的外部基础，也是激发与维持学校教育生活整全性、建构更加完备的学校育人视域进而落实为整全人的培育的另一股重要力量。

---

[1] 衣俊卿. 论日常世界与非日常世界——透视人类社会结构的新视角 [J]. 学术交流，1992（3）：79-84.

（二）教师的日常教育生活形式与非日常教育生活形式

有学者对日常生活划分了三种基本的活动类型：以个体生命延续为宗旨的日常生活资料的获取与消费活动；以日常语言为媒介，以血缘和天然情感为基础的日常交往活动；伴随着日常消费活动、日常交往活动和其他各种日常活动的日常观念活动，这是一种非创造性的、前科学的、前逻辑的、以重复性为本质特征的思维活动，它与原始思维活动在本质上是一致的①。本研究基本认同这样的划分，但是依据我们对教育学视野下人的发展研究所秉持的一贯立场，教师的情绪情感活动应当是对其教育生活研究所要观照的重要维度。因此，依循上述划分脉络和思考，教师的日常教育生活可以划分为：①以教师个体生命延续为宗旨的日常生活资料获取与消费活动，为满足日常生存与生活需要的家庭交往、社会交往与自然交往等一切日常交往活动，以及一切作用于教师个体专业成长的日常生活要素与活动②。比如，教师的衣食住行等生存性消费活动及运动、一般意义的个体日常生活中的一切日常交往活动、日常阅读写作、参观博物馆、参观艺术展、听报告等其他日常活动。②"人不再生活在一个单纯的物理时空之中，而是生活在一个符号宇宙之中。语言、神话、艺术和宗教则是这个符号宇宙的各部分，它们是织成符号之网的不同丝线，是人类经验的交织之网。"③教师就生活在学校教育为实现其教书育人功能、正常运转而编织起的符号之网中，这些符号之网构建起了可以奠定教师固定角色的意涵、稳定的职责分工、程式化的专业发展路径和教师专业生命赖以生存的制度化生活。"他是如此地使自己被包围在语言的形式、艺术的想象、神话的符号以及宗教的仪式之中，以致除非凭借这些人为媒介物的中介，他就不可能看见或认识任何东西。"④教师日常教育生活的第二层内容就是指深受学校教育制度化生活影响的教师在常常"不能看见或认识到具有构建教育意义需

---

① 衣俊卿. 论日常世界与非日常世界——透视人类社会结构的新视角 [J]. 学术交流，1992（3）：79-84.

② 教师身份的内在规定性是教育性，日常生活哲学视域下的教师角色构成分析，除了生物人、社会人的角色，更重要的是教育人的角色。因此，对教师日常教育生活的洞察一定要考虑作为一般意义上的生物人和社会人角色的日常生活对作为教育人角色的界定及其影响的构成要素。

③ 卡西尔. 人论 [M]. 甘阳，译. 上海：上海译文出版社，1985：33.

④ 卡西尔. 人论 [M]. 甘阳，译. 上海：上海译文出版社，1985：33.

要"的制度化的学校教育活动之外，以学校文化传统、教师日常生活习性、地域风俗为媒介符号的日常交往活动。比如，教师与教师的日常交往、师生日常交往、教师与家长的日常交往等。③教师日常教育生活的第三层内容是指教师在上述活动中产生的原初的情绪情感感受与表达活动、原初的思维活动以及二者共同作用、交互影响下的价值判断与选择活动。教师的这种未经审慎思考的情感运行机制与观念活动，是作为自然生命体的教师的感受器系统接收外部刺激后，其效应器系统的反应[①]，常常需要教师反思其教育意义。

相应的，非日常生活世界主要由两个基本层次构成：主要靠法律和行政秩序加以调节维持的政治、经济、技术操作、经营管理、公共事务等有组织的或大规模的社会活动领域；科学、艺术和哲学等自觉的人类精神生产领域或人类知识领域[②]。基于这样的思考，教师的非日常教育生活可以划分为：①主要依靠法律法规、学校管理规章制度、教育组织与发展制度、规则与文化、行政权威等以学校教育制度符号作为媒介编织起来的各种有组织、秩序化、制度化的学校活动。比如，课程建设与实施活动，课堂教学活动，班集体建设与发展活动，学校与家庭、社区合作的活动，教研活动，学生社团发展活动，职称与职务发展、晋升活动，各级各类组织管理活动等。②在上述各种有组织、秩序化、制度化的学校活动中教师与不同角色的（这些角色由受各种因素影响或规定的学校制度化生活的内在要求赋予意涵）非日常交往。比如，课堂教学活动中教师与学生的交往，班集体发展中教师与学生的交往，教研活动中的同侪交往，家校合作活动中教师与家长的交往等。③伴随着上述非日常教育活动、非日常交往教师主体的思维机制、情感机制自觉卷入、运行，交缠影响与作用的精神创造活动。比如，课堂教学活动前的教师思考与教学设计写作，课堂反思，课例写作，教研思考，论文写作，师生非日常交往过程中教师关心、尊重、鼓励等体现投射、移情等自觉的情感机制卷入的情感识别、表达与调适等。

这种三层递进的活动领域—交往—情感与思维活动体化于教师个体的教育生活视域，组织并建构起了教师的教育生活整体景观，可以成为我们逐层细致观察与解析

---

① 卡西尔. 人论 [M]. 甘阳，译. 上海：上海译文出版社，1985：32.
② 衣俊卿. 论日常世界与非日常世界——透视人类社会结构的新视角 [J]. 学术交流，1992（3）：79-84.

教师的日常教育生活形式和非日常教育生活形式的思维框架。当研究者自觉地开启情感体验之门，有意识地使整全（情感与思维）的自我渗透其中各个部分，真正能体会和理解教师的研究工作便开始了。

（三）教师的日常教育生活与非日常教育生活的时间与空间世界

我们只有在空间和时间的条件下才能设想任何真实的事物[①]。教师生活的时空经验既与一般社会个体几近重叠，又由于其教育性内在要求的时空延伸与扩展的特点而具有特殊结构。从有机体依存的自然时空观分析，伴随着教师日常时间周而复始的有规律流动而拓展开的复杂而又多维度的日常教育生活会因教师有意识或无意识的自我教育或面向他者的教育行为而表现出弥散性、随机性、发生性的特征。比如，教师可能随时在家受到配偶、孩子的教育，可能随时受到来自家长的影响而产生教育性作用，可能随时因看到一件艺术品有所感悟等。相比较而言，教师的非日常教育时间则依据学校制度与计划安排更体现出给定性、确定性和稳定性，比如课程表、教学大纲与计划、教研活动安排等。"一般说来，日常空间比非日常空间狭窄和固定。日常空间一般是个人的直接生活环境，即家庭和天然共同体。"[②] 然而，就教师角色追寻教育意义和精神成长的内在要求而言，教师的日常教育空间应当比非日常教育空间宽广得多，也即是教师日常教育生活的所有活动领域都应成为教师有意识地获取教育资料并施加教育影响的空间，这样才能弥补给定的非日常教育空间中教育意义的生发受时空所限的不足。

（四）教师的日常教育生活与非日常教育生活的存在依据与样态

"日常生活是重复性思维和重复性实践占主导地位的领域，而非日常生活则是创造性思维与创造性实践占主导地位的领域。"[③] 的确，上述对教师的日常教育生活的探讨是从教师作为生命有机体的日常生活中分化出来的既包含对教师生活的期待也包

---

① 卡西尔. 人论 [M]. 甘阳，译. 上海：上海译文出版社，1985：54.
② 衣俊卿. 论日常世界与非日常世界——透视人类社会结构的新视角 [J]. 学术交流，1992（3）：79-84.
③ 衣俊卿. 论日常世界与非日常世界——透视人类社会结构的新视角 [J]. 学术交流，1992（3）：79-84.

含对教师微观生活的分析，因此，教师的日常教育生活必然具有一般的日常生活本质具有的重复性与循规蹈矩的特点。上文提到的教师习性、情感与思维基质，区域风俗，学校文化，家庭文化都是影响教师的日常教育生活存在样态的因素，而它们本身也是一个地区、家庭、学校以及教师个人长期繁衍发展、生存生活积淀下的内在稳定的情理结构，教师依据积淀下的情理结构生活才能让自己感到安全、舒适，才能在平静而惬意的心境下从事教育工作。而一般情况下，教师的非日常教育生活是教师专业成长的固定家园，有各级各类规章制度、规则条例、权威、纪律对教师专业性的要求，同时，教育学视域下的教师专业性本身就是教师非日常教育生活的存在依据。长期以来，人们更期待教师的精神创造与生产以带动至少一个学校或一个区域的精神进步，教师的日常教育生活也就必须围绕这样的专业要求铺展开来，因此，教师的日常教育生活也就比教师的非日常教育生活更体现了教师主体性介入的自主性、自觉性和创造性。

（五）对教师的日常教育生活与非日常教育生活的比较式观察模式

在借鉴并运用衣俊卿从内涵、分类、时空界定与存在方式和活动图式的四个视角剖析日常生活与非日常生活意涵的理论分析框架的基础上，本研究也尝试对教师的日常教育生活和非日常教育生活进行解析。事实上，教育的专业性要求使得教育生活本质具有"非日常性"，因此，上文对教师的日常教育生活与非日常教育生活的解析并不仅仅是对教师作为一个社会个体的生活世界和作为一个教育者的生活世界的还原，其中的阐述更多地渗透了在对教师学校教育生活解构基础上的价值期待，这种期待基于对现代化进程中教师一般的日常生活与非日常生活的比较式观察与批判。

基于上述思考，我们需要给教师的日常教育生活和非日常教育生活下个更周全的应然定义。教师的日常教育生活是指以教师的日常生活的活动环境以及学校非日常教育生活之外的环境为活动空间，旨在维持教师的生存与生活、探问与追寻教育意义的日常生活活动、日常交往以及原初的情绪情感和观念活动，以教师的习性、情感与思维基质，区域风俗，学校文化，家庭文化为存在依据，具有一定的肤浅化、重复性和循规蹈矩的特点，需要教师在周而复始的日常时间流逝中探寻生活中弥散着的或是待开发的教育要素与教育意义。相应的，教师的非日常教育生活也可叫作教师的学校教育制度化生活，是以制度化的学校教育活动环境为空间，以各级各类规章制度、规则条例、权威、纪律以及教师专业成长的要求为存在依据，致力于成为教师专业成长的固定家园的各种制度化、程序化的学校教育活动，非日常交往活动，以及伴随其中的教师的情绪情感机制和思维机制自觉卷入、交缠影响的具有创造性的精神生产活动。

对教师专业成长和整全人的培养而言，教师的日常教育生活和非日常教育生活能发挥出各自的积极作用。我们可以通过上文分析感受到非日常教育生活更益于激发和发挥教师的教育自觉性、创造性。但是，在日常教育生活中，教师活动可以更舒服、更惬意，更容易体会到"返乡""在家"的安全感、幸福感。"日常生活世界与非日常生活世界有三种基本的关联模式：过分强大的日常生活结构和相对不发达的社会活动与精神生产；过分发达的非日常生活世界和被切割得支离破碎的日常生活世界；日常生活世界和非日常生活世界相互渗透、相互作用、协调同步发展。"① 就教育的全息性要求而言，教师的日常教育生活与非日常教育生活应当相互渗透、相互弥补、协同发展。我们可以依托此关联模式的划分在日后的行动研究中观察和分析教师与学校的教育生活状态，并从中寻找教师和学校改变的突破口。

单就目前的一般观察，我们常常见到的现象是，大多数教师的日常教育生活与非日常教育生活是断裂的，或者日常教育生活是隐退的。学校教育进程本身应当是日常教育生活与非日常教育生活的相互融入、协同演进。从学校育人的视角出发，教师每天都在活生生地经历着、感受着，于他们而言，日常与非日常本无断裂，都是生活。其实，"断裂"发生在教师或学校管理者个体固化的身份意识中，只有帮助他们主动冲破习惯性的思维舒适地带，才能使对思维与情感新的认识弥散进并无意识的内心"断裂"地带，拼接起本应整全的教育生活。

然而，日常教育生活与非日常教育生活的断裂更多地表现为教师日常教育生活的隐退，通俗地讲，"这是极大的教育危险"，学校教育中培养出的人也因此而呈现出是"片面的人"，而不是"总体的人"。为此，我们倡导将教师的日常教育生活推向教育研究和实践的"前台"，帮助教师在更广博的时空世界所界定的日常教育生活中探寻

---

① 衣俊卿. 论日常世界与非日常世界——透视人类社会结构的新视角 [J]. 学术交流，1992（3）：79-84.

教育意义，以更好地衔接非日常教育生活；回归日常教育生活是为寻找在家中从事教育的安全与惬意的感觉，但并不是回归人的重复化、未经思考的日常生活从而为人的原始思维、原始情感寻找支持和人的物化、懒惰寻找支持，比如，艺术回归生活让人舒适、安逸，但更要秉持批判日常生活、超越日常生活的立场。因此，教师的日常教育生活需要非日常教育生活的引领与批判，两种生活一定是双向协同致力于人适度的全面而自由的成长。

二、 教师交往文明

基于学校教育的精神创造旨趣，学校教育视域下的交往并不能纯粹被界定为也不会实际发生为纯粹的以追求物质再生产为目标的"主体—客体"对象化活动，学校教育视域下的交往本质属于主体间交往的范畴，继而才会关注"主体—客体"对象化活动。学校教育生活是教师交往的家园，教师交往勾连并支配着学校教育生活的全部形式与内容，因此，教师交往的类型、价值取向、原则、方式、性质直接影响并决定了学校教育生活的样态与内在气质，会对学生的终身成长产生根基性影响。然而，伴随着社会现代化转型的学校教育发展，不可避免地患上了现代性交往问题"通病"，与一般的交往异化问题"病理"相似，只是"症状"不同。我们尝试从教师交往异化的"病灶"处探究，依循人在发展过程中接受改变的耐受性一般程度，观照教师情感文明的基本构思，从教师交往与学校教育生活改观的关联去探寻教师交往文明的意涵，在此基础上寻找教育改变的操作性策略。

（一）教师的日常教育交往与非日常教育交往

交往就是自我在不同的生活领域中不断被建构的过程。"诺丁斯也指出，自我是一种关系，它是在与世界上的他我、与事物、与事件相遇的过程中建构起来的。"[①]我们可以透过生活认识交往，"简而言之，日常交往就是日常生活领域中主体间的交往活动，而非日常交往则是非日常生活领域中主体间的交往活动"[②]。有了我们对教

① 冯建军. 从主体间性、他者性到公共性——兼论教育中的主体间关系［J］. 南京社会科学，2016 （9）：123-130.
② 衣俊卿. 日常交往与非日常交往［J］. 哲学研究，1992（10）：30-36.

师日常教育生活和非日常教育生活的界定，那么，关于教师的日常教育交往和非日常教育交往就可以先简单地理解为分别在上述生活领域中的教师交往。其实，交往与生活在时空中重叠，或者我们可以认为生活形式即交往，这样我们就可以按照对生活的理解方式与内容理解交往本身。也就是说，上文中我们依照初步定义、形式、时空、存在依据和样态四个维度对教师日常教育生活和非日常教育生活的界定意涵，完全可以投射到对教师日常教育交往和非日常教育交往的理解中，只是会因教育语境的不同需要探讨具有不同内容的教育意义，这个问题留在行动研究部分进行具体梳理和分析。

然而，在此基础上谈到教师交往文明的问题，需要补充两点认知前提。首先，无论个体还是环境的文明建构和发展，不仅要关注不同活动领域中的主体间交往以及具有不同角色意涵的主体间交往，也要关注主体与共同体的交往，即公共性教育的问题。具体来说，我们要关注并引领不同活动领域中的师生、教师与教师、教师与家长等交往类型的个体交往，也要关注和引领教师与共同体的交往。继而，第二点就是我们需要尤其关注教师交往的存在依据与思维图式，这是建构交往文明的基础。也即是说，教师要秉持认知教育与情感教育（现实情况是情感教育立场往往被偏废）协同互补的思维与价值立场自觉卷入交往。在学校教育生活界定中，我们探讨了许多种教师交往的存在依据，然而，人们常常把交往行为当作交往存在的依据，这是一种倒置的思维逻辑。交往的发生依据生活的存在依据，交往行为只是交往的具体化。"交往行为概念所涉及的是至少两个以上具有言语和行为能力的主体之间的互动，这些主体使用（口头的或口头之外的）手段，建立起一种人际关系。行为者通过行为语境寻求沟通，以便在相互谅解的基础上把他们的行为计划和行为协调起来。"[①] 交往行为是我们认识交往以及由交往建构起的关系的媒介。笔者认同上述定义，而且得到了上文中未提到或并未明显提到但应该尤其引起注意的事项的启发。交往是语言的家园，而语言又是交往存在的一个很重要的依据，以语言为切入口的主体感官活动对人的思维机制与情感机制的运行影响很大，与主体交往活动具有双向建构作用，需要重视语言活动等感官活动与交往文明建构之间的关联。

---

① 哈贝马斯. 交往行为理论［M］. 曹卫东，译. 上海：上海人民出版社，2004：84.

（二）教师交往异化与情感教育视域下的他者性交往

1. 交往异化的表现及机制

异化是现代哲学探讨人类问题的一个常用范畴。根据马克思的异化理论和人们通常的理解，可以说，异化是指这样一种情形：原本是属人的东西或人的活动的结果，现在取得了独立性，并反过来成为制约人、统治人的力量；而造成物对人的统治的原因在于社会关系中的权力等对人造成异化，它的结果表现为劳动由人的自由自觉的本质活动蜕变为谋生的、异己的、被迫的活动[①]。根据这个定义观察，劳动异化与交往异化渗透在整个世界社会的运行中，是造成现代人普遍不幸福的原因。无论物质生产劳动还是精神生产劳动，本质是人与自然、社会、他者、操作对象交往时的物质化与精神化活动以及渗透在其中的自我改观。可见，劳动是主体对象化的活动，虽是引导交往的重要力量，却仍然只是交往的媒介。人被劳动结果控制，劳动成为统治人的力量根本源于交往主体的对象化，交往中主体降格为物，交往成了纯粹的物化活动。由此，劳动异化实则交往异化，表现为物的关系吞食人与人的关系，而成为占统治地位的关系[②]。有学者曾在 20 世纪 90 年代列举现代化进程中的交往异化现象有"交往主体的手段化、交往主体的片面化、交往主体的角色化、交往主体的抽象化（数字化）、交往主体的冷漠化（隔膜化、疏远化）"[③]。并不夸张地说，当人们心怀清醒的、有良知的人类社会发展理想奋斗、生活至今，近三十年来，这些问题与担忧不仅丝毫没有消退，甚至没有减弱，尤其在我们抱有引领改变期望的学校教育生活中，教师交往全部"命中"上述异化现象，"不多不少"，而且在研究者虽然有限的一线观察视野中，这是一种普遍现象。当然本研究的立场与旨趣并不在于对这些问题进行统计学意义上的分析，问题是否普遍有待读者的检验，笔者更愿意洞察问题发生的机理与改善的机会。

需要着重分析教师交往异化的机制。任何形式的交往异化源于主体降格为物。学校教育是精神创造的场域，虽然涉及许多交往类型，但本质是主体间交往，而不是主

---

① 衣俊卿，孙占奎. 交往与异化——关于现代交往的负面研究 [J]. 哲学研究，1994（5）：15-21.
② 衣俊卿，孙占奎. 交往与异化——关于现代交往的负面研究 [J]. 哲学研究，1994（5）：15-21.
③ 衣俊卿，孙占奎. 交往与异化——关于现代交往的负面研究 [J]. 哲学研究，1994（5）：15-21.

体—客体交往，也就是说教师交往的每一种对象是活生生的人：学生、同事、管理者、家长，而不是将他们客体化、手段化后的分数、金钱、利益、权力、荣誉等物化的人。即使与教育资源、知识、制度等公共符号的交往，教师也需要尝试与符号背后的生产者、群体、共同体有精神交往与融合，这样才可能真正发生有精神创造性的教育意义。此时就需要回到第一章我们对教育可靠基础的探讨了，不同类型的教师往往由于不同的原因失去了基于教育可靠基础的对教育的热忱与对学生的爱，才会渐渐自我主动消解着人的意识，同时建构着交往对象物的意识，呈现出交往异化现象：日常生活中娱乐、物化、放空自我；以工资多少作为付出的依据；提高学生的成绩是晋升的手段；学生在教师内心就是一团团抽象的概念；封闭自己并按照'角色套路'与家长、学生、同事交往；教师只有按照规则与共识工作才更'安全'，不能也不需要付出多一些的热忱、责任与关爱。在此就不再结构化地列举具体现象，留待后续研究在具体情境中加以阐释。需要明确的是，爱与认知必然是教师交往中可以击碎物化人意识进而重建教师的主体意识并消解异化的温和"良器"，在此认知基础上，我们需要进一步寻找能够独立于市场化原则的学校教育视域下教师交往该有的思维图式与可靠基础，由其自然生发出学习者在其中能够适度全面而自由成长的共同体。

2. 情感教育视域下的他者性交往：教师交往文明的证成

文化是积淀的也是建构的，教师交往构成学校教育文化。情感文明既是一所学校深层次精神文化的面向，也是学校的个体与环境健康文化的深层次结构。交往文明欲从人的发展的内质性机制与人和人交往的微环境意蕴两个维度证成情感文明，那么，首先就需要从同质的两个维度探讨交往文明的证成方式。

从教师交往的多维复杂时空世界观察，无论是在日常教育生活还是非日常教育生活中的教师交往，都属于在某种或多种符号编织起的共同体中的交往，虽然共同体中交往对象的角色意涵不同，但本质都应属于主体间交往，否则就会出现我们上文提到的教师交往异化现象了。教师交往会因所处活动领域、共同体成员的角色不同而有不同的依据，呈现为不同的交往情理结构（或思维图式）。我们需要探讨的是教师在缓慢的历史长河中积淀下的交往依据与情理结构中价值取向的教育可靠性以及其所促成的教师稳固的即时性交往应答模式的教育可靠性，而这个复杂的提问又可以汇聚成一个问题：教师交往的立场应当是向我的（唯我性）还是向他的（他者性），进而主体间交往应当是对称的还是非对称的?

关于教师的主体间交往,相比要靠制度、规则、利益、权威等外在条件规定与维护的主体间交往,我们首先推崇内在的主体间交往。内在的主体间交往指"不受外在约束的交往,是一种基于内在的人格尊重、关怀和公共利益的交往,在这种交往中,每个个体都是共同体的一分子,成员之间形成无条件的爱的关系"[①]。主体间同一性基础上的关爱、包容、尊重、鼓励等情感品质的生发与渗透是教师交往发生教育意义的前提,也是主体间交往的存在性条件。也就是说,教师无论与家人、陌生人、学生、家长、同侪交往还是与艺术品、劳动工具、教育资源交往以及自我交往,首先应将交往主体当成具有平等人格的主体,将交往主体进行任何形式的降格会使交往从一开始就失去了育人的重要基础,交往就会演变成无意义的对视、给予、灌输、压制与操纵。然而,"内在主体间性的对称关系要求主体间是同一的,忽视了主体间的差异。主体间性关系把自我与他者看作同样的主体,由于主体间的向我性,在我与他者的同一性中,我会把他者还原为我,与我同样,'异'转化为'同',消解他者的差异性"[②]。比如,具有内在的主体间交往价值理念的教师常常会主动地关心学生,对称性交往的价值认同感使得教师期望能在关心学生之后得到相应的回应,这也是教师自我价值感的建构过程。然而现实的情况是,尚未有交往价值启蒙和学习的学生在面对教师的关心时难有教师期望的回应,此时强烈的对称性交往意识会让教师产生受挫感,因此逐渐消解自己的教育责任。现实中,向我性基础上的对称性交往意识普遍存在于笔者所见教师的几乎所有交往领域中,这种所谓正义视域下的交往依据实则是"自私而且片面的",对教师交往的教育性是无益的。为此,我们需要再进一步倡导情感教育视域下的他者性交往的价值取向。

教育责任的实现必然处于一种非对称性状态,需要教师自觉地、有意识地努力。他者性主体间交往的价值取向是教师交往视域的根本转向。当教师从"我"视域的交往转向"他"视域的交往,内心便打开了,视野也会变得开阔、透亮起来,教育意义

---

① 冯建军. 从主体间性、他者性到公共性——兼论教育中的主体间关系 [J]. 南京社会科学,2016 (9):123-130.

② 冯建军. 从主体间性、他者性到公共性——兼论教育中的主体间关系 [J]. 南京社会科学,2016 (9):123-130.

的形式从"我"建构他者变成"我"与他者相互融入、相互支持、相互建构。他者就成了独一无二、不可或缺的主体有待教师去认识和融入，主体间的差异与不平衡成了可贵的教育资源与契机，尊敬他者的心境为主体间相互"倾倒"教育责任并付诸行动营造惬意的时空世界，教育责任的无限性便成了教师可感的、明确的意识，教师的日常教育生活与非日常教育生活妥帖地融为了一体，成了主体间共育的场域。

然而，他者性交往并不是主张对他者绝对一味纵容的交往关系，这种关系既是对他者的放弃，也会使教师因总是处在付出而没有情感报偿的状态感觉到疲惫、失落、痛苦与空乏无望。有意识且适度的他者性交往并不是"易事"，需要教师介入交往的深层次媒介——情感（比语言、艺术、神话等媒介形式更深刻和更具体），去感知、认识、体悟、调适，并妥善为之。"学校教育在扩大了的'熟人圈'，在带有一定公共生活特征的人际关系环境里，营造不是基于血缘关系，但异质同构的安全感、依恋感，一种被关照、爱护的体验。"① 积极、健康的情感体验在学校教育生活者内心持续存在需要教师主体情感品质的卷入和支持，并通过在学校教育生活全视域中用适恰的情感教育了解他者、尊重他者、支持他者并让他者感受到陪伴与支持，在主体间建构起交互（对交互主体性的认同基于它比相互的关系更贴合动态的交往现实以及对主体性价值的尊重）关心、交互包容、交互尊敬、交互鼓励，以及差异性可以自在凸显、动态平衡、应答顺畅、萦绕积极价值趣味的交往关系模式。只有当关心、包容、尊敬、鼓励的交互关系模式建构起来后，更丰富的积极情感体验以及有教育意义的情感品质，如理解、信任、欣赏、期待等就有了可以健康生长的肥沃土壤，随时可能从交往主体的内在环境中生发出，一道形成对人的健康成长有益的存在性条件，并营造成为建构良好的教育人文环境的积极力量。

随着探讨的持续深入，在现实中经历的困惑或无奈浇灌出的强烈无力感提醒我们，教师交往中通过情感品质交互作用建构起良好的双边关系是很困难的。比如："关心伦理强调的是关心的关系性。也就是说，当我谈论关心的时候，我的重点是放在关心者与被关心者之间的一种关系……如果我们希望人们过一种符合道德的生活，关心他人，那么我们应该为人们提供机会，使他们练习关心的技巧。更重要的是使他

① 朱小蔓. 班集体教育漫谈：情感关怀的视角 [J]. 班主任，2017（3）：5-8.

们有机会发展必要的个性态度。"① 教师交往文明一定是从内部自然生发出来的，交往主体双边都能自在卷入的他者性交往，这种交往由于教师有意识的情感教育作为而勾连起了交往主体思维与情感的和谐发展，而非刻意的外在条件牵扯与维持和双边协商中的权益博弈。因此，教师交往文明也是一种教师有道德的生活样态，现在常常被谈起的学习共同体的公共性其实也应该是这种由内在的主体间交往生发出的他者性基础上的情感性交往关系，比如，关心关系、包容关系等。这些良好的双边关系会使交往主体自觉意识到共同体是与自我一体的，既是属于自己的也是属于他人的，是自己与他人都要依赖的生长环境。良好的情感性交往关系催生出的共同体认同感、依恋感自然会促使交往主体自觉合力建筑起旨在共同成长的精神家园，可见，交往文明就是学习共同体的公共性特征。但是，教师单向度的关心、包容、尊敬与鼓励并不难，难就难在怎么能让这些情感品质凸显教育性影响。同时，这些情感品质彰显出的情感能力的现实操作与影响是具有限度的，否则教师交往会陷入另一种形式的异化，依然是束缚人的。教师如何认识和把握这种限度连同情感品质的积淀与情感能力训练是教师自下而上的改变的重要维度和内容，这些内容会在第四节着重阐述。而下一节我们会从自上而下的角度接着探讨学校的制度设计与实施如何促成情感文明建设。

第二节　学校管理视域中的观察理路与行动建议②

从一般的管理实践角度观察，学校管理即是学校制度化的过程。然而学校教育天然且唯一的育人成长目标要求学校制度化始终凸显教育性。人始终在"过生活"中成长，学校管理教育性凸显的前提是让学校中的人过与个体生活经验勾连的制度化生活。"制度育德"（以及"制度德性"——笔者注）的更高境界在于，把有目的、有计划、有组织的制度教育过程，化为学校全体成员共同认同的制度化生活方式，在这种

---

① 诺丁斯. 学会关心：教育的另一种模式 [M]. 于天龙，译. 2 版. 北京：教育科学出版社，2013：3，38.
② 对该问题的探讨源自朱小蔓教授 2015 年 11 月 23 日在南通的讲座"学校与人的情感文明：信念与方法——以个人研究经历为线索的讲述"，她在谈及学校管理与管理学的不同，更多诉诸教育性要求和特征方面系统阐述了该问题，本研究接续上述思考继续论述。

公共的、共同的日常生活中，不仅学生，还包括老师形成了民主社会的公民美德①。基于此，学校管理者、教师、学生等学校中的所有人都是过学校制度化生活的主体，通过发挥各自角色规定的专业作用建构教育意义。

一、 学校管理现象与问题

叔本华和赫拉克利特一样，认为"世界"只是流变的现象之网，一切都在流变，一切都处于"过程"之中，如果没有理解力作用于这些流变的现象，把现象之流的一滴水分离出来放在显微镜下，我们就不可能理解它的分子结构②。对学校管理的认识需要从其现象之流中提取一滴水放在显微镜下整体且细致地观察。人际关系就是制度，正式的和非正式的制度③。学校管理有其特定的制度领域及维系这些领域演进的人们所认识并内化的规则。基于此，抽取学校管理中一般现象形成图 3-1 以开始对学校制度化的整体理解。

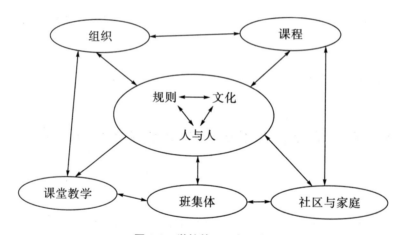

图 3-1 学校管理一般现象

可见，学校管理一般由组织制度、课程制度、课堂教学制度、班集体制度、社区与家庭制度相互缠绕叠加演进。其本质是人与人依据对具体制度领域中规则的认识而互相影响、共生演进，进而形成可观的具体的制度化生活方式。例如，课堂教学制度生活，就是教师与学生依据课堂教学规则而相互影响、提升的过程。管理正确的情况

---

① 杜时忠. 制度何以育德？[J]. 华中师范大学学报（人文社会科学版），2012（4）：126-131，4.
② 汪丁丁. 知识动力学与文化传统变革的三类契机 [J]. 战略与管理，2001（1）：77-81.
③ 汪丁丁. 知识动力学与文化传统变革的三类契机 [J]. 战略与管理，2001（1）：77-81.

下，人与人的情感交往塑造强有力的规则（时间、空间、程序、资源、权力、隐性传统）与主流文化（即情感制度化的过程）。而人与人又通过在制度化中的交往经历着各种情感体验（即制度情感化的过程）。正如第一章已经提到的，图 3-1 中，双向箭头运动着的是维系学校管理的动力机制：权力与情感，在二者的交缠下，权利与资源实现着在制度化生活中的配置与流动。然而，研究上述学校管理现象的最终目的是探讨如何让制度化的生活具有教育性并能促使其中的人能健康、良性成长。带着上述思考检视当下的学校管理现象会发现一些急需改进的问题。

首先是制度化悖论引起的常见的教育性缺位的现象。学校教育是一个整体性的道德实践活动，需要全员卷入，细心为之。制度化本身虽然规范了学校成员固定的角色任务与行为模式，使学校处在一个稳定状态下发展，然而分工明确的制度化生活恰恰过滤掉了许多本应起到良好效果的教育机会，尤其降低了学校管理者与教师的教育自主性与道德自律，使得对学生的教育成了分割后的教育、分时段的教育，这与人是在整全性的环境中成长的教育现实相违背。比如，班主任制可以让科任教师"理直气壮"地推卸掉育人责任，而只"教书"①。

其次是对教师的科层化管理使其逐渐迷失了育人目标。我国的各级各类学校都要受教育行政管理部门的领导，因此当前的学校制度基本都是政治管理体系的派生物，移植、保留并发展着政治管理体系中科层化的管理系统。科层化管理在政治、经济管理领域必然会起到极大的积极作用，但应用到学校教育领域后会产生许多不适。教育本是促使人精神发育与成长的慢艺术，而科层化管理追求的"完成任务""效率"理念潜在地影响着教师们把教育当成任务而忽视了其中人的成长。例如，教师们经常会有这样的说法："感觉一堂课上得好或坏跟学生的程度有很大关系。"而笔者遇到这样的情况常常反思："那究竟是一堂课所谓的质量好与坏是目的还是学生是目的呢？"类似的把教育当成任务来"完成"的现象太多太多，甚至可以说弥散进了学校教育的每一个角落。同时，不得不说，科层化固着的不同角色的差序格局的秩序思想必然影响着教师并将其复制给精神正在发育、成长的学生，部分中国学生"顺从""听话"以及缺乏创造力的典型特征或许能从中找到一些缘由。再者，科层化中权力管理、垂直

① 杜时忠. 班主任制走向何方？[J]. 教育学术月刊，2016（11）：3-10.

交流、工作制度、任务分派模式加剧了教师职场生活的复杂性①，使其迷失或丧失了育人的目的和意愿。比如，一位教师随时要接受来自校长、主管不同工作层面的副校长、教导处、德育处、教研组等不同方面的任务指派，依据不同制度规定工作，又要为应对个人职称发展而参与、完成各种科研、教学活动，时常感受到的状态是任务"内外交加"，而又不得不"八面玲珑"，个体精神实则"扭曲而挣扎"，长此以往，育人目的早已被教师们主动或被动地"抛到九霄云外"。

再者，大多数学校制度侧重工具性、数据化目标追求，缺乏德性。学校制度设计与实施必须始终考虑学校管理的教育性特征，即学校制度化过程本身应是一个能融进每个人发展的道德实践。然而，笔者通过观察与分析，发现当前大多数的学校制度受主流的政治、经济与社会管理的影响太深，致使学校管理者为了学校道德发展的目标而独立思考与行动的动力不强，或是压根儿没有独立思考与行动的能力，以致学校制度缺乏德性，学校教育在其中成了追逐数据的工具，学校中的人被培养成了数据人、工具人。比如，全国范围内学校单纯追求教师数据和学生分数的现象及由此引发的各种关乎人健康成长的深层次问题屡抑不止。还有些不常见的"怀有德育善意却诱发不道德行为"的管理现象，比如，有的学校德育制度规定以学生做好事的次数作为对学生进行道德评级的积分编进学生发展档案，正如福柯所讲，档案是人对付人的一种方式，虽然该规定能引导学生多做好事，但这种"高效"的德育制度，缺少对学生道德动机的关注与道德意志的培养，也容易引发为了高积分而假做好事的新道德问题。还有个关键的现象需要深思，这种"高效"的制度受到了很多学校的追捧与效仿，可见，现在学校管理最可怕的问题是学校中的人并无法意识到自己"深处危险之中"。

最后是学校管理的动力机制中权力效用太大、情感效用太小的问题。权力是对人的强影响力，因此，无论在何种管理领域中，权力都具有极大的甚至唯一的管理效用。某个管理领域能否往道德方向发展，关键在于权力的使用者是否有将制度和其中的人引向道德的意向、意识和智慧，否则就常常会出现权力超越人和制度，使人和制度积非成是、指鹿为马。然而，权力的确对人的道德发展有强烈的破坏力，而且这种破坏力很容易产生。就中国的情形而言，以学校管理为代表的文化权力的网络结构，

---

① 杜时忠. 班主任制走向何方？[J]. 教育学术月刊，2016（11）：3-10.

极不健康地与政治权力和经济权力的网络结构趋同，表现为强烈的科层化倾向，即教育资源和教育利润从最底层流动到最高层，服从"幂律"①。正因为此，学校管理中才出现学校管理者的集权式、经验式管理，欠缺制度教育意识及围绕于此的设计与实施以及上述种种与教育性背离的现象。虽然在学校管理外的领域可以设计许多制度监督权力使用并抑制权力滥用，但就学校管理的教育性特征而言，围绕权力使用而进行的制度设计，于人的道德发展而言并无太大作用。也即是学校的制度设计和实施不是集中思考"怎么通过限制、规范等手段修补发现的问题"，而是集中思考"怎么引导其中的人过上道德生活"。为此，现代学校制度建设需要更多关注的不是权力使用的问题，而是学校作为一个引人向善的文化共同体怎么减少权力的效用，凸显人性发展的本体——情感效用的问题。事实上，情感同样对人的发展具有极强的裹挟力和弥散性，教育也是通过情感内化并践行道德的过程。学校中的人通过制度降低或消除权力的效用，更多关注每个人的真实情感体验，将"情感软化制度"与"制度统整美好情感"统一到师生自我发展的过程中，才是学校管理教育性凸显的正确轨道。

二、 创造学校情感文明的制度设计

基于上述对人性发展的深度关切与学校管理种种与教育性相悖的现实问题，需要从理性选择与道德判断的角度思考学校制度如何基于现状让人性的发展趋向更好，而不是从学校制度演化论的视角基于过去的问题局部修补，这样只会使道德发展停滞不前，教育的超前与引领作用很难凸显。也即从人性发展的角度，依据对更深层次的道德发展过程与目标的考虑，审视与谋划学校教育制度设计，并始终尝试探索如何将这种整体性的考虑与学校中具体的制度育人实践勾连在一起。

为此，需要提出将学校制度德性与个体德性统一化的情感文明思想。政治、经济、生态属于社会功能发生的一个具体部分，政治文明、经济文明和生态文明展现着社会文明的具体样态，关注不同社会功能的精神理想。学校情感文明注重从情感影响层面透视个体情感的良好发育与发展，又弥散进学校文明的各个部分，作用于其功能发挥。因此，情感文明应当是学校的本体文明，呼唤回到人性本源推动学校的良性互

---

① 汪丁丁. 论中国社会基本问题 [J]. 财经问题研究，2012（9）：3-10.

动与健康发展。

（一）创造学校情感文明的人性假设

对人性善与恶的假设是一切制度设计的出发点。总体归纳学校制度设计，一般有："恶而能动"的假设——有神论的心理训练；"中性而能动"的假设——人本主义的心理训练；"善而能动"的假设——自然展开；"中性而被动"的假设——统觉或"刺激—反应"条件反射派；"中性而相互作用"的假设——格式塔场等①。而往往也因制度设计的人性假设立场不同产生了不同功能期待，比如，持"恶而能动"假设的制度往往期待发挥出规范人发展的功能，持"善而能动"假设的制度往往期待在适度引导的前提下人能自然发展②。然而，人成长所处的环境是复杂的，尤其学校中的学生在道德辨析能力还不高的情况下，更容易受所处环境不同方面的影响与裹挟，所做事情或许会产生与学校制度假设相反的期待。比如上文中提到的，做好事存积分的道德评价制度往往在学生中产生假做好事换积分的乱象。事实上，对人性善、恶或中性的认识源自持久存在的二分法式的认识倾向，其实人性并无绝对的善、恶或中性之分，常常内含"三分之一天使，三分之一魔鬼，三分之一空白"，因具体的环境与个体经验结合激发出的认知与体验情境不同建构出了不同的价值与意义，然而这种价值与意义也常常因环境与个体的立场不同表达出了相似或不同的判断。因此，创造出学校情感文明的制度设计对人性的假设应是整体性的，更注重良序情境的营造对情感健康发展的引导性与激发性作用，更注重在具体交往情境中对人性的理性与情感、环境的规则伦理与德性伦理和谐一致发展的辨析力与作用力效用。

（二）创造学校情感文明的制度设计的价值取向：标准、目标与过程

1. 标准价值取向

事实上，任何看似完美的学校制度设计都逃不过复杂实施情境的敲打与锤炼，制度与人性之间存在契合张力才会有人们在具体情境中对良制度和恶制度的探讨，其目

---

① 杨小微. 促进学生发展的学校制度建设［J］. 教育发展研究，2010（4）：10-15.
② 杨小微. 促进学生发展的学校制度建设［J］. 教育发展研究，2010（4）：10-15.

的是使这套制度更适于对人性的保护与引领。因此，以良制治校的呼吁就是希望学校管理者和教师能够用心、认真地观察制度实施的真实情境，积极反思、用情施教，至少不至于让没有情感的制度成为人成长的篱笆或是因其埋下向恶的种子。为此，创造学校情感文明的制度设计的标准价值取向是希望其成为一种最不坏的制度。综合上述考虑，其有如下标准：情感的效用大于权力的效用；扁平化共同体取代科层化管理；引人向善比引人从恶的可能性大；引导多于规范，即使规范也是服务于引导；唤醒人的需求、积极性、自律性；对人的精神性发展期待多于工具性、物质性发展期待。

2. 目标价值取向

基于上述标准，学校制度生活目标应从时代背景、区域与学校文化现实中，探求人的工具性、物质性发展与德性发展之间的平衡，将劳作技能提升与情感、德性、精神发展落实在具体的教育生活场域中。虽然当前无论教育研究领域还是实践领域的人都在十分尖锐地批评学校发展一味追求数据漂亮、学生分数高、校园环境高档等，但这并不意味着学校制度设计要走向另一个极端，进而一味追求德性发展而不顾工具性、物质性发展，陷入道德虚无主义的境地，使得人们缺少认识与感受道德的复杂背景和机会以及实施道德教育、践行道德的抓手与平台。当我们考虑各种类型的道德问题的时候，我们可以很方便地设想出某种刻度或标尺，它的最低起点是社会生活的最明显要求，向上逐渐延伸到人类愿望所能企及的最高境界①。"那些我们认为不讨人喜欢或者至少是给人造成不便的道德家总是试图将这一指针向上推，从而扩展义务的领地。他们不是邀请我们同他们一起来努力实现一种他们认为与人性相称的生活方式，而是试图棒喝使我们相信我们有义务来接受这样的生活方式。"②

3. 过程价值取向

学校制度生活目标的上述价值取向指引了学校制度生活过程的价值取向。首先，学校制度生活过程应在彰显自由与规范秩序之间保持统一，明确彰显自由相对于规范秩序的价值优先性，规范秩序对彰显自由的服务目的③。只有注重学校制度文化的自由价值，师生个性才可能得到彰显，潜能才可能得以发掘，其发展的空间才可能得以

① 富勒. 法律的道德性［M］. 郑戈，译. 北京：商务印书馆，2005：12.
② 富勒. 法律的道德性［M］. 郑戈，译. 北京：商务印书馆，2005：12-13.
③ 王坤庆，王治高. 论学校制度文化的价值取向［J］. 教育科学，2015（2）：37-40.

扩展，能力才可能得以提升①。但是自由并不是无方向、无限度地彰显，终究需要秩序的维护，这也是制度化过程维系人安全并保障权利的基础条件。学校采用的规范秩序的方法有榜样示范、惩罚与奖励、激励。现在学校管理中最常见的问题是管理者或教师在运用这些方法规范秩序时常常忘了它们的最终目的是指向个体和群体自由发展的教育性。以会给人最直观和最激烈的情感体验的惩罚为例，我们往往会听到、看到一些学校为了维护制度和秩序的权威或是爱惜"自己的名声、羽翼"，对犯错的学生采取大会示众、检讨批评的方式予以惩罚，甚至一些高校对考试作弊的学生，往往是直接开除。类似学校作为的合法性受到质疑的同时，犯错处置的事实鉴定、动机考量、程序正义、人文关怀、惩罚原则与程度以及由此产生的教育意义不仅考验着教师与学校规则的法治素养、教育智慧与人文情怀，事件发展过程中隐含的规则伦理与德性伦理之间的价值张力对学校良序情感环境建设的作用以及人心、感受的微妙影响同样需要认真观察、细心体悟与改善。正如上文所说，学校管理者和教师在规范秩序时一定要深入具体问题情境，从更长远的教育性出发处理这些问题，而不仅仅是简单地执行规则，让制度埋下可能的恶种子，继而演变成恶制度。

为维持彰显自由与规范秩序的统一，就必须使制度化生活的运行机制在情感关注优先、权利保障与责任明晰间保持统一。情感关注优先的价值取向是出于为摒弃权力破坏人性发展的高可能性以及情感对人性发展的正面价值更大的考虑。有太多的教育实践证明，细心、善意的情感关注与表达是维持自由与秩序统一的最佳法则。同时，人都是自利优先的高级动物，尤其群体的自利倾向更稳固，当个体在一个理性化的制度中生活，一直被要求内化规则、践行义务而没有一个为满足其自利需要构建起的愿景与实践平台，必然会陷入相比在走进制度化生活前更加恐慌的不安之中。自利需求的满足往前一步就是自尊感和自信心的获得，因此，保障学校中师生的权利尤其关注动态保障最主要的目的就是使个体的道德发展有平台、有尊严、有希望，不至于陷入虚无的境地。

事实上，明晰教育工作者的责任②是一个艰难的专业工作，同样需要在具体情境

---

① 王坤庆，王治高. 论学校制度文化的价值取向 [J]. 教育科学，2015 (2)：37-40.
② 于学校教育的教育性而言，学生的职责是实践证明较好明确和落实的问题，但往往由于成人世界的复杂性，教育工作者的责任很难明晰，因此本书在此主要对教育工作者的教育责任进行辨析。

中思考与辨析。常常会见到或听到学校管理者、教师因种种复杂的原因对教育对象埋怨、放弃教育与管理。相比较而言，其实最常见的现象还是教育工作者在恰当的教育时机和教育契机中放弃或不主动担负教育的义务。因为，没有法律明确规定的义务和责任界限，更不会有道德的审视。其实，教师专业性的一个很重要的体现是面对复杂的教育现实而依然保持教育的自律与信念。像是医生做手术时面对比想象中复杂的病况，那个时候可不是无力、逃脱、妥协等情感说辞能消解掉医生救人的法律与道德责任的。只是就大多数教师自身的理解而言，遇到类似复杂的教育困境涉及的心灵境界甚至连道德责任都不算，没有使命感和义务感的约束，也就妥协和放弃了，因此常常出现人们对教师的自律性要求很高但教师却感到力不从心或心有不甘这样具有悖论性的事实。教育责任是在统一情感关注优先与权利保障的过程中落实教育性的立足点。在学校制度化生活中，教育工作者深入人的精神发展领域中明确责任、确证责任感困难的情况下[①]，保持情感关注优先、权利保障与责任明晰的统一首先需要的是制度化生活和教师自我保持引人向善的自主性与自律性，双边相互认同、支持与协助，共同助力教师微观教育责任感的不断觉醒与巩固，依托更多教师的耐心与善意作为在更广泛的学校教育生活时空中增进学校制度的生活契合力与渗透力以及精神引导力，达至人与环境互助、共育的良序状态。

三、 创造学校情感文明的实施指南

学校管理创造情感文明本质是一种育人历程，需要让学校中的一切能够成为师生的情感与理性、交往与环境的规则伦理与德性伦理和谐一致发展的教育条件与资源。也即学校管理视域中人与人交往的方法、过程、内容具有情感文明特征又能指向个体的情感文明发展。为此，基于上述关于学校管理问题与学校情感文明价值取向的思考，本研究分别以学校管理者、教师、学生为观察主体，依据主体交往过程中情感交

---

① 常识性的教师责任往往是一般性的工作任务与要求，于教育性需求的微观性与复杂性而言还远远不够。即便如此，太多教师也会因教育制度的渗透力与引导力不够而对常识性责任缺乏认知与感受。研究过程中，每当研究者问合作教师："你们学校都有哪些制度？"得到的回答常常是："我们好像没什么制度。"而绝大比例的、具体的学校教育制度并不是从本土问题生发、建构以致与学校本土文化契合不够、合法与合理性不高、对人心的协助性与裹挟性不足，这是教师们总会有制度虚无感的原因，学校制度化生活也就很难达成期待的过程价值取向。

往的一般逻辑，即情感识别—情感表达—情感调适，以主体交往发生为逻辑起点，制度育人为价值期待，将创造学校情感文明的过程提炼为显性化、可观察的层次和指标，以帮助学校管理者、教师和学生在过制度化生活时具有能提升情感人文素质的思维与感受的抓手，也即创造学校情感文明的实施指南。

该指南涵盖行为表现指标与价值体验指标两大部分。①行为表现指标：提出学校制度化生活中人与规则以及人与人"情感性交往"的建议；②价值体验指标：提出学校制度德性与整全的育人质量建议（据此反观、体验通过师生情感良性互动进而达成"制度育人"目标的具体价值与意义）①。

（一）"情感性交往"行为表现指标

创造学校情感文明的切入点是制度化生活中每种生活主体②（管理者、教师、学生）与规则的情感交往关系③建议以及生活主体间在规则的作用下的情感交往关系建议，同时关注互动中的生活主体的生命与情感状态。在对每对关系互动和个体发展的观察与引导过程中，具体的指标是主体在与教育资源相互建构的过程中表现出来的态度、互动方法与策略，以及情感表达方式、状态和应答方法。同时，在行为指标体系中专设观察者（即制度化生活中的主体）记录与建议栏，帮助观察者根据每条指标意涵对学校管理过程进行记录并写下改进建议，以此作为会议讨论、管理者反思、情感交往行为改进和教师情感人文素质提升的文本依据。

（二）学校情感文明的价值体验指标

创造学校情感文明的过程是学校制度化生活融合情感教育，共同努力为了"人"

---

① 具体内容见附录。
② 本指南涉及的主体集中于学校制度化生活中的三种类型：管理者、教师与学生。当然，家校沟通、学校社区合作对学校情感文明建设也会产生影响，但对这两个维度中主体间的情感性交往行为的研究需要跳出纯粹的学校教育管理视域在情感社会学视角下细心考量、观察与反思，与本书囿于学校制度化生活下至上与从上至下相结合探索的视角不同，属于学校情感文明建设从外向内与从内向外相结合探索的另一种视角，故要另文专述。
③ 在学校制度化生活中，以管理者、教师、学生为代表的生活主体对规则的认识与体验、情感表达、调适的方式与内容深刻地影响着人与人交往的关系质量。在学校制度设计不坏的情况下，制度在具体情境中实施所彰显出的制度德性及其对个体德性发展的意义主要是受主体与规则的情感交往关系的影响，落实为如何让情感在具体情境中软化制度与制度统整美好情感发展的统一。

的教育的过程。因此，整个过程需要学校管理者（尤其是校长）、教师对学校制度化生活中所有"人"以及"诸种关系中的矛盾"十分敏感，做出适恰的处置，使管理成效具有完备的教育意义，彰显育人目标（情感、态度、价值观目标）的达成。倡导整全的育人质量观，价值体验指标用于学校管理过程中，对学校管理现象或事件从前到后和从后到前的双路径、整体的情感体验与判断，依据制度德性质量、良好师生关系质量和整全的育人质量三个观测点，以体悟的方法感受、判断学校管理过程对师生双方在学习行为、情感体验和道德价值生成三个层次上的建构与发展效用，并据此对学校的制度建设与管理方式做出适切调整。

　　需要指出的是，创造学校情感文明的过程本身是一个学校管理不断激发、凸显教育性的慢艺术，像是齐美尔对社会这一共同体的精神生活有一番现象学的探讨。用他的语言，社会之所以可能，是因为抽离一切可能有的利益关系之后，仍存有最单纯的一种"情感"，他定义为"sociality"（可社会性），这是一种"just being together"（单纯就是"在一起"）的欲望[1]。因此，上述指南立意与内容是帮助学校管理者和教师在具体的事务活动、教育现场、教育行为实施与人际交往中有正确的认知与思维调整去探索情感教育如何融进学校管理并彰显教育性价值，让学校中的人愿意"单纯地在一起"。指南的使用是各类主体在不同制度化生活领域中顺畅一致地温暖改良与调适，而绝非对学校管理秩序的激进且快速突破，否则不仅违背学校发展规律更违背人的发展的一般规律。同时，该指南是对学校管理过程中创造情感文明的一种整体把握与判断，还需根据不同制度领域中的具体内容与方式丰富、发展与完善，比如，研究者所在课题组已经开发出的"情感—交往"型课堂观察指南就是上述指南在课堂教学领域中的具体化。当然，指南开发并不是终极目的，而是希望通过指南开发使学校管理主体在具体情境中有抓手和工具去关注并引导人的和谐、整全发展。

---

[1]　汪丁丁. 论中国社会基本问题 [J]. 财经问题研究，2012（9）：3-10.

第三节　课堂教学视域中的观察理路与行动建议

教师的实践活动本是"感性的生命活动"[①]，教师提升情感人文素质也即是情感文明的理论在教师"感性的生命活动"中的具体诠释。课堂教学是教师情感文明从作为一种本体的形而上学诠释为具体形态的重要场域，为了在形而上学和实践的具体形态之间搭建合理的"桥梁"，以达成教师合课堂教学实践本质的自我展现与诠释情感文明，需要帮助教师建构起能引起课堂教学中情感教育意识改观的思维工具（以下简称"思维工具"）。从宏观现象分析，中国中小学的分科教学基本上已经形成稳固的极具学科逻辑特点（其实是课程设计者、教材编纂者基于具体学科内容的运思逻辑，落实为教师在教学过程中对该逻辑与内容而不是对学生的理解）的实践特征，但是基于学科逻辑的实践往往并不完全贴合人的发展逻辑、形式与内容，也就表现为大多数的课堂教学悬浮于课堂学习者的心灵，对学习者进行生硬摆置或纯粹的技术操作。因此，思维工具要解决的更深层、更具体的问题是如何将学科运思逻辑与人的情感发展过程实时地、柔顺地、恰当地融合，探索如何将知识学习、价值观教育、情感性德育与课程育人融合，使得每堂课的教学指向的是全部学习者的主体性发展（表现为认知能力与情感能力整全的、和谐一致的发展），以及分文科、理科与综合课堂的特点探讨这套思维工具的内容，澄明教师情感文明在不同学科教学过程中的具体变式与特征并在此基础上提出一些教学建议[②]。尤其在大多数理科教师以为理科课堂是引导学生认识"客观世界"，形成关于"客观"的认知与知识体系的偏见下，对理科课堂教学

[①] 邓晓芒. 中国百年西方哲学研究中的八大文化错位 [J]. 福建论坛（人文社会科学版），2001（5）：10-16. 该文还提到，长久以来，人们是从"认识"的对立面理解并实践"实践"，这样的二分化认识传统使得"实践的情感方面、自由意志方面和创造力方面都被抽空了，它不再是马克思所说的'感性活动'（感性也被划归到'感性认识'中去了），而是抽象的'纯物质过程'，如李泽厚所理解的那种与'主观的人化'不同的'客观的人化'，即人通过物质手段改变物质自然以满足自己的物质需要的活动"。

[②] 这个过程也是对作为一种方法论的教师情感文明理论在课堂教学中的诠释。

思维工具的开发虽然是困难①的，但却非常亟须。因为，在数学及其他自然科学的学科教学中，教师不只引导学生感知"物的世界"，同时也引导他们感知"人的世界"②。比如，抓住时机讲述科学家的故事，引发学习者对科学家与科学活动产生好奇与积极的情绪感受，学习过程才可能呈现出对学习者的意义，这时，无论是自然科学还是人文科学教学，都可见指向人心、体现属人的本性，而且，只有关注到人的情绪、情感，对数学的学习才不是仅仅学习共相的概念和抽象的共相逻辑，它有了指向人和人性的具体性和直接性③。

一、 思维工具的意涵阐释 ——基于课堂教学的本质直观

课堂教学既是教师整个的精神世界活生生的呈现，引导着对师生精神世界的生动改良，也希望能够成为师生精神的归宿。然而，出于并合乎理性力量建构起的现代文明映照并主导着现代理性教师的建构，理性教师普遍追求逻各斯中心主义，"逻各斯中心主义体现在现实生活中，是人类对理性能力的盲目自信和理性能力在现实世界中的泛滥，或者借用哈贝马斯的论断，是一种理性系统对生活世界的殖民化，而体现在今日的社会科学研究中，则是社会科学的自然科学取向化以及学术研究中对研究者本人理性和逻辑的过分自信"④。寻迹于此，片面化应试教育取向下的课堂常常以"理性人"的假设前提而开始，教师往往以"理性假设""理性选择""理性行为"的方式建构起现代课堂，人性本质且持存的"感性思维""感性选择""感性行为"也总被理性揣测、解释和建构，课堂教学中人的鲜活情感也就一板一眼地理性化呈现出来，课堂现场的人与真实的自我远离，感性被忽视和误识，主动交出"他我"任由理性建构，但实质或精神游离，或痛苦，或无畏。人愿意交出自我任由理性解释和建构并总

---

① 文科课堂教学由于其学科认识对象更直接指向"人的世界"，主要涉及价值观、道德、伦理与审美教育的问题，而理科课堂直接指向"物的世界"，经由对"物的世界"的认识与理解指向"人的世界"。这种经由"物"转向对"人"的理解，不仅需要思维工具在内容中予以体现，关键落实为提升教师对这种过渡的敏感性与自觉性以及过渡后的整合性，因此，理科课堂中教师思维工具的开发相比文科课堂就更困难了。

② 资料来自朱小蔓于 2011 年 4 月 12 日的讲座 PPT：科学与人文的整合机制——中国基础教育课程标准的情绪、情感维度。

③ 资料来自朱小蔓于 2011 年 4 月 12 日讲座 PPT：科学与人文的整合机制——中国基础教育课程标准的情绪、情感维度。

④ 陈氚. 重返感性选择理论——理性应然中的现实困境 [J]. 社会学评论，2016 (5)：3-14.

是施以理性行为的重要原因是理性能切实帮助人规避掉面对"不确定"时的不安全感与危险，同时，作为先天追求功利的动物，人更容易接受、理解和施用确定性框架中的理性思维，而且人的确是越理性则越利于追逐功利。然而，"智慧且有道德"的教师必须正视和协调这种现代文明中的人性悖论，要借用理性之力寻迹人本质的感性力量激活课堂中的人、"描素"真实的人，继而才会真正地发展人。因此，思维工具的意涵本质是贴合人感性与情感力量的实质，"在方法上，探索如何发展出适用于观察、理解和描述相对不具有规律性和逻辑性的感性行动的方法"①。同时又要帮助教师意识到感性思维相比理性思维对人同样有积极的甚至更重要的建构作用，在课堂中寻求"抽象的感性"方式引导学生和自我的整全发展。

在现象学的理论中，对本质直观的问题虽然看法不一，但是"直观"概念不仅在胡塞尔的现象学中具有中心意义，甚至可以说唯一能使所有现象学家联合起来的信念就是"直观"概念②。"'观念直观'……所标识的不仅是胡塞尔现象学的方法概念，而且也是胡塞尔哲学的方法概念；它也以其他的术语形态出现，如作为'本质直观''本质论'等。"③ 在本质直观这一问题上，芬克也明确指出，"经常遭到误解的'本质直观'决不可被界定为某种神秘的活动，某种接受性的直观，或仿佛是对无意义的东西的一种纯粹的'看'。相反，'本质'是思想活动的相关项……（只是在与感性感知作类比的意义上才有其充实之说）"。"因此，《算数哲学》认为：'多与一的概念直接建基在最终的、要素性的心理材料之上'，据此，它们无法以推理的方法而被推导出，它们必须自身被把握到。'人们在这种情况下所能做的就是，指明这些概念是从哪些具体的现象之中或之旁被抽象出来，并且澄清这种抽象过程的方式。"④ 而这也恰恰映照了"观念直观的特征就在于，从心理学—经验科学的观点转向现象学—观念科学的观点"⑤，即以反思形式重新获得现象本身的呈现以及在其中现象与意识的原初与直接的联系。课堂教学是在特定的时空中师生、生生通过知识中介交往并与自我

① 陈氚. 重返感性选择理论——理性应然中的现实困境 [J]. 社会学评论，2016 (5)：3-14.
② 王恒. 本质直观视域中的感性与存在——胡塞尔的直观理论初论 [J]. 南京大学学报（哲学·人文科学·社会科学版），2003 (4)：22-29.
③ 倪梁康. 胡塞尔现象学概念通释（修订版）[M]. 北京：生活·读书·新知三联书店，2007：233.
④ 倪梁康. 胡塞尔现象学概念通释（修订版）[M]. 北京：生活·读书·新知三联书店，2007：234.
⑤ 倪梁康. 胡塞尔现象学概念通释（修订版）[M]. 北京：生活·读书·新知三联书店，2007：235-236.

交往，教师通达课堂教学的本质直观是一种特别的观察，这种观察是教师透过外显的行为基于生命体联结体验的内心观照，以及特定教学情境下的价值辨析与教育。基于观察的本质直观能力的提升既是建构思维工具的出发点，也需要教师在使用思维工具的过程中不断磨砺。

（一）课堂教学生活中主体间情感交往形塑思维工具的形式

"教学生活应当是人性发展的最主要场域，同时也是社会生活各部分在教育生活中的延伸。因此，教学生活本质含有社会生活所具有的无限可能性、复杂性、生成性，也更应该具有对社会生活'惯性'延伸进去'生活糟粕'的高度警惕性。从这个意义上讲，教学生活应是教师、学生、生活都在场，即海德格尔所谈的'此在'。这样的'此在'不是顺从强大生活'惯性'力量的'常人'，而是不断向存在者发问，才能成为自己向来就是的存在者，寻找本真，逼近存在。同时，教学生活又是一个教学双方被抛入的一个教学规则、内容、方式既定的、约定俗成的公共世界，只有公共理性成为教学公共世界的基础，过教学公共生活的人才有了逼近存在的条件，然而，相比过其他社会生活，公共理性在教学生活中的存在更具有可能性。专门的学校教育产生以前，教育活动本在生活之中并为了生活，然而学校专门教育的结构化，分科化教学按各自学科逻辑培养人，不仅分割了人与社会生活的关系，同时由于人性中非理性因素的缺场遮蔽了许多属人的教育契机与内容。第八次课程改革以来倡导的'回归生活'思想确是为纠正和解决上述问题而提出，课程回归生活的实质是让课程编制与实施与生活逻辑契合，社会生活涌动的教育性在课程中得以提炼与澄现，通过知识的呈现、生活的辩明与价值的生发而呵护人的存在并实现人的超越。课程回归生活需要教学活动回归生活与之同一，过教学生活是课程回归生活的实现，也即让师生双方通过过教学生活实现社会生活的精神接续、价值澄清及生命的成长。"①

"依据雅斯贝尔斯的观点，人类的交往有从低到高四种具体形态：第一种是'共体主体性'交往关系。这种交往，只有共同体，没有个人，个人作为共同体的工具，服务于共同体的需要。第二种是'交互客体性'交往关系。个人作为主体，他人是交

---

① 王坤. 论情趣教学生活 [J]. 当代教育科学，2016（16）：8-12.

往、利用的手段，以实现自我的目的。第三种是'外在的主体间性'交往关系。这种交往关系不是交互主客体中的主客对立关系，而是一种主体与主体之间的平等关系，每个人在发展自我主体性时，也发展了他人的主体性。但这种交往是出于自我利益的'平等'交往，需要一定外在规范的约束，以防止个人对他人利益的占有，因此是一种外在的主体间性。第四种是'内在的主体间性'交往关系，即存在性交往关系。这种交往是不受外在约束的交往，而是基于一种内在的人格尊重、关怀和公共利益的交往，在这种交往中，每个个体都是共同体的一分子，成员之间形成无条件的爱的关系。"① 很显然，情感文明立场中的思维工具并不提倡将主体当作共同体价值实现的工具，或是将他者当成主体价值实现的工具，而提倡在课堂中建构"外在的和内在的主体间性"交往关系，这样的主体间性交往关系的价值立场是对课堂中每一个人的潜能与价值的承认与尊重，是对追求最大多数人幸福的正义价值在课堂交往中的诠释。然而，正义价值观渗透进的无论基于规范还是基于尊重引导和建构起来的主体间交往关系，彰显出的是平等交往的关系质态。规范的制度设计往往要求的就是主体间的平等交往，即使是在出于关怀的"内在主体间性"交往关系中，关怀者也一定希望关怀行为产生后能获得被关怀者平等的、最起码相似的回应。但是，在课堂教学中，教育性的价值比主体间交往的民主、平等等正义价值凸显的关系质态更应当处于优先地位，也即是在课堂中教师要尽最大能力促进学生和自己的成长而绝非仅仅关注交往关系的价值意涵。这样的话，教师在课堂教学中应聚焦的是能真实体现和激发主体成长力量的主体间的情感交往以及情感交往的教育性，否则拥有正义观的师生常常会在关爱行为施展之后因没得到平等的回应而产生怨恨或是放弃下一次关爱行为的施展，最终消解掉课堂教学中本应该最优先思考和践行的教育责任和教育性价值。从他者主体性出发的非平等的情感交往不仅更容易形成和谐的人际关系，也更具有教育可能，当然也是思维工具内容建构的基本原则。

因此，思维工具绝不是凭空捏造的，而一定是贴合对课堂教学生活现象的本质直

---

① 冯建军. 从主体间性、他者性到公共性——兼论教育中的主体间关系 [J]. 南京社会科学，2016
（9）：123-130.

观，那么思维工具的对象就应当是课堂教学生活中的每一位存在着的学习者①。同时，依据在交往中学习、学习即体悟的原则，思维工具以课堂中的主体间情感交往为聚焦点，通过对情感交往关系的认识与目标阐释达成思维工具内容的基本预设与构建。而课堂教学中最主要的主体间情感交往类型具体表现为师生与生生交往，当然也一定要将教学内容、教学资源、教学组织形式和方式等外在教学条件纳入上述两种主要情感交往类型中形成思维工具的形态并辨析情感交往关系的内涵与质量。当基本形成所要思考的几对情感交往关系后，要进一步明晰的是情感交往关系的具体内容。依据人的情绪情感感受与表达机制的分析，思维工具将分别通过教师与学生的情感识别、情感表达与情感调适三个维度进行关系内容的具体思考，并据此引导学习者从主体间情感交往中反思和发展自我。

（二）帮助教师成为"镇静而有定见"的观察者与行动者

"如何才能'一般地而不参照个人的特殊利益'地去考察一种品质呢？休谟认为，一个'镇静而有定见'的人通过考察那个被考察的人的利益和快乐，或是与那个人交

---

① 课堂教学中的学习者当然应包括教师。以往教学论中的无论"儿童中心论"还是"教师中心论"的"中心论调"事实上有意无意地引导着大多数教师的教学实践打破了本应该是课堂教学中师生、每个人都在场的"学习生态"。因为有了"中心的"视野，则自然消解了处于"非中心的"那种人的学习意识与责任，教学常常成了平衡而又稳定的"学习生态"。然而，被"平衡与稳定"自然过滤掉的认知与情感冲突也恰恰带走了学习者深刻学习与精神成长的关键契机，所谓的"平衡与稳定"实质上也拉开了师生间的情感距离，教学现场中的人们为了这种稳定带来的安全与惬意的感觉，可能会理性地选择通过"伪善""伪知识""欺骗"的方式维持稳定与和谐，也可能会被动且安心地接受"权威的知识"，但却很少对"知识"进行思考。因此，以往教学就是"教师教和学生学"的二元对立观点或是其他关于教学的中心论调是时候该转型或退场了，应该依据课堂是一个学习场域、课堂中的人都是存在的学习者的基本原则建构或生成教学论知识。当然每个人都是课堂中的学习者的原则并不是要消解教师在教学中的主导作用，而恰恰教师是课堂中的学习者的原则既保证了教师的主导地位又祛蔽了教师威权的不利作用。然而，教学论基于"学习者"视野的转型最大的困难是如何处理教师的教和教师的学的关系问题。本研究认为，学习至上应是教师教的内在本质规定，也即教师的教并不是对教学设计的技术化呈现或是教学经验自然、零散的展现，教师的教是教师的学从课前准备到教学过程再到课后活动的连贯一致的渗透，也只有教师将教的基本观念内在转化为学的基本观念，教师也才能更好促进学生卷入课堂预设或生成的学习过程中。然而，在互联网工业、信息技术高速发展的时代，"知识更新"急速而深入，人们获得"知识"的方式、范围都在不断扩大，教师的学科知识学习并不是难题，但教师的基于人的成长的情感知识和情感能力学习则是一个大难题。大致原因是：一方面，教师没有情感学习的意识；另一方面，整个教育体系也缺乏提升教师情感文明素质的专业课程和"官方"引领下的改变。这样的背景又使得教师将教学观从"教者"向"学习者"的转变和践行成为一个悖论。

往的人的利益和快乐就能得出客观的、普遍的道德情感。"① 思维工具力图帮助教师在课堂教学中具体诠释情感文明，也期望经由工具的使用帮助教师提升整体素养，这其中最关键的切入口是使教师成为"镇静而有定见"的观察者并持续施以彰显价值内涵、具有教育意义的情感性交往行为。

1. 课堂教学的"行为—体验—价值"现象剖析与内容梳理

依据对一般教学生活现象的分析，主体在交往中学习，其中，知识的获得与教学价值的生成有其大致稳定的机制：在教学行为的施展中，主体获得了某种体验，情绪情感体验又为价值尤其道德价值感的生成与内化奠定重要基础。基于这个核心机制，研究者分学科大类大致梳理出可供教师观察、体验与行动的维度与内容，具体见表3-1②。

表 3-1　分学科大类梳理出的可供教师观察、体验与行动的维度与内容

学科	主要教学资源	表达方式	应有的情绪情感体验	道德价值	教师角色	学生角色
人文学科	历史、人物、政治、国际、文化、习俗、语言、事件等	体察、诘问、情境、对话、榜样示范、模仿、缄默、批判、赞扬、敏感、比较、想象、表情、合作、探究、调适等	期待感、新奇感、困惑感、时代性、安全感、依恋感、信任感、成就感、满足感、自尊心、自信心、同理心、共情	和谐、公平、正义、民主、商谈、共治、宽容、理解、尊重、悦纳、欣赏、关怀、移情、同情、自治、敬畏、理智、敏感等	引领者、学习者、倾听者、陪伴者、发问者、组织者、合作者、指导者、示范者、商谈者等	学习者、合作者、诘问者、商谈者、求教者
自然学科	公理、定理、原理、变式、物种、结构、方程、生命体、元素等	判断、推理、归纳、演绎、比较、缄默、批判、表情、想象、调适、赞扬、敏感、榜样示范、合作、探究等	期待感、新奇感、困惑感、时代性、安全感、依恋感、信任感、成就感、满足感、自尊心、自信心、同理心、共情	和谐、公平、正义、民主、商谈、共治、宽容、理解、尊重、悦纳、欣赏、关怀、移情、同情、自治、敬畏、理智、敏感等	引领者、学习者、倾听者、陪伴者、发问者、组织者、合作者、指导者、示范者、商谈者等	学习者、合作者、诘问者、商谈者、求教者

① 罗伟玲，陈晓平. 论休谟的道德愉悦感［J］. 现代哲学，2011（6）：72-77.
② 该表受"朱小蔓. 课程改革中的道德教育和价值观教育［J］. 全球教育展望，2002（12）."文章中"可能的道德教育资源及其表达方式"表格的启发，并引用部分内容。引自：王坤. 论情趣教学生活［J］. 当代教育科学，2016（16）：8-12.

表3-1（续）

学科	主要教学资源	表达方式	应有的情绪情感体验	道德价值	教师角色	学生角色
综合实践学科	劳动、财政、资源、环境、气象、地质、身体、锻炼、现象等	训练、规范、体察、诘问、情境、对话、榜样示范、模仿、缄默、批判、赞扬、敏感、想象、表情、调适、合作、探究等	期待感、新奇感、困惑感、时代性、安全感、依恋感、信任感、成就感、满足感、自尊心、自信心、同理心、共情	和谐、公平、正义、民主、商谈、共治、理解、宽容、尊重、悦纳、欣赏、关怀、移情、同情、自治、敬畏、理智、敏感等	引领者、学习者、倾听者、陪伴者、发问者、组织者、合作者、指导者、示范者、商谈者等	学习者、合作者、诘问者、商谈者、求教者

教师与学生在不同的学科教学生活中具有不同的角色，会有不同的情绪情感体验，现有的学科教学生活情境也会有不同的教学资源和情绪情感表达方式可运用，并彰显不同的道德价值。课堂教学生活应十分重视"情本体"的道德价值生成与内化作用。"情本体"在教学生活中外推是使师生对社会性公德有建构性的认识，比如，和谐、公平、正义、民主、商谈、共治、宽容、理解等形式。强调建构性认识是因为任何社会性公德的表现形式都有其形成的现实条件和具体内容，其价值意义或许是多面的。需要通过辨析其内容适当建构其当代内涵。比如，苏格拉底是民众以正义的名义公投处死的，这样的正义就具有了历史局限性，如何突破正义的当代局限性则是"情本体"在教学生活中外推的目标。"情本体"在教学生活中内推是帮助师生养成审美情趣。审美情趣是个体对美的追寻和假美及丑的批判，指向个体道德判断、认知和实践能力，其具体形式如尊重、悦纳、欣赏、关怀、移情、同情、自治、敬畏、敏感、理解等。"情本体"在教学生活中外推和内推的核心内容是爱，爱具有爱自我和爱他者两面，爱自我和爱他者的和谐是"情本体"在教学生活中外推与内推的和谐以及社会性公德和审美情趣和谐的可能条件。

需要指出的是，表3-1中三大学科门类中可利用的情感教学资源本是可以打通相互利用的，将其进行结构化划分一方面是为认知方便，另一方面是说明其中的教学资源是该学科门类中可利用的具有特殊性的教学资源。同时，在教学生活中不同学科门类间师生的情感表现和表达方式可以归纳为语言或非语言、结构或非结构的，表3-1中呈现的表达方式在一定条件下不同学科间是可以通用的，进行细化是为了使师生对不同学科的情感表达方式的特殊性有一定的敏感性①。

2. 教师的课堂情感观察、学习与行动的资源式分析

上述维度与内容是对课堂教学现象的切片式分割与分析，呈现出来是为帮助作为观察者的教师诠释情感文明时有一个全局的认识。分块的维度与内容，并不能代表"流动着的"课堂教学生活的本质直观，需要进行更细微的时空与行为现象分析以填补分块维度间的"裂缝"，真实而又深刻地呈现课堂教学生活。为此，教师应该学会对教学情境有深入且整全的现象学阐释，对课堂学习的情感构成的把握与调适保持敏感，依据并通过情感性学习引导认知性学习的健全发展，并学会积极统整二者的发展。具体可以表现为教师从对教育现象中"人"的体验的敏感引发出的对教育情境的建构性资源如话语（口头语、板书、文本等）、空间（气味、声音、灯光、位置等）、躯体（眼神、表情、动作等）的敏锐关注、体验与反思，通过即时的、自然且妥帖的调适与组合，又通过上述资源将关爱、关怀、同情、怜悯、宽容、公平、正义等情感品质表达给学生，使学生在该过程积极回应，达成课堂交往主体间的和谐。更深入地阐述为以下内容：

话语是教育情境建构中的主要资源，应是教师情感性学习的重要内容。话语是通过某种方式对一个事件做出归纳，建构事件图像的一组意义、隐喻、表象、印象、情节、陈述等。课堂教学中话语以讲解、朗诵、提问、回答、板书、辩论、表达意见等技术运作的方式展开。同时，一项研究结果表明，课堂教学时间中，三分之二的时间用于话语，而其中的三分之二又用于教师话语，加之课堂教学过程中的教师话语往往体现出教学内容陈述性功能和评价性功能，教师话语对师生的情感联结亲密程度、和谐程度以及发展走向起较大作用②。因此，"教师应针对学生的理解水平，做到话语表达符合知识、价值观的产生逻辑，清晰、有亲和力，语词丰富、优美，语调因教学内容和情境而灵活有变化。教师在教学过程中有中肯、积极的自我评价，对学生常用鼓励性、引导性的评价语言和方式。在课堂教学的主体交往过程中，教师还应对师生的话语时间比例保持敏感和反思，营造安全、惬意的话语呈现氛围，鼓励学生尽可能

---

①　上述两段引自：王坤. 论情趣教学生活［J］. 当代教育科学，2016（16）：8-12.
②　钟启泉. "课堂话语分析"刍议［J］. 全球教育展望，2013（11）：10-20.

多地参与课堂话语表达"①。

　　在施密茨的新现象学理论中，情感是一种可以被客观把握的具有空间性的力量和气氛。课堂空间具有绝对的情感力量，这种力量像空气一样包裹着人又渗透进人的身体，人身体的情绪震颤即固定在身体的某个部位，又不断扩散开来提供给课堂空间整体的情感性。就像学生在一个课堂空间中能够自然地感受到、看到一大片绿草地般的愉悦感、舒畅感，躯体也自然有一种轻快、漂浮的感觉；或是在一个课堂空间中能够自然感受到的如同站在悬崖边的焦躁感、恐惧感，心中像是有一块石头压着的感觉。课堂空间可以由许多资源建构而成，灯光、声音、气味、位置等单类资源要素或组合在一起会引起师生身体不同性质的情绪震颤力量。以空间中的位置为例，课堂位置可以分为物理位置和心理位置。物理位置即主体所在物理空间中的具体定位，心理位置是由物理位置、课堂交往沟通、任务安排等因素在主体心理镜像中形成的集体中的自我定位。教师的情感性学习应当十分关注课堂教学过程中主体的心理位置，通过不同的资源协作方式保证每个学生的心理位置都处在较高的水平。比如，课堂分组学习中教师可以把3～4名成绩最好的学生分为一组，并给他们布置额外的任务。如果将成绩好的学生与有学习厌倦情绪的学生分为一组，成绩好的学生往往会想把持整个小组或者他们的存在就会让有学习厌倦情绪的学生产生心理负担与排斥感，小组合作学习的效果就可能产生系统性减损，因此，合作学习尤其考验小组成员的分布与组合中的情感交往效应及其催生的系统性学习成效。

　　一般情况下，个体的情绪情感体验往往较容易能从躯体变化上呈现出来并被感受到。因此，包括眼神、肢体动作、表情等在内的躯体呈现是课堂情感性学习最直观的内容，同时由于其易被感知，也应是教师情感性学习过程中最谨慎的认知和表达领域。课堂教学过程中，"教师要能做到与每个学生都有机会均等的眼神交流，眼神温暖而亲切，面部表情和肢体动作能依据不断年段学生的认知心理特点随教学内容和情境自然变化，教师同样要从学生的躯体表现中洞察并确证学生的学习和情感问题，确定学习困难学生，并能即时做出原因判断，通过恰当的沟通、任务安排、鼓励，寻求

---

① 参见"全球化时代的'道德人'培养——教师情感表达与师生关系构建"项目的成果："情感—交往"型课堂观察指南。

学习和情绪情感问题的改进"①。

需要进一步注意的是，教师情感素质是教师进行课堂情感性学习的基础和条件，需要教师在课堂内外的长期修为；课堂教育情境的资源建构以及在这些资源整体影响下的主体身体紧张与宽松相互对抗的循环运动状态是教师课堂情感性学习的重要内容，可以通过体验、反思、表达的学习方法对上述资源进行搭配，为主体间交往的相互"入身"体验构建一个"透气性良好"的心理镜像，其在课堂中的具体阐释是开放、安全、信任、依恋、惬意、共情的课堂教学情境，并借此达成师生情感与理性的和谐发展；教师课堂情感性学习也具有层次性，教师可以依托在教与学互动中的情感性学习深入教师与学生、学生与学生的情感性交往中进行学习；同时，教师课堂情感性学习还需要依据上述学习层次、内容和方法的整体性建构帮助并引领学生进行情感性学习。

（三）思维工具观照的课堂教学质量

情感文明关心的课堂质量问题是一个考验课堂教学过程并在课堂教学过程中不断被建构的问题。依据对人性发展过程中理性情感、主体间及内交往和德性伦理的观照，课堂教学质量涉及可观察、可体验、可反思的教与学质量、主体间情感交往（师生、生生）关系质量、课程育人的价值引领三个层面的、依次递进的质量系统②。

课堂教学依托课堂中师生教与学的互动进行，因此，思维工具观照的课堂教学质量首先是整全的教与学互动的质量，体现为师生在教与学的良性互动中对教学内容有全面且深入的理解与把握。其中，教与学的良性互动不仅是课堂主体很好掌握教学内容的基础性条件，同样是提升主体交往关系质量和价值引领质量的前提。教师课堂情感性学习是一个引领并建构良性教与学互动关系的过程，体现为师生、生生通过运用适恰的教与学方式不仅实现着思维的流动与发展以及知识的探索与获得，而且还在"透气性良好"的课堂教学情境中进行自然而顺畅、张弛有度的对话与沟通。在这个过程中，师生之间通过彼此给予积极的期待、回应，相互合作、信任、依恋，并通过

① 参见"全球化时代的'道德人'培养——教师情感表达与师生关系构建"项目的成果："情感—交往"型课堂观察指南。
② 质量系统的层次与意涵解读参见"全球化时代的'道德人'培养——教师情感表达与师生关系构建"项目的成果"情感—交往"型课堂观察指南。

教师的课堂情感学习帮助学生在学习过程中能从适度的"为他性"出发，依据敏锐的情感识别、恰当的情感表达与调适，建构起顺畅且良好的生生关系。因此，课堂中主体交往关系的较高质量应是能被体悟到的，教师能从与学生的交往过程中感受到胜任感、愉悦感，学生能从交往关系中感受到归属感、成就感、自信心，并在课堂教学活动对良好的主体交往关系的循环往复的建构中使上述正向、积极的情绪情感体验持存。同时，课堂教学一定是具有人类历史恒常性和普适性的价值引领的课堂道德实践过程，教师浸入主体交往关系中建设课堂情感文明，要依据并利用不同的学科知识特点和教学情境，以培养学生的规则意识、学习并内化规则伦理为路径，适当、适时地生成可被即时认同并内化的关爱、关怀、责任、诚信、同情、理解、宽容、平等、民主、公平、正义等德性伦理，这是课堂教学质量体系中最高层也是最深刻的质量体现：课程育人的价值引领。需要注意的是，主体从课堂现场感受到道德的养成与实践是一个长期的综合历程，这段历程还要受家庭、社会、同伴、环境等因素对主体道德的反复磨练与建构。因此，课堂教学的高质量不仅表现为从整全教与学关系质量到良好的主体交往关系质量再到课程育人的德性伦理引领质量的逐层深化并全息作用于课堂教学全过程，还表现为唤醒并维护学生内心的自由意志，养成并维护其自律意志，以提高课堂情感文明进行社会文明改进的适切性与韧性。

二、 文科课堂视域中的教师情感交往与情感人文素质提升

文科课堂教学的形式本质是情感教育，情感教育勾连人的人文性、科学性、身体性的整合性发展。由于人文活动的情绪情感性、伦理道德性和审美性更容易凸显出来，因此，文科课堂教学实际上更易于呈现出情感教育性，表现为情感教育形式与内容的统一。然而，现实的文科课堂教学普遍以人文教育的形态呈现与运行，科学教育形态以及身体教育形态时常被忽视或受到冷漠对待。这表现为多数文科教师更注重原初情绪情感的渲染与体验教育，缺乏对理智感及其教育应有的兴趣和能力，在人文教育的恰当时机往往缺乏科学知识和科学价值教育的敏感性与能力，即使在课堂中摄入对价值观的辨析与澄清，以及道德感和审美感的教育，也常常因理智辨析的日常训练不足而固化为机械说教或流于意识表层，不具深刻性和耐考察性；同时，文科课堂教学本应是最贴合人的原初情绪情感体验和状态铺展开来的教育活动，应当在与师生日常、社会生活紧密勾连的生动性、身体舒展、身体能力释放和身体性互动的基础上探

究并发展整全性的智慧，在不同类型的交往中培育并发展自我意识敏感性和自我教育能力，然而现实的文科课堂常常表现出的另一种问题是身体教育形态彰显不够、乏力，生活的生动性与现实性卷入不足，课堂太过严肃、沉闷。在最适合进行专门的自我教育的文科课堂，却往往只将人拉向"远方"或"乌托邦"，不注意适恰的现实感教育并及时地关注自我、反思自我。

基于研究者观察到的上述一般问题现象，结合思维工具的意涵思考，有必要再回到最广泛的文科课堂中进行现象学式的本质直观，帮助文科教师理清并"描绘出"文科课堂教学中的情感教育脉络，研制思维工具的具体形态促进教师有敏感的意识和足够的能力将情感教育贯穿并弥散进人的人文性、科学性、身体性整合性发展的文科课堂中。同时，由于该思维工具是以课堂教学中的情感教育为思考主线，加之人的价值情感现象、情感状态和能力即使在不同类型的教学活动中也具有一定的相似性和普遍性，因此，在对文科教师思维工具的研制中会结合对"人们印象中非纯粹文科的"体育课、道德与法治课以及综合实践课的教学内容、特征与教学目标的思考，使得文科教师的思维工具更突显人文性教育引导和弥散下的普适性与整全性。当然，研究者会在未来的行动研究中深入到具体的课堂情境与问题中检验并提高其对情感教学现象的解释力，以更具体和有效地提升教师的情感人文素质。

（一）文科课堂教学的本质直观：在体悟人文活动中发展人文素养

人类自在或自觉的活动影响并牵引着世界的发展。当人类活动有了心灵的参与，也就弥散了精神意蕴，激发并渗透着一定程度的精神力量，活动本身则再现、化约或重铸了文化形态和文化意涵。因此，具有精神性的人类活动都可看作人文活动，或者也可以说，人文活动就是具有精神性的人类活动，人类活动是人文活动存在的根据，人文活动是认识并发展人类活动精神性的根据。这样理解的话，即使科学活动由于有了心灵参与，具有精神性，本质也是人文活动，彰显并发展文明意涵。"当然，多样差别的联系、对立面的统一都是辩证法的体现，但更深层次的辩证法则是矛盾（Widerspruch），即同一个东西在逻辑上的自否定，它才是一切事物运动发展的真正'根据'。"① "这个道理，人们通常将之理解为中国古代《易经》和道家的自然变易之

---

① 邓晓芒. 中国百年西方哲学研究中的八大文化错位［J］. 福建论坛（人文社会科学版），2001（5）：10-16.

说和（作为变易的动力的）'反者道之动'的相反相成思想。在这种朴素的理解中，自然界本身具有"一分为二"的性质，表现出对立双方的又斗争又统一的关系，即所谓'矛盾'。"① 事物间外在对立统一的矛盾式辩证法观不仅长时期地遮蔽了人对自我本质的内在否定性认识，表现为：人的活动常常是出于感性、生物性需要，从自我的外在对立面建构理性、发展情感，自我认识、反思与自我否定不及时、不全面也不深入，使得在自我外在交往中建构起的理性与情感自然地具有了稳固的非理性因素和排他性；并且，在自我建构的过程中，自我否定式的理解与建构不够，理性与情感被自我割裂开来发展，相互渗透与补给不足，使得人的发展的内在根基也就极不牢靠；更重要的问题是整个社会并不是基于人的内在自否定发展起来的，而是从外在二元或多元对立与博弈中发展起来的，社会并没有形成促进自我认识自否定性的意识及基于此发展自我能力的环境。同时，事物间外在对立统一的矛盾式辩证法渗透进教育活动中表现为对人文活动与科学活动的割裂认识与教育，虽然分科教育在目前看来依然具有极强的现实合理性和极高的效用，但无论教育研究者还是教育实践者都应该尽快转变思维，在人的精神性统一需求的观照下形成科学活动是人文活动内在合定性呈现的观念，而影响和主导人类活动发展的人的素养中无论人文素养还是科学素养②都只是各自内在自否定的呈现。然而，从科学活动作为精神形式的角度理解其内在人文根据和人文意义，是人类社会长久以来的普遍性忽视，这种忽视和根深蒂固的人文与科学二

---

① 邓晓芒. 中国百年西方哲学研究中的八大文化错位［J］. 福建论坛（人文社会科学版），2001（5）：10-16.

② 《义务教育小学科学课程标准》和《义务教育初中科学课程标准》（2011 年版）都对学生科学素质予以界定，强调好奇心、求知欲，从科学知识、科学方法、科学思想、科学精神等方面阐述了具体内容并要求学生能够运用它们处理具体问题、参与公共事务。教育部最新出台的《中国学生发展核心素养》框架中也将人文底蕴与科学精神并列为学生应具备并发展的六大核心素养中的两项。人文素养和科学素养始终是学界关注的整全的人培养的重点内容。其实人文素养与科学素养对个体人的发展要求而言并无太大区别，两种素养所展现的思维方法类似，大致都是人的一般思维方法，即理性思维、非理性思维、情感思维等，只是因思维对象的不同，产生不一样的思维情境，运用不同的具体解题方法，作用于人的情感世界产生了不一样的情感场，长此以往内化成一个人认识和实践过程中稳固的情感倾向。比如，偏重人文素养的人历史感、整体感的情感场较强烈，偏重科学素养的人结构感、审慎感的情感场较强烈。这同样可以解释为什么长期从事理工科研究的人能够很容易转移到人文社科领域进行研究，而从事人文社科研究的人则很难转型。从事理工科学习的人本身就精熟了人类的一般思维方法，加之每天的生活其实就是对人文社科研究对象的认识，当转入其中后无论对研究对象还是研究方法并没有太大生疏感，而人文社科领域的人虽然也能精熟一般思维方法，可是因为对理工科认识对象、具体研究方法和过程并不了解，因此很难转型研究。可见，在分科教学很难改变的大背景下，无论人文素养还是科学素养的培养更重要，其实都是人类思维方法和技能的培养，及其在不同认识对象领域中展现出的一个人的精神水平。

元对立思维渗透进文科课堂使得主要认识人文活动、体味其中精神性和精神力量、提升并发展心灵力量的教学活动缺失了对人文性中的自否定的科学性的理解，课堂中发展人的统一、整全的精神意蕴也就因人们固有的误识而常常不够了。

从宽指意义的角度理解，语文、道德与法治、英语、历史、音乐、美术、体育等人们直觉判断的文科教学活动和教育内容是对人类世界和人文活动中某个要素、片段、维度的压缩式、具体化的复演、再现与发展。"人文一方面如科学一样，是一个知识体系、认识体系，另一方面与科学相异，还是一个伦理体系、价值体系，这正是两者互异之处。"① 因此，从专指意义的角度理解，体悟具体化到文科课堂教学中是师生、生生依托对文字、文章、活动、音乐、图片等具象化的知识符号体系中介的认知，深刻体验其中蕴含的具体人文活动的伦理与价值体系，并在这个过程中明晰善恶，通过体悟美内化和强化认识美的能力，追寻美的意志，爱护、珍惜美的情操。更直观地讲，文科课堂应该要让课堂中的人通过对其特殊的知识符号体系（渗透出人文活动这个认识对象）的体悟直接返塑自我，而由于科学活动相对人类日常生活的陌生性，理科课堂在体悟科学活动过程中返塑自我的要求方面需要教师对科学活动和人的情感发展有更明智、更整全的洞悉和整合能力。基于上述理解，人文素养本质是一个人在交往实践过程中具备出于且合乎人的发展真实逻辑与内容的情感与文化知识，透过人文活动现象辨析人与文化内在意涵的辨识力、解释力和理解力，以及在真实、高尚、淳美的精神需求与行为微环境和文化的张力间寻求自然、健康、人心内外和善一致而勃发的行为能力。人文素养是相比科学素养更整全和更宏观的人的素养，无论是人文素养还是科学素养的发展都需要借助俄罗斯哲学家巴赫金所深刻理解和阐述的人的"参与性思维"（人的一般性思维在实践中的弥散与运用的思维形式）的不断模塑和磨砺。"究竟什么是'参与性思维'呢？'参与性思维'是一种'行动着的思维'，巴赫金说：'我以自己的全部生活实现着行为，而每个单独的行为和体验都是我生活即一连串的行为过程的一个方面……对存在即事件所作的情感意志方面的理解，换言之，它是一种行动着的思维，即对待自己犹如对待唯一负责的行动者的思维。'"② 参

---

① 杨叔子. 科学人文，不同而和 [J]. 高等教育研究，2003（3）：15-19.
② 朱小蔓. 关注心灵成长的教育——道德与情感教育的哲思 [M]. 北京：北京师范大学出版社，2012：201.

与性思维的培养与训练落实在具体的学科教学中彰显为对具体的学科思维形态与内容（如语言思维、道德思维、法治思维、历史思维、地理思维、身体思维等）的认识与发展及相应学科思维能力的提升。以语文教学为例，"语言感觉是语文教学最初的凭借，语言修养是语文教学最终的目标"[1]。也即是语文教学无不渗透着"描述"或激活语言感觉与提升语言能力同步一体的参与性语言思维的磨砺与发展，在学习语言内容与感受语言逻辑与理性的过程中，同样感受与体味语言魅力，丰厚与发展内容背后彰显出的文化共同体的语言情感与价值意蕴。相应的，所有上述的文科课堂教学应当是出于学科感觉的大跨度地或是精微地交替出现的情感思维深化与发展，目标是整全的、统一的具有民族、国家和本土伦理道德体系特征的情感修养。由于文科课堂教学是对更深层次的和更整全的人的精神性的探寻与提升，教学方法的使用与教学过程的组织并不能也不应该拘泥于被理性建构起的固定模式与路径选择，诉说、对话、游戏、演讲、阅读、竞赛、合作、训练、倾听等教学方式都可有针对性地单独或整合使用，教学方法和教学组织并不是目的，关键是其自身形式与内容彰显出的教育性，目的是使课堂教学本身成为行动着的思维，始终为人的学习与精神进步服务。基于此，在文科课堂中发展人的人文素养不仅需要教师具有一定程度的情感人文素养基础，在专业要求方面，同样需要更高层次的关于学科学（如语言学、历史学、法学、美学、体育学等）的知识与能力，并能在教学中运用学科学的知识参与学科教学的思考与行动，以补给人的情感性发展自然会出现的理智不足，增进学科教学本身应当凸显的专业性。然而，仍以语文教学为例，"体现语言学与语文教学的关系应解决好三个方面的能力：语理综合运用的能力，用语言现象激活语言规律的能力，把语言载体和思想内容融为一体来处理的能力，这不只是语言学家的能力，也是教育家的能力。"[2] 文科教学所需要的学科学知识与能力的支撑，依然需要教师以情感认知与情感能力为根基的人文素养的整合性理解与作为，并在具体情境中发展有具体问题和冲突滋养的负责任的参与性思维能力，并以此奠基、支撑人文素养的发展。

---

①　王宁. 汉语语言学与语文教学［J］. 中国社会科学，2000（3）：169-178，207.
②　王宁. 汉语语言学与语文教学［J］. 中国社会科学，2000（3）：169-178，207.

(二) 文科教师情感人文素质在课堂教学中诠释与提升的观察指南

课堂教学作为负责任的行动着的思维，要求教师尤其文科教师必须有参与性思维能力，在课堂的师生与生生情感交往过程中富有透过行为与事件现象的深刻且艺术化的情感观察、分析与价值判断、整合与教育智能。这是教师情感文明作为一种方法论在课堂教学中的诠释，又希望长时段的课堂教学交往过程能不断促进教师专业精神本体的情感文明的自我提升。基于以上思考渗透进长期的课堂观察与交流，本研究开发出文科教师思维工具的具体形态，一个帮助文科教师深刻洞见并富有教育意义地改变课堂继而又能反观自我、改变自我的观察指南。

本指南涵盖行为表现指标与价值体验指标两大部分①：

行为表现指标："'第一哲学只能以实际行为作为自己的目标'②，只有从实际的行为出发，才能达到实际的存在。行为不是从自己的内容方面，而是在自己实现过程中了解到、接触到统一和唯一的生活存在，在这个存在中把握自己，而且是把握整个的自己。不能把行为看成是一个从外部观察或进行理论思考的对象，而是要从行为的内部，联系它的责任来观察。"③ 富有洞见的教师总是能联系自我的教育责任把握整个教学事件中的整个自己与教学内容和学生的生命勾连，这种勾连需要在自然的教学活动线索中对分别以教师和学生为观察主体的关系中的"情感性交往行为"保持敏感与进行更周全的改善。

价值体验指标："不可能提出关于这个世界的概念、原理和规律（即对行为的纯粹理论抽象），而只能成为对这一行为世界的描述和现象研究。事件只能得到参与性的描述……描述从价值角度对世界进行的体验感受是如何实际而具体地建构起来的。"④ 文科教师需要从课堂历史具体中渗透和形塑的价值角度在内心描述、分析、

---

① 具体内容见附录。
② 朱小蔓. 关注心灵成长的教育——道德与情感教育的哲思 [M]. 北京：北京师范大学出版社，2012：199.
③ 朱小蔓. 关注心灵成长的教育——道德与情感教育的哲思 [M]. 北京：北京师范大学出版社，2012：199.
④ 朱小蔓. 关注心灵成长的教育——道德与情感教育的哲思 [M]. 北京：北京师范大学出版社，2012：199.

理解课堂中人的情绪情感体验是如何实际而具体地建构起来的，更需要从思维工具观照的课堂教学质量的价值角度依托上述的价值情感观察与分析机制进一步调适、重塑人的情绪情感感受与表达形式和内容。

"行为应将两方面的责任统一起来，一是对自己的内容应负的责任（专门的责任），一是对自己的存在应负的责任（道义的责任）。"① 观察指南虽是要以情感教育的思维为主线描绘教师的情感、道德教育责任，但并不也绝不是要放弃教师基于教学内容的专业责任，指南更具有远见的目标和责任恰恰是要帮助无论文科教师还是理科教师将专业责任与情感责任有机融合于人的培育与发展过程中。

1. 课堂"情感性交往行为"观察指标

课堂教学中的情感教育切入点是课堂中的教师—学生、教师—教学内容—学生、学生—学生关系以及在这些关系的互动中教师与学生在场的生命情感状态。在对每对关系和个体发展的观察过程中，具体的指标是教师和学生在与教学内容相互建构的过程中表现出来的教学态度、情感、互动方法与策略，以及情感表达方式、状态和应答方法。同时，在行为指标体系中专设课堂观察者（含授课教师本人）记录与建议栏，帮助观察者根据每条指标意涵对课堂教学过程进行记录并写下改进建议，以此作为课后研讨、教学反思、教学行为改进和教师情感人文素质提升的文本依据。

2. 价值体验指标：反思体悟课堂教学质量

思维工具观照的课堂教学质量倡导整体的育人质量观，需要教师具有较高的"情感—人文"素质，在课堂教学情境展开的过程中对课堂所有"人"以及"诸种关系中的矛盾"保持敏感，做出适恰的处置，使教学成效与育人目标（情感、态度、价值观目标）得以达成。价值体验指标用于课堂教学完成后，对课堂教学从前到后和从后到前的双路径、整体的情感体验与判断，依据完整教与学关系质量、良好师生关系质量和课程育人质量三个观测点，以体悟的方法感受、判断该课堂对师生双方在学习行为、情感体验和道德价值生成三个层次上的建构与发展。

---

① 朱小蔓. 关注心灵成长的教育——道德与情感教育的哲思 [M]. 北京：北京师范大学出版社，2012：204.

3. 基于指南的教师观察与反思逻辑①

授课教师或参与观察者在课堂初始依据对教师情感文明素质的解释框架，对课堂教学活动中"人"的情感素质给予关注并有所敏感。行为表现指标观测课堂推进过程中师生、生生情感交往关系的发生、应答与调适方式，帮助授课教师或观察者对课堂情感交往的相关要素有所觉察与省思。价值体验指标用以帮助授课教师或观察者对整个课堂的展开过程做出评价和进一步反观，依据教学关系、师生关系和课程育人质量的观测点，分成多个层次，洞察、体悟该课堂是否达成比较积极、顺畅的师生情感交往，双方作为活生生的"人"的情感价值是否得到正视、呵护和利用，从而使师生双方积累较正面的教与学经验，实现"课程育人"的教学目标。具体而言，如图 3-2 所示。

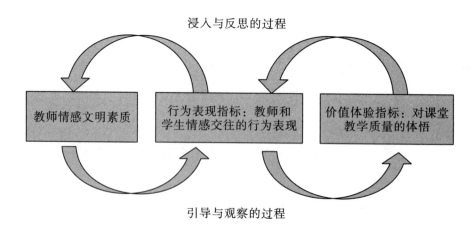

图 3-2　教师的课堂观察与反思逻辑图①

在课堂教学与观课过程中，无论执教教师还是其他观察者，将遵循"行为—体验—价值"的发生机制，在课堂中经历情感文明素质的考验与建构。教师情感文明素质是对第一章的教师情感文明本体性思考的具体化，可以分解为三个方面，教师的人文素质、情感素质和情感自我素质。人文素质是由个体的文化修养、性情、个性、价

---

①　这个教师的课堂教学观察与反思的逻辑具有一般性和普适性，不仅适用于文科课堂和文科教师，同样适用于理科课堂和理科教师，因此，在理科课堂观察指南的部分，将不再单独分析和阐述。

②　该观察与反思逻辑图是教师的学校教育生活观察理论框架在课堂观察中的具体应用，引自"情感—交往"型课堂观察指南中指标体系的观察逻辑图，参见"全球化时代的'道德人'培养——教师情感表达与师生关系构建"项目的成果："情感—交往"型课堂观察指南。

值观、生活阅历等多方面累积而成的整体结构，情感素质是人文素质结构中的重要组成部分，表现为较为稳定的情感品质和能够外化出来的情感能力，并在其中发挥优势作用①。情感自我素质是教师的情感人文素质在交往过程中不断被自我激活，施以情感性教育行为，又能在交往中不断增进自我反思意识，通过互动与交往，使自我的"抽象的感性"意识与能力不断凸显与增强，自我理智感、道德感与美感在教育互动与自我反思中不断相互渗透、补给，教师的自我精神世界螺旋攀升。教师情感文明素质解释框架见表 3-2。

表 3-2　教师情感文明素质解释框架②

指标　　观察点	人文维度	情感维度	自我维度
教师情感文明素质	①具备必要的人文知识； ②能够理解相应的人文思想； ③掌握基本的人文方法； ④能体现出教师职业的人文精神	①对情感现象与情感发育有基于年龄和情境特征的知识、判断与分析能力； ②善于积累、持存正向、积极的情感状态； ③能够敏感觉察到那些经常出现且较为稳定的情感品质，例如同情、仁爱、悲悯、宽容、信任、移情、责任、公正等； ④形成一定的情感能力，主要是对他人及自己情绪情感的觉察与识别、情感的表达与沟通、情绪情感的调适与激励等	①具有激活自我情感人文素质的意识与能力； ②能够对交往行为的情感性与教育性保持持续的关注与敏感，具有思考、辨析与改善情感性教育行为的意识与能力； ③针对自我与外界一体的世界能够整合运用理性思维、非理性思维、情感思维的方式和方法不断增进"抽象的感性"认识与理解； ④自我理智感、道德感与美感能在交往与反思过程中不断被巩固、增进理解，相互补给积极作用于自我精神世界完善

（三）基于指南使用的教学建议

指南的研发与价值期待并不是仅仅为了刻意重构情感教育性凸显的课堂文化，也为通过指南使用探寻、发现或建构相适应的、配套的教学模式、策略和方法等。由于人文学科课堂内隐的思维方式和外显的教学内容、教学资源、教学情境其至教学方

---

① 引自"全球化时代的'道德人'培养——教师情感表达与师生关系构建"项目的成果："情感—交往"型课堂观察指南。

② 教师情感文明素质的解释框架受"情感—交往"型课堂观察指南中指标体系的教师情感人文素质的解释框架启发，是对其深化与发展，并部分引用其中的话语表达与价值期待，参见"全球化时代的'道德人'培养——教师情感表达与师生关系构建"项目的成果"情感—交往"型课堂观察指南。

式自然具有人文性底色，师生在特定情境中与学习内容的情感交往与生命勾连既是教学认识常识、教学实践常态，也是教学生发教育性的切入口与核心内容。像这样理解的话，指南的本质为教师提供妥善施以人文学科教学中情感教育的思维框架。我们并不是非要在这个框架下继续寻找新的学科教学方法，而是一切现实的教学模式、策略和方法都可被该框架解释和改善。然而，一些既能整合人文性和科学性，又能很好适应文科课堂学习特征，实现并发展整全人的培育功能的教学模式及与其相配套的教学策略与方法应该被拿出来进行"指南式"的考察、辨析与改观，单独或整合性运用，为文科教师情感文明的教学诠释与提升提供更进一步的帮助。

1. 情境教学

情随境生，人的情绪情感的具体意涵总是在特定的情境中被激活，随着情境而变化、传递和发展。情感教育视域下的情境教学模式围绕人的情绪情感体验与发展而生成或建构，从教学主题和问题出发，既重视从自然、社会、历史与生活现象中采撷片段和内容，整合课堂中的话语、空间、躯体资源，让人直接感受真善美，在情境中探寻真实，培育和发展是非辨析力、道德理性与审美趣味；也重视通过整合话语、声音、物体、位置、眼神、动作等资源条件将教材中的教学内容现象化、生动化，让人的思维打开，激活想象，让整个课堂在教学内容中跨越时空，让意识与情感随情境活灵活现，让人们在其中观察、感受、对话、沉浸、守望，彼此理解、共情又去探寻未解之谜。

文科教师应当尤其重视情感教育视域下的情境教学模式的学习和运用。师生的人文感受力、判断力与理解力常常最直接地在美的、具有完善价值导向的情境中生发与磨砺。朗诵、演讲、对话、辩论等话语诉说形式，音乐、绘画、电影、戏剧等艺术形式，以及观察、聆听、感受、合作、操练、信息技术等教学组织和手段都可被拿来细心处理、整合、运用，根据学习目的需要，或是从感受美切入，或是从感受善意切入，或是从感受真切入，乃至从多元复杂的价值体验切入（往往是道德选择、是非判断的真实状态）。感受到的愉悦、惬意、惊奇、慌张、恐惧、焦虑、欣喜等情感品种让想象驰骋，帮助学生也帮助教师从最原初的情绪情感体验中描绘自我、认识自我，感受并认识不同类型、不同状态下的交往与关系意涵，使自我意识与想象的能力在长时期、一次又一次的情境教育模式中不断被凸显、强化，渐渐地内在一体化为课堂学习中的主体。

教师在教学活动中主动建构恰当、合理的情境，并不是为摒弃理性认知活动而仅仅促进情绪情感的迸发与形塑，而是要将人的理性认知、情绪感受与情感发展勾连在特定的时空与环境中，帮助人的各个向度都能整全地、和谐地发展。因此，从课堂环境的宏观角度看，情境教学应当指向课堂学习场域中的学习者们可以同感共受的学习热忱营造与传递。"对教师（编者注：同样是课堂学习者）和学习者来说，热忱的关键应当在于身为学习者或教师纯粹的兴奋，伴随教学和学习过程的全神贯注，以及为了实现理想而投入可以练习的强烈意愿。热忱反映了因学习而产生的兴奋和沮丧；热忱是具有传染力的，是可以传授的，是可以模仿的，也是可以学习的。"① 也只有在热忱的学习情境中，个体的多种智能的发展才体现更高效能。"'丰富环境中的儿童明显具有更高的智商'……从'感受''体验'中进一步去'悟'，让我觉察到儿童的学习已经不再局限于认知的活动，儿童的情感融入其中，在优化的情境中，儿童身心愉悦，潜在智慧萌发，呈现出生命的多元色彩。"② 比如："在探究中，因为求真，我先后开发了'观察情境说话、写话''观察情境作文'等崭新的作文形式，使儿童习作有感而发，乐于表达，创造了儿童情境作文的新天地，获得了意想不到的效果。'意境说'中'情以物迁，辞以情发'，符号学习与多彩生活的连接，学习与情境的活动，给小学作文教学带来了无限生机，也促进了孩子们的习作水平迅速提高。"③ 可见，复杂深邃的理性思维并不是凭空获得的，也不能生硬发展，总是要从鲜活生动的感觉与情感体验中发展。在热忱的、真实的、美的学习情境中，人的思维深处中理性基质与情感基质才有相互审视和补给的可能，相互依托、互为根据，情感教育视野下的课堂教学培养人成为一个整全的人才真切地发生了。

2. 问题导向的"对话—理解"教学

20 世纪 70 年代，法国著名哲学家埃德加·莫兰在批判传统科学范式的研究方法的基础上提出了"复杂范式"的思想。他在《复杂性理论与教育问题》一书中提到，

① 哈蒂. 可见的学习——最大程度地促进学习（教师版）［M］. 金莺莲，洪超，裴新宇，译. 北京：教育科学出版社，2015：19.
② 李吉林. "意境说"导引，建构儿童情境学习范式［J］. 课程·教材·教法，2017（4）：4-7，41.
③ 李吉林. "意境说"导引，建构儿童情境学习范式［J］. 课程·教材·教法，2017（4）：4-7，41.

"它不处理有关被或应被教授的全部材料的问题，而仅仅基本上围绕阐述中心的或根本的问题……据此，就有七种'基本的'知识是未来处于任何社会和任何文化中的教育毫无例外都不能排除的，而只应该根据每个社会和每个文化特有的风格和准则加以处理"①。他提出的这七种知识是：认识中的盲点，即错误和幻觉；适切的认识原则；教授人类的地位；教授地球本征；迎战不确定性；教授相互理解；人类的伦理学。事实上，在受传统教育学影响的学校教育下，知识分子往往无法脱离其认识的"背景化"而自觉地从本学科的基本假设、原理和范式出发认识实践对象。"认识中的盲点""不确定性"时至今日也并未成为科学研究者具有共识性的认识自觉。莫兰对"复杂性"有一个基本论述："复杂性是一个提出问题的词语，而不是给出解决办法的词语。"② 他提出用"宏大概念"（macro concept）认识复杂对象，对"宏大概念"的应用意味着打破学科壁垒，实行超学科的综合认识，问题的关键在于获得并应用"宏大概念"以正视、反抗并利用世界无序性的策略是什么③？

色诺芬在《回忆录》中描述了苏格拉底与想当政治家的青年欧蒂德谟关于"正义"的教学对话，这是教育性理解的典型范本，十几轮问答下来，教师和学生针对"正义"有了共通的价值判断，这种价值判断是单向的观察或逻辑推理等方法所无法达成的。事实上，文科课堂所要面对和认识的人文活动和人文现象的复杂性与理科课堂所要面对和认识的科学活动与科学现象的复杂性既是相通的，就复杂性的理解方法与展现的方式而言也是相似的。而文科课堂尤其需要用对话的方式去激活、勾勒一个又一个生动的但却沉睡着的个体经验，展开真诚的自我，经历教学内容勾勒出的人文世界，体验其中的复杂性，让一个又一个的问题在内心迸发、张望。教师需要有意识地创造安全、信任、尊重的对话环境，打破学习者之间以及学习者与教学内容之间的壁垒，学生的问题就会主动地、自愿地"跳出来"。师生通过再进一步的对话，让问题得到解答，但问题还会产生，在问题产生—解答—产生的对话中，师生不仅因探望到人文世界不断变化着的复杂内容而惊奇、紧张、欣喜，也不断地因认识对象的变化而经历、感受着上述同样的情感品种但却不一样的质态带来的愉悦与快乐；课堂学习

---

① 莫兰. 复杂性理论与教育问题 [M]. 陈一壮，译. 北京：北京大学出版社，2004：6.
② 莫兰. 复杂性思想导论 [M]. 陈一壮，译. 上海：华东师范大学出版社，2008：2.
③ 陈一壮. 埃德加·莫兰的"复杂方法"思想及其在教育领域内的体现 [J]. 教育科学，2004（2）：1-5.

主体间的理解在对话中不断被强化，主体间的关系也渐渐由理解悄然地走向相互尊敬和相互依恋。

因此，需要在文科课堂中倡导有连贯问题导向又不失问题严谨性的"对话—理解"教学模式。这里的对话是从学习者内心无声的自我对话中自然生发出来的，否则课堂主体间的对话就又沦为了没有精神力量的技术操作，这就需要教师"要将学生个体作为有益的课程资源，那么教师又该如何理解和操作呢？建议教师要'鼓励和指导学生参与课程资源的开发，重视对学生自身资源的开发，使学生的参与过程和生活体验成为课程资源的重要组成部分'。注重学生自身的资源，不仅是强调要注重学生参与教学活动的主动性、创造性等，还包括注重学生自身已有的个体化的生活经验，因为学生的道德学习过程也是他们自身的生活经验不断得到调整、丰富和扩展的过程。而关注学生个体生活经验的原则有：不可忽视和不可或缺的原则，经验的客观自在原则，经验的表达原则，经验的分享原则，包容引导原则"①。而基于学习内容的连贯且严谨的问题也需要教师在高质量的对话引导中不断被磨砺出来，这体现了教师高水平的提问与引导能力。这就要求教师课堂外长期的学科学学习与问题观察、思考和写作训练；也需要教师养成广泛阅读与教学反思写作习惯，以形成对学习内容稳定的、严谨的且整全的人文观察与理解素养，通过对教学经验的反复提炼、捉摸并从不同角度揭示教育意义以培养在课堂教学现场敏锐的教学教育性洞察力、引导力。对话流淌于课堂教学中，课堂中的辩论、讲故事、榜样示范、综合活动等教学组织形式和方法都可以看作对话的具体呈现。教师尤其要注意的是这些形式和方法所隐含的对话之于人的情感体验和精神发展的力量和意义，这也恰恰要求对话双方都具有细心观察与全身心卷入聆听的能力。基于上述思考，我们倡导在课堂中建立基于他者性的对话关系，教师首先要做从他者体验出发的对话的观察者、聆听者、理解者与问题引导者，并能通过适恰的教学情境、语言、动作、表情等方式将这种有道德的对话角色意涵影响并传递给学生，当学生也能从他者体验出发做一位有道德的对话观察者、聆听者、理解者与问题引导者时，课堂中的妥帖的对话关系就会慢慢形成，对话的教育意义也

---

① 摘自朱小蔓教授 2012 年 9 月 24 日在甘肃兰州题为"品德课程改革与学校德育——基于思想品德课程标准的修订"的大会发言。（略有改动）

在其中渐渐凸显、加强。

3. 身体教学

施密茨在生命伦理学基础上提出身体伦理学的观点：现象学意义上的身体不同于物理学意义的躯体，它是在没有五官帮助下处于时空氛围中的震颤状态，比如，愉悦、惊恐、满足、紧张等整体性情感状态①。文科课堂的人文性底色与情感交往的需求特质一定需要对学习者身体现象的关注和对身体教育性特征凸显的重视。"因为身体知觉是人与环境之间最直接的认识接触点，它提供了身体器官结构向认识结构转换的基础，并赋予知觉以认识论的意义。"② 然而，在现实的文科课堂中，除了体育课因为是学科本质内在规定直接以躯体作为认知和操练的起点外，身体的情感现象学意义和教育性特征长期被教师忽视，尤其身体作为勾连心灵成长的中介性功能并没有在广泛的文科课堂中发挥出来。从最能直接凸显身体教育性的体育课说起，长跑训练不仅需要学生对躯体各部分器官、骨骼结构有基本的认识，对跑步技能有充分有效的掌握，对身体能量、奔跑距离、时间有适恰的分配，更重要的是教师要引导学生在一次又一次的长跑训练中认识自我的意志力，挖掘自我潜能，感受奔跑过程中身心与跑道、时空融为一体的自我强大能量，也要感受一次又一次挑战并战胜自我极限之后的成就感与愉悦感，探寻战胜自我极限的心灵之源。团队运动项目不仅需要个人力量的支持与凸显，也需要团队中的个体透过身体间的配合细细体味协同作战中个体的援助、放弃、担当、谦让生发出的团队价值，以及共同体的结构、顺序、位置的有效组合与整体协作凸显出的集体补给个体的力量。

身体教学希望教师能意识到并充分运用身体勾连心灵成长的情感性和教育性力量，以行无言之教独立运作于课堂或配合、补充有声的教学。课堂中，教师不说话，仅凭从心底里透出的善意与温暖的眼神就能让学生轻松、自信、惬意地学习一整堂课；在恰到好处的时候，教师引领学生闭上双眼，安静、放松，让想象包裹身体穿越时空，"回来后"，学生能够体悟到精神置于另一层境界的惊奇与美妙；哑剧表演、身体美术等直接将身体置于课堂最前沿的教学形式是最高效的感悟、理解、辨析真善美

---

① 庞学铨. 身体性理论：新现象学解决解决心身关系的新尝试 [J]. 浙江大学学报（人文社会科学版），2011（6）：2-10.
② 杨晓. 教学认识中的另一半：非理性认识的思考 [J]. 课程·教材·教法，2017（2）：33-39.

的心灵攀升"工具"；课堂中每一个人都能随着教学内容和情境的变化自然、恰当地表达身体语言，赋予并体悟身体的教育意义等。然而，在当下的中国，无论文科课堂还是理科课堂，受长久的中国克己、内忍文化传统的影响，身体被"残忍地"隐藏了起来，课堂中似乎只有语言与思维流动，几乎不见身体语言的表露，这种课堂文化传统培养出来的人也就因长期的隐藏自我、不敢释放自我表现为"先天的"创造力不足。因此，教师首先需要意识到身体的教育学意义，尝试在特定的教学情境中自然、自信地释放自我，表达身体教学语言。比如英国有一位教师教育者，她讲："小学英语教师实际上兼着数据管理者、学生的服务员、激励者、纪律维持者、积极向上的榜样、英语教师六种身份，每讲一种身份，都会搭配模拟该身份的最典型工作状态；讲到作业批改最好先找到一个闪光点，再标出那些处于最近发展区的需提高点时，她睁大眼睛做上下寻觅及孜孜努力后终于发现一个闪光点后的兴奋与释然的样子；讲到那些无用的批改，她模仿学生领到作业时看一眼自己的评语，撇一下嘴，扔掉，再左顾右盼其他同学的评语，然后耷拉歪头一脸无奈的样了。"[①] 课堂需要思维和身休共同地流动与呈现，身体的固化一定会阻碍思维的发展。因此，课堂中不仅要用话语诉说教学内容，而且要通过身体自然地展现教学内容，使教学内容的意涵生动化。同时，中医理论认为，情绪在人体内的流动是通过经络、体液或其他传导组织来实现的，如果受到突然的、强烈的或者持久的情绪刺激，在身体中就会出现一股很大的能量传导，超过人体本身的正常生理活动范围，从而导致紊乱，发生淤滞[②]。这表现在身体上，就会有各种异常反应——疼痛、憋闷、腹泻等，甚至会引起疾病[③]。课堂中也可尝试适恰、妥帖的身体调节，比如拥抱、轻拍、腹部按摩、脊柱按摩等，以调适难以化散的负性情绪及其带来的身体负担。总之，身体标识着人的生理、情绪情感状态，身体力量可以补给、调适人的情感基质，需要在更广泛的学科背景中深入地发掘身体整合认知活动与情感发展的教育学意涵。

---

① 曾晓洁. 英国课堂的教师身体语言 [J]. 湖南教育（B版），2017（2）：50-52.
② 佚名. 抚摸孩子的哪些部位可以化解情绪 [EB/OL]. （2016-09-04）[2017-06-10]. http://www. xinli001. com/info/100353502.
③ 佚名. 抚摸孩子的哪些部位可以化解情绪 [EB/OL]. （2016-09-04）[2017-06-10]. http://www. xinli001. com/info/100353502.

三、 理科课堂视域中的教师情感交往与情感人文素质提升

理科课堂①的教学内容、基本特征和教学目标与文科课堂相比差异很明显，其中的情感教育脉络更是隐晦不易被发掘，增进理科教师从事整合性的课堂情感教学的意识与能力的任务具有特殊性而且应该是更困难的，因此，有必要对理科教师的思维工具进行专论并开展有针对性的行动研究。

理科课堂教学的形式本质也是情感教育。然而，长久以来，理科课堂主要以科学教育的形态呈现与运行，科学活动中人文性长期被忽视和"隐藏"使得理科课堂中的情感教育不被重视，教师忽视或不会用情感教育的思维思考并开展教学。即使 2001 年开始的新一轮课程改革确定了包括情感、态度、价值观在内的"三维目标"，广大理科教师也往往因找不到实现情感目标的抓手而困惑、徘徊。通过长期的理科课堂观察发现，大多数的理科课堂依然保持着科学知识、技能、方法的生硬传递，即使当探究式学习、小组合作学习、深度学习的理念和模式普及到了教育条件较好的理科课堂中，教师却常常因没有深入地理解其中的情感逻辑和情感力量，对教学组织形式进行简单复制，使课堂教学"新瓶装老酒"，学生的科学素养提升令人担忧。可见，在"三维目标""核心素养"受到中国教育研究和实践领域中的人们极其重视的今天，理科课堂教学却呈现出一种很难融入这个美好愿景的困境。造成困境的原因首先是大多数教育研究者和实践者并没有对"情感是人性发展的本源"形成正确的认识并在课堂教学中予以重视，对课堂教学中学习者的情感体验与知识建构分开认识，"情感在课堂教学中既是手段又是目的"这个观点也很难被教育领域的人们理解透彻并予以践行。更有甚者也是多数，情感被人们主动忽略。其次，大多数科学教育研究者和理科教师并没有深刻地认识到科学和科学活动离不开人的思维探索活动。理科课堂教学是科学理智教育的主要活动场域，本质同样应是一种科学活动。美国当代科学哲学家瓦卡夫斯基对科学活动本身的忧虑不仅应引起科学工作者的警醒也应使理科教师深刻地意识到"自己和学生或正处于危险之中"："科学概念框架的这种特征埋伏着一种危

---

① 本研究中的理科课堂所指是除上文中探讨的大文科和综合性学科范围之外的学科，基本包括数学、生物、化学、物理、地理、信息技术、自然等课堂。

险——科学与常识、科学活动与人类的基本活动、科学理解与平常的理解的连续性被打断了。"① 这种危险在理科课堂教学中的表现是，"科学理解变成一种与共同经验、日常语言和普通理解相对立的理解方式"②。化解这种危险的重要途径是深化教师对理科课堂教学的人文主义理解，思考教师如何帮助学生将悬浮于个体经验之外的"权威的"课程规定知识内化为与个体生命联结又能被不断建构和应用的"强有力的"知识。

（一）理科课堂教学的本质直观：在体悟科学活动中发展科学素养

体悟具体化到理科课堂教学中，具有更深次的内容，需要依据课标中对学生科学素养的要求进行判断。也就是说，理科课堂需要通过体悟科学活动发展师生的科学素养。根据以往研究成果，本研究将科学素养具体化为除了需要认知的科学知识外的可被体悟和解释的科学过程技能和推理智能两个维度，或可认为是体悟学习在理科课堂教学中的具体化。科学过程技能分为基本科学过程技能（观察、分类、应用数字、传达、测量、应用时间空间关系、预测、推论）和统整科学过程技能（辨识变因、下操作定义、形成假设、设计实验、解释资料）具有发展层次的两个方面③。推理智能（控制变因、比例推理、相关推理、概率推理和组合推理）④ 的发展蕴含其中。

需要注意的是，理科课堂具有一般性的发展过程：当学生面临一个情境问题时，他首先从"概念域"中调用一个熟悉的、相似的情境问题，称为"面对方式"；调用心智图式以将物体、事件或整个情境问题概念化，并检查不同概念化之间的一致性，称为"概念化"；用表征系统和心智图式进行表征以预测问题答案，称为"操作工作"⑤。也即面对问题—概念化—应对、解决问题的过程，在这个过程中学生的科学素养中的技能和智能素养需要被发展。但是，对于学生或教师个体由于经验有限而带进课堂教学中的表现为对科学活动本身的错误或误解性认识——迷思概念，需要教师从教学活动一开始就要对其保持敏感，采取适恰的方法将学生的迷思概念诱导出来，

---

① 孙正聿. 论哲学对科学的反思关系 [J]. 哲学研究，1998（5）：27-35.

② 孙正聿. 论哲学对科学的反思关系 [J]. 哲学研究，1998（5）：27-35.

③ 郑丽玉. 认知与教学 [M]. 台北：五南出版社，2000：124.

④ 郑丽玉. 认知与教学 [M]. 台北：五南出版社，2000：126.

⑤ 翟小铭，郭玉英. 科学建模能力评述：内涵、模型及测评 [J]. 教育学报，2015（6）：75-82，106.

并在随后的课堂教学中善加观察、适时改变。因此，迷思概念既是教学契机，但处理不好也会引领学生往相反方向发展。理科课堂教学过程也就应该被进一步概括为一般性的"迷思概念诱导—面对问题—概念化—应对、解决问题"的过程。理科课堂教学是通过某一主题科学活动的开展在体悟中发展科学过程技能和推理智能，而体悟学习不得不说是情感教育的核心内容和重要方式，基于此，理科课堂教学的情感教育分析框架可被概括为图 3-3。

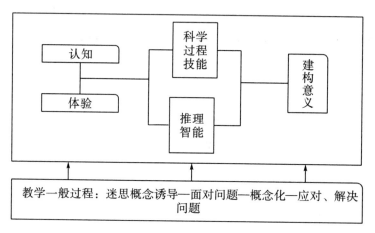

图 3-3　理科课堂教学的情感教育分析框架

（二）理科教师情感人文素质在课堂教学中诠释与提升的观察指南

综上所述，理科课堂教学其实是一场复演科学活动又需要具有教育性的"精神考古之旅"，其中必然流淌着科学探索蕴含着的种种经验的、幻想的、逻辑的、直觉的、价值的、审美的、信仰的前提①。而恰恰体悟到这些内容才是通达科学素养的关键。然而，在交往的体悟中生发出的隐性的情绪情感体验、意义、价值常常弥散在显而易见的科学的知识和智能的教学过程中，教师在课堂教学过程中往往会因为科学活动的紧张性、高被关注性而无暇顾及其中的情感教育内容，即使有关注并实施情感教育的敏感性，也苦于缺乏切入点和抓手。本研究通过长期对理科课堂教学的观察和反思，发掘到其中的科学教育与情感教育的本质联系。在此基础上，笔者以教师教学和交往发生为逻辑起点，以课程育人为价值期待，将理科课堂教学中的情感教育建构成显性

① 孙正聿. 论哲学对科学的反思关系 [J]. 哲学研究，1998（5）：27-35.

化、可观察的层次和指标，以帮助理科教师依据情感教育的思维框架思考并开展教学，在教学中诠释并提升情感文明。

该指南依据体悟的发生机制认知—体验—建构意义，涵盖行为表现指标与价值体验指标两大部分①。①行为表现指标：观察课堂教学活动中师生"情感性交往"的实际表现（观测以教与学的过程为线索的师生、生生间情感互动及构成意义）；②价值体验指标：反观体悟课堂教学质量（体验师生情感良性互动对"课程育人"目标的可能达成）②。

受主流的显性教育质量评价观的影响，该套指南或许会被人误解为是对教师和理科课堂的评价工具。事实上该指南与当前教育测评尤其课堂观测、道德教育测评领域主流的以量化、层次评定的方式对教学行为的内容和动机进行判断和归类的立意有所不同，指南的使用并不完全是对教师教学行为和课堂教学质量的评价，也是研究者对理科课堂教学中情感教育的价值期待、预测和解释，更是教师或观察者对隐藏在知识学习背后的师生理智与情感的发育、发展状况与问题进行省察与调适的依据，同样是教师在课堂中通过观察与反观，提升情感文明素质的思维工具。

（三）基于指南使用的教学建议③

指南或许可以是理科课堂教学中观察情感教育的标准，但具体的课堂实施决不能囿于对单个或多个指标的解读使课堂教学行为固化、标准化，在该指南价值观倡导下的课堂教学一定要是"开放多元、多姿多彩、各具魅力"的。因此，指南不仅仅是观察、体悟课堂的工具，研究者更希望指南能帮助观察者和授课教师走上放在"模具里"培育人的突围之路，探寻课程育人的整全的人文主义方法，而不是"又一个"禁锢教师教学行为的"量化枷锁"。指南价值倡导下的课堂实施要求教师先是要体悟指南背后的价值追求与人文精神，卷入每堂课的真实情境中长期磨炼，不断反思，在更广泛的视野中探寻更具适切性的教学模式和策略。本研究在课堂观察并与一线理科教

---

① 具体内容见附录。
② 引自"全球化时代的'道德人'培养——教师情感表达与师生关系构建"项目的成果："情感—交往"型课堂观察指南。
③ 此部分参见下文标注的《认知与教学》《科学教育基础——基于科学教育的理论与实验》《图像化学习——在不同课程领域使用图像组织》等书。

师充分探讨的基础上，基于指南的使用，依据理科课堂教学和思维发展的一般过程，阐释一些或许能在教学实践中推广、检验、丰富、发展的教学模式以及可以与模式配套的策略和方法。

1. "抽象具体化、具体抽象化"：脑力激荡——思维导图辨识迷思概念

一般而言，每次进入理科课堂学习的学生，无论是新授课还是复习课，都要经历一个从非母语语言理解向母语语言①理解转化的过程，这也就是瓦卡夫斯基的科学警示在理科课堂中的具体表现。因此，学生在教学活动刚开始时对要探讨的核心概念、问题多少都会有一些离自我经验较远的疏离感、陌生感。加之每个人都会有迷思概念，一堂课之初的教学设计将直接影响整堂课所会产生的个体学习意义。所以，教师在教学活动之初最好能设计活动诱发学生表达对所要探讨问题的基本观点，这样既可关注学生的迷思概念，也能帮助学生迅速将科学概念通过生活经验的勾连迅速转化为母语语言。教师一般较常用的方法是会谈法，比如依据核心概念就学生感兴趣的概念、物体、事例或其他知识领域与全班学生进行会谈。这种方法或许能帮助学生迅速进入学习状态，但由于是一对多的谈话，对教师了解每个学生的迷思概念或许效果不大。事实上，在不同能力的学生共处一室的科学教室中，绘制思维图的方法不仅是一个较好的教学热身也是教师理清学生迷思概念的方法。教师可以让同学们几人一组，通过思维激荡，将复杂的科学概念转化为鲜活的个体经验，又通过反复辩论，将鲜活的个体经验概念化为复杂的科学概念，并通过图像的形式将这个思维过程呈现出来。这个过程就是上文倡导的"学习即体悟"教学认识论的具体化，生活化科学概念的联系能帮助教师有效地确认并消弭学生不正确的信息，并指引学生通过后续活动对观点不断反思、修正。当然，这种方法的使用也可以贯穿于教学活动过程中，让学生随着思维活动的深入，不断地丰富、完善思维导图，课堂结束后也可作为师生体悟整全的教学关系质量的文本。

2. 整合学生教与学的小组合作学习

传统的小组合作学习常常以任务驱动完成，任务主题、内容由教师确定，学生需

_____

① 本书探讨的母语语言不仅仅是学生的第一语言也指与学生个体经验、生命勾连一起的可在第一时间被理解和使用的个体语言、生活语言。

要在课堂上与小组的伙伴探讨概念，寻找解决问题的策略与方法，共同完成任务。而在课堂观察过程中，传统的小组合作学习方法常常被教师误解为突出学生学习主体性的有效方法，使得教师"消失"在课堂中。常见的现象是，小组合作探讨很热闹，而教师很难全部深入到每一组中与学生探讨，错失了引导学生内化重要概念、转变迷思概念的教育契机。特别是在一个小组中，常常会因持有迷思概念的同学的自信的话语引导使得本就具有科学概念的同学转变了观点，乃至整个小组学习都转向了错误的方向。而这些是传统小组合作学习过程中，由于教师迫切想突出学生主体性而忽视的问题。结合学生教与学的小组合作学习是一个希望教师和每位学生都能实质性地参与进基于某个学科主题的长期探讨过程中的教学模式。一般路径和方法如下："教师集合全班进行教学，一方面激发学生对某一主题的学习兴趣，一方面介绍和该主题有关的重要议题，然后引导学生归纳出基于主题的具有逻辑性的几个需要探讨的子问题（以五个为例）；班上同学五位一组构成学习小组，小组中每一位成员负责一个子问题研究，将来各自将研究成果分享给组内其他成员。然后，再将五个学习小组中研究同一问题的同学进行第二次分组，共同组成一个研究小组，专注于子问题研究；二次分组完成后，各子问题研究小组成员合作阅读材料、辩论、咨询教师、实验，探寻子问题的概念和解决办法并合作撰写研究报告；撰写报告的过程中，教师可组织各研究小组进行全班讨论或研究小组成员回到学习小组进行汇报式谈论，以进一步发现各自不足、澄清问题。这其中需要教师和学生开放式地不断提问、辩论，因此，教师创设安全、信任、依恋的谈论过程十分重要，否则学生不敢提问，也很难从教学组织中感受民主等价值观；根据实际教学进度，各研究小组的研究报告撰写完后，研究小组成员回到各自的学习小组，每一个组员以子问题专家的身份向小组成员讲解、汇报子问题研究结论，学习小组共同完成某一主题单元的学习活动。"①

　　整合学生教与学的小组合作学习模式需要教师反复分析教材提供的教学主题，充分利用媒介资源，并引导学生将主题分解，通过两次分组强化学生教与学的角色和任务。学生渗透进两个小组中的研究、分享、反思学习，不仅扩大了学生体悟学习的交往维度，内化了更多的知识，合作学习所依赖的情感和道德品质也得到深入历练。这

---

① 郑丽玉. 认知与教学 [M]. 台北：五南出版社，2000：152-153.

种模式一定程度上化解了教师传递、解释概念的工作强度，可以让其能有更多精力引导并关注学生的科学过程技能和推理技能的发展以及学生合作交往过程中的情绪情感体验，但是这种模式需要教师较高的教育智慧引导学生化解问题、反思研究问题，而且一个主题的教学或许需要很多课时才能完成，得到同侪和学校制度文化支持也很关键。

3. 社会问题解决取向的教学

科学理论本质来源于生活，理科课堂教学中情感教育的重要任务是通过对科学概念的描述、解释和演绎，拉近其与生活的距离。与整合学生教与学的小组合作学习模式不一样的地方在于，社会问题解决取向的教学模式探讨的问题并不来自教材设定，而来自当地重要的社会议题并针对议题的解决让学生采取自己的行动。使用该模式的教师以学生的问题和兴趣开始，一旦学生确认出兴趣领域，教师扮演协助者，而非知识来源者，帮助学生细化研究问题和问题解决。一般的路径与方法如下："①脑力激荡一个亟待解决的当地议题；②定义一个特定的问题或现象；③共同探讨能获得信息的资源；④搜集信息；⑤基于信息和问题进行分析、综合、评估、创造；⑥采取行动。"[①] 社会问题解决取向的教学模式是一个将科学课堂预设得更加开放的教学路径，要解决的问题或许来自课堂内的集中谈论的预设，也可能是课堂中的生成。而恰恰课堂中生成的问题更能激发学生探讨问题解决的兴趣与动力。该教学模式同样考验着教师的教学智慧和情感敏感性，虽然课堂预设得开放，但需要教师在适恰的教学契机引入核心概念的解释，并能引导学生综合运用搜集到的概念和信息解决问题，学生在整个解决问题的行动过程中的心智成长、磨砺也是教师要重点关注的地方。当然，这种与当前传统示范型教学模式相比较"另类"，而且可能也需要长期运行的教学模式同样需要同侪和学校制度环境的支持或许才会见成效。

4. 对传统示范教学的再理解和创新

相比较整合学生教与学的小组合作学习和社会问题解决取向的教学模式的开放性，传统的理科课堂教学一般是依据教材，教师描述、解释概念，开展实验或做习题等其他类型的教学活动进而解决问题，在这个过程中，教师的主导性地位较强，充当

---

① 郑丽玉. 认知与教学 [M]. 台北：五南出版社，2000：149.

示范者的角色。示范教学有其独特的长处，即教师可以在最短的时间内将教学目标中设计的需要学生理解和掌握的核心概念以及科学技能传递给学生，但由于传统的示范教学太过突出教师的主导性，拉开了教师和学生的距离，以及学习经验和科学概念的距离，因此，其中的情感教育也就很难受到教师关注并有效开展。比如，虽然对话、谈论、辩论的理念已经深入课堂教学中，但由于传统示范教学整体性向学生表达的"教师和教材是知识生产者和创造者权威"的隐喻，使得学生往往并不敢主动扩展想象、大胆质疑和发表观点。常常看到的现象是，虽然针对某个问题展开了一轮又一轮的辩论，但一旦到看似教师要总结的时候，学生们大多立马拿出笔记下教师的"结论"，这是民主的虚幻下话语霸权的典型现象，教师和学生大多也很难意识到这种现象对科学教学所带来的问题的严峻性。

因此，可以在保证传统示范教学传递知识效率较高的情况下，教师通过运用辩论法、科学史方法、思维导图法等增强课堂教学的开放性、情趣性和科学性。让学生通过不断地提问、回应、追问切实感受科学探索的无边界性、多元性并据此激发探索趣味，也通过在坦诚的问答所创设的安全、信任的教学情境中真正将民主、正义、公平的价值观内化于心并践行于课堂中。但是，在辩论或对话的过程中，教师的提问引导决定着辩论或对话的质量，焦点讨论法（基于身心感受的客观性—情绪情感的反应—问题的诠释性—问题解决的决定性）是教师可用在课堂中进行提问的思维模式①。科学史方法是教师在示范教学过程中一种有效拉近学生和人类科学认识进程以及个体生活经验和科学理论距离的方法，教师可以通过相关科学人物经典著作阅读、思考科学概念如何源自生活等方法让学生在科学的真实与不确定中体悟科学探索的奥秘。思维导图法在上文中有所提及，该方法对学习者科学思维水平要求较高，否则较难达到理想效果。因此，在使用过程中需要教师对所教学生当时的科学智能水平有适切的判断再决定是否使用。比如，曾经听过一堂数学课，主题是"平行线的价值和功能"。教师运用先进的几何画板技术让学生操作并直观感受平行线移动后三角形外角和是 360 度，紧接着对四边形用同样的方法操作，感受不一样的平行线移动过程，但同样是外角和 360 度的结果，五边形、六边形以此类推，在这个过程中，学生体悟到平行线的

---

① 该辩论方法在课堂教学中的应用参见乔·尼尔森所著的《关键在问：焦点讨论法在学校中的应用》。

功能和价值，也得出一个结论，n 边形外角和是 360 度。但在教学过程中，当所有听课教师都认为任课教师会在讲 n 变形的外角和时，给学生建构起一个为什么是 360 度的结构模型图，但任课教师并没有那样做，而是说："我们以此类推可以猜想 n 变形的外角和是 360 度，这是个很美的数字。"在后续的教学讨论中，有教师对该过程提出疑问，任课教师的回答确让笔者感到钦佩："七年级的学生只要认真听课，都能猜出来这个答案，现在是猜想的阶段，还没有到对他们进行数学方法的归纳来得出论证结论（笔者注：建模）的阶段。"虽然，该案例中是否需要在那个时候加入思维导图或建模的方法还需要讨论，但教师对学生科学智能水平的课堂判断是情感教育谋求与科学教育整合的重要前提。

上述模式、策略和方法是前期在课堂观察、理论研究后，梳理出的理科教师在课堂中开展情感教育的宏观架构，加之情感教育是一项极具隐秘性的过程，它们对于情感教育的有效性以及整全教育质量提升的作用还需要结合指南使用在教学实践中探索。同时，教无定法，它们之间并不是相互割裂的，而恰恰需要教师深入理解并结合具体的问题情境综合考虑与运用，完善、丰富和发展其方法形态和实践价值。最后，理科课堂中情感流动及其教育考验着教师的情感和教学智慧，需要教师长期结合指南有针对性地观察、梳理、反思其中的情感教育经验，并通过日常阅读和反思写作、同侪研讨、专家支持等活动与方法不断提升情感文明素质，以便更好地对课堂教学中科学素养与人文素养以及科学教育与情感教育的关系求得一种整合性的理解与操作。

第四节　教师的情感交往过程及其教育性发生：情感文明素质训练的视野

我们只有寄希望于教师的关怀意识在交往过程中不断被唤醒、代入与增强，上述种种整体而又细致的学校制度设计及生活构想才会付诸现实，个体与环境的情感文明力量才会激发、凸显，合力发挥整全的育人效应。然而，美好的设想所面临的最大困难是教育劳动与交往异化统一作用于教师群体，普遍表现为教育意义感匮乏。德国哲学教师威廉·施密德在其著作《幸福》一书中指出意义即关联，我国学者周国平根据其中内容这样理解关联："关联有两类。一类是我们的生活与有限的生命价值和精神价值的关联，比如父母对子女的爱，出于精神动机从事的事业，皆属此类。另一类是我们的生活与无限的生命价值和精神价值的关联，这实际上就是指对人生的超验意义的信仰。"① 但是，生命价值与精神价值关联生活的意义境界似乎并不是大多数教师意识与话语中稳定而且持存的表达内容，很多教师与凡俗的生活一道被无尽的事务与低级的感官式娱乐填满，意识被欲望占据，"欲望不满足就痛苦，满足时顶多有短暂的快乐，然后便是无聊"②。充满欲望的生活会逐渐吞噬教师精神创造的内在愿望，与生命和精神的意义境界失去关联必然会缺失对生命的精致与精神的缜密的敏感性与追求，表现出来的是对他人甚至是自己情感的不关注、不在意，填充于生活中的交往与生产蜕化成了机械活动。情感是最好的沟通自我、生活与精神进阶的养料，"德育过程是人的情感交往过程"③，我们需要引导教师关注教育生活中行为的情感交往效应，了解并逐渐熟知情感交往形式、方式与机制，辨析其中的育人价值；寻找指向育人性凸显的情感交作训练方法，从中探寻自我，建立起自我、生活与精神世界的关联。

一、 常见的教师情感交往形式与机制

人的情感交往常常因交往时的角色设定而依据某种核心伦理或习俗规范。"如法官追求公正，商家以诚信为本，教育工作的核心伦理应该是教育的爱，而好教师的第一品质当然也就是师爱。"④ 可是，任何一个人的成长一定伴随着多种角色要求的相互建构，不一定会在具体的交往情境中依据固定的伦理与习俗规范，但会对是非善恶具有稳定的判断标准以及某一类"价值追求导向下的情感定势"⑤。情感定势是一个人处在某种类型的交往中对主体情感体验与价值追求以及交往关系的情感状态的原初而稳定的感觉或判断。人的情感定势贯穿于生活交往的各个活动领域，要比交往所处情境中的伦理依据在更大程度上影响着主体间的交往过程与教育质量。一般而言，基

① 周国平. 什么是幸福？[J]. 全国新书目，2012（3）：15.
② 周国平. 觉醒的力量 [M]. 桂林：广西师范大学出版社，2015：14-16.
③ 朱小蔓. 论德育过程是人的情感交往过程 [J]. 上海教育科研，1994（8）：37-38，50.
④ 北京师范大学哲学与社会学学院. 我的北师大年华·先生之风——贺允清教授的师爱故事 [M]. 北京：北京师范大学出版社，2013：52.
⑤ 朱小蔓. 论德育过程是人的情感交往过程 [J]. 上海教育科研，1994（8）：37-38，50.

于情感定势的教师个体的情感交往存在三种形式。

（一）基于关心的情感交往

"生命在于（去）感觉和（去）思考……自身感觉是对感觉与思考的感觉……自身感觉伴随着感觉与思考……对生命的自身感觉是愉悦的。"① 现实情况是，我们的感觉与思考杂乱地糅合进生活中，常常无从意识自身感觉，被某一个自我（某种感觉和思考建构起的自我）和生活左右而不自知。只有当我们分离出一个自我，将感觉与思考当作感知对象，我们便开始建构起可以支配生活的精神世界，这是走向一名真正强者的过程。教师与关心（对生命的自身感觉）本质上是一体的，"离开了"关心，无论从哪个角度理解"教师"，都会"沦落为"一堆符号和技术。同样，关心作为一种情感品质也在建构和促进教师的成长。当我们先不把关心当成一种较高层次的教师品质去深入认识和谈论时，一般意义的关心始于热爱与珍惜生命的自然情感，或者说，教师普遍的关心交往是自然的爱与怜惜的自然表达，很难作为一种品质（亚里士多德将品质理解为"自然感情的理智表达"②）去认识和提升。也即是，教师常常把关心的感觉投射到交往对象那里，并以获得某种情感品质而完成，呈现为作为情感品质的关心质态。语言是作为情感品质的关心最常见的一种形式，当教师能从语言的媒介中获得对善意的爱与施惠的愉悦，基本上，作为情感品质的关心就实现了。然而，当教师表达关心后所获得的是对善意的爱与施惠的愉悦的相反者，比如对冷漠的怨气或误解的失落，投射出的关心就要转变成包容、移情与同情才能支持教师的德性，而此时关心就有了作为一种品质的"影子"。在学校教育生活中，关心总被施惠者外的人看成一种德性去理解施惠者，教师因此成长在无形的"道德氛围"中。在这个氛围中，"时时刻刻处处"都有蕴藏其中的可关心的道德价值观，教师的关心及其关联的价值也就需要关心敏感性的催生，它是关心从作为一种自然情感品质向作为一种可以持续理智表达的情感品质发展的极佳的养料，然而敏感性并非天生，我们需要专注于教师关心敏感性的训练。

---

① 亚里士多德. 尼各马可伦理学［M］. 廖申白，译注. 北京：商务印书馆，2013：282.
② 亚里士多德. 尼各马可伦理学［M］. 廖申白，译注. 北京：商务印书馆，2013：238.

（二）基于嫉妒的情感交往

"嫉妒是对别人的快乐（幸福、富有、成功等）所感觉到的一种强烈而阴郁的不快。在人类心理中，也许没有比嫉妒更奇怪的感情了。一方面，它极其普遍，几乎是人所共有的一种本能。另一方面，它又似乎极不光彩，人人都要把它当作一桩不可告人的罪行隐藏起来。结果，它便转入潜意识之中，犹如一团暗火灼烫着嫉妒者的心，这种酷烈的折磨真可以使他发疯、犯罪乃至杀人。"① 嫉妒具有破坏性，当然不能算是一种教师德性，但是我们要透视它，帮助教师通过战胜嫉妒寻找精神理解与攀升的途径。嫉妒是被人隐藏起来的天性情感，过共同生活而阶层、地位相当的人与人之间最容易滋生嫉妒感。在产生快乐的事物中，有些是必要的，有些则是本身值得欲求，但我们在追求它们时可能过度②。精神意愿的匮乏者们更在意对自认为值得欲求的但不是必要的事物的欲求和占有，比如，财富、荣誉、名望、赞美。尤其在现代教育制度构建起的充斥着等级追逐的竞争环境中，大多数教师的内心在盯着、盘算着如何攀爬这个等级阶梯，不自觉地受其困扰而普遍成为精神意愿的匮乏者。常见的表现是欲求而得不到感到痛苦，欲求而得不到但熟知的人得到了则更加痛苦。嫉妒者的痛苦既可以转化为对被嫉妒者的怨恨和对规则的愤怒，也可以转化为心有不甘的状态下欲求的持续动力直至过度，而怨恨、愤怒与不甘心持续加固着竞争环境中的嫉妒质地，在其中，每个精神意愿的匮乏者都在内心"肆无忌惮瞪视嫉妒的目标"③，只是感受着痛苦与不安或是寻找着占有欲求物或转嫁痛苦的机会。精神性的追逐者本身鄙夷上述分析，但教师不能自制的嫉妒不但普遍存在关键还对教育有害，它阻碍精神创造的通道或是遮蔽精神创造本身。亚里士多德将跟肉体联系的营养当作必要的快乐。教师从精神探寻中汲取营养产生快乐，建构一个可以自制而强大的精神世界本身也是在节制嫉妒、消灭嫉妒。当我们用从精神探索中获得的养料节制嫉妒时，难免还会有对嫉妒目标的惴惴不安或不释怀，但毕竟它比过度的嫉妒的破坏力小了很多，直到我们的精

---

① 周国平. 爱与孤独·论嫉妒 [M]. 北京：人民文学出版社，2016：314-315.
② 亚里士多德. 尼各马可伦理学 [M]. 廖申白，译注. 北京：商务印书馆，2013：201.
③ 周国平. 爱与孤独·论嫉妒 [M]. 北京：人民文学出版社，2016：315.

神养料强大到可以支撑我们俯视一切时，那时嫉妒也就"转过脸去不看它的目标"①。因此，节制嫉妒本身就是一个指向心灵成长的教育过程，我们称赞能节制嫉妒的教师，当教师意识到任何时候没必要嫉妒时，他的教育就成功了一半。

（三）基于理智的情感交往

虽然有很多学者认为理智适不适合放在情感的范畴中理解尚需讨论，但那是对做成一个人的形而上基础探讨，人的理智与情感本性是具体的，是相互作用与相互支配的，我们需在具体的实践情境中观察人的理智与情感相互作用的状态。理智并不有益于人产生与肉体相关的必要的快乐，但人恰恰是因为在意自己的感受（趋向快乐，避免痛苦或趋向利益，避免伤害）才愈加理智的。根据亚里士多德的理解，理智德性对应灵魂中逻各斯部分中的两个部分："一个部分思考其始因不变的那些事物，另一个部分思考可变的事物……这两个部分，一个可以称为知识的部分，另一个可以称为推理的部分。"②理智涉及关于知识和关于推理的两种能力，两种能力"最好的状态就是它们各自的德性"③。教师是社会群体中理智程度较高的一类，教师工作本身既在展现理智的过程也在运用理智的方式。在交往过程中，无论趋乐避痛还是趋利避害，大多数教师会依据稳定的情理结构思考与表达，而较少表现出对欲求的放纵。就目前的观察，大多数教师稳定的情理结构的构成来源于对权威或公正的选择，或者说，大多数教师的交往形式更普遍地表现为基于理智的情感交往，而教师理智的依据是对权威④或公正的依赖和欲求，因为它们与趋乐避痛和趋利避害相互有益。权威是共同体或群体中的舆论、习俗、制度、规则定义的理智高地，表现为主体间的思维共识与情感认同，人们往往依附并追逐权威才能获得在共同体内生活和不被共同体隔离的安全感。而安全感是一切情感品质得以发展的基础。教师的学校教育生活充斥着基于权威

---

① 周国平. 爱与孤独·论嫉妒 [M]. 北京：人民文学出版社，2016：315.
② 亚里士多德. 尼各马可伦理学 [M]. 廖申白，译注. 北京：商务印书馆，2013：166-167.
③ 亚里士多德. 尼各马可伦理学 [M]. 廖申白，译注. 北京：商务印书馆，2013：167.
④ 我们可以把教师依据权威的情感交往定义为一种"实践理智活动"，按照亚里士多德的理解，"实践的理智把握的是相对于目的或经过考虑的欲求的真。它仍然是真"。（《尼各马可伦理学》第168页）教师习惯性地基于权威的考虑与推理当然可看作是一种理智活动，这种理智活动有教师自己所理解和欲求的真。

的"实践理智活动"，更在意去把握本然的真的"沉思的理智"① 却处在退隐和失落的状态，即使在课堂教学中，教师往往依赖教材中、同侪交往中认定的知识权威进行教学，知识的不确定性和生成性，产生知识的过程常常被忽视。教师间、师生间、家校间等不同类型的主体之间按照各自角色被赋予的交往原则和套路交往，界限明显，他们相互之间客客气气，内心复杂盘算，主体间所具有的顶多"是善意而不是友爱"②。

现实情况是，虽然绝大多数教师并不会对公正产生清晰、深刻和总体的理解③，但在学校教育生活的所有现象中，更大比例上，教师们在实践着或展现着公正的某个方面。公正涉及的不仅是个体的德性品质，还是人与人以及人与共同体关系的德性。从总体上进行一般性的理解，"公正的也就是守法的和平等的；不公正的也就是违法的和不平等的"④。亚里士多德将守法的公正理解为"一个人对于另一个人的关系上的总体德性"⑤。笔者从教师所能意识到和感知到的法律、制度以及专业素养对教师之为教师的要求理解其中的"法"，发现教师感知和理解的"法"是其学校教育生活行为和维持学习共同体幸福的总体依据，因为他能感知和认同"法"的权威和公正使人幸福的效应，所以他无声地守护"法"、践行"法"。比如，"'法'要求教师做出勇敢的行为，如不擅离职守、不放弃责任，做出节制者的行为，如不纵欲、不羞辱他人，以及做出温和人的行为，如不殴打、不谩骂"⑥。教师在生活中通过专门的学习或经验习得了对"守法与违法、平等与不平等"的基本判断和理解，并能在具体的实践中愿意尽最大可能地"做公正的事和做事公正"⑦。或者说，公正的"法"基本从总体上告知了教师要怎样做才是正确和善的，教师也在积极而理智地遵守它以保证自己行为的正确和善。学校教育生活的"立法者"制定了维持生活公正与幸福的一般性

---

① 亚里士多德. 尼各马可伦理学［M］. 廖申白，译注. 北京：商务印书馆，2017：180-184.
② 亚里士多德. 尼各马可伦理学［M］. 廖申白，译注. 北京：商务印书馆，2013：237.
③ 这倒是可以理解的，因为教师的常识性角色本身并不倾向于做一位周全和细致的哲学家或用哲学概念在生活中参与哲学思考的人。
④ 亚里士多德. 尼各马可伦理学［M］. 廖申白，译注. 北京：商务印书馆，2017：141.
⑤ 亚里士多德. 尼各马可伦理学［M］. 廖申白，译注. 北京：商务印书馆，2017：142-143.
⑥ 亚里士多德. 尼各马可伦理学［M］. 廖申白，译注. 北京：商务印书馆，2017：142. 原文根据城邦人的生活特点进行阐述，本文根据教师的职业生活特点稍加修改.
⑦ 亚里士多德. 尼各马可伦理学［M］. 廖申白，译注. 北京：商务印书馆，2017：139.

语言，而对公正做一般性陈述的"法律"永远无法超越具体生活的不确定，"法律制定一条规则，就会有一种例外……公道的性质就是这样，它是对法律由于其一般性而带来的缺陷的纠正"①。教师确是公正的具体实践者，现实中的普遍问题是，教师们习得了总体的公正，却忽视了公正的另一种品质：公道。公道与公正并无内在矛盾，比如，教师可以因学生犯错而依据校规惩罚学生（这是公正的实现），但也要了解、求证学生犯错的具体原因与动机去反思惩罚的合理性，并陪伴、鼓励学生、与学生一道从事件中成长（这是公道的实现）。即教师基于公道的交往就是要以交往对象的发展性作为唯一立场②通过情感教育的方式弥补公正的冰冷和缺陷，既超越了公正"阐述的一般性带来的错误"③，也是公正的具体阐明。然而，教师应当如何基于公道从事实践理智活动就是我们在情感文明素质训练部分要阐述的内容了。

二、 关心伦理与学会关心——教师情感文明素质训练的视野

上述三种情感交往形式是常见的教师情感生活现象，一定存在于每个教师个体的学校教育生活视域中，有时单独一种形式出现，有时叠加出现。我们倡导教师源于爱的情感交往，需要着重探索教师交往文明视域下基于关心和公道的情感交往训练。那么，我们首先要借助内尔·诺丁斯关于关心伦理的阐述，思考如何将现实中常见的基于关心和公正（公道）的情感交往形式整合并发展为一种致力于产生关心关系的、新型的基于关心的教师情感交往形式，这种关心关系当然是指向整全的人的成长的，我们还要思考教师在日常生活中需要怎样训练才能自觉、有效地建构起这种新型的基于关心的情感交往关系。

---

① 亚里士多德. 尼各马可伦理学［M］. 廖申白，译注. 北京：商务印书馆，2017：175-176.
② 我们常常会听到不同的教师、教育者、教育研究者基于不同的立场阐述教育理念，表现为所有学科和专业的理论都可成为教育理念的来源。人们又纷纷依循所依赖的那个学科和专业轨迹丰富和发展教育理念，使得教育理念给人的感觉就是方法的阐述、理论的构建、系统的解释、观点的纷争、立场的割据，就是难觅对人的分析和对人的感受。当然，不同的教育理念制造者可以提出太多种理由支持其理念被纳入教育学研究范畴的合理性和合法性，清醒的研究者也决不去争论和批判。可是，能否想象，当所有研究教育、阐述教育理念的研究者和实践者能把"教师交往对象的发展性"作为唯一的立场而开展工作时，无论教师的工作实践、精神世界还是在整个教育实践领域中笼罩的理念世界会不会清爽、清晰了许多？而教师的教育和对教师的教育的本性不就是如此般大道至简、大音希声、大象无形吗？
③ 亚里士多德. 尼各马可伦理学［M］. 廖申白，译注. 北京：商务印书馆，2017：176.

（一）关心伦理

诺丁斯在更广博和深刻的视野下理解关心与关心关系，就教育关系所需要的回应性和双向建构性而言，我们需要重构以往对单向度的关心的理解①。"关心既是人对其他生命所表现的同情态度，也是人在做任何事情时的严肃考虑。关心是最深刻的渴望，关心是一瞬间的怜悯，关心是人世间所有的担心、忧患和苦痛。"② 然而，关心并不是一般意义上类似"我很关心你"这种关切情感的话语言说，也不是关心者单向度的、片段性的同情、思虑、渴望、怜悯、担忧、苦痛情感的投射，类似的状态是关心者对于关心的自身感觉，没有回应并被多重价值体验反复磨炼的关心注定只是冰冷的感觉和机械的关心经验③。我们倡导有持续性、深刻、惬意情感体验的关心关系形成和发展④。在对道德行为的考察过程中，道德推理学派的基本假设是人犯错是因为人无知，重视推理过程，强调道德知识是道德行为的充分条件⑤。但是，即使人们知道或许也会犯错（环境对人的价值判断、选择以及行为的产生有很大的感召力与影响力），道德推理过程中的认知阐述与道德行为并不产生绝对的推倒关系。我们认同道德知识是道德行为的充分条件，但是需要从具体的行为过程中认识和理解道德知识的获得，它是一个要观察与考虑具体环境影响下的道德认知与道德感受，内隐的态度与行为动机、欲望相互影响、相互作用的过程。为此，健全的关心伦理生活的本源（或关心关系的样态），注重对积极、惬意的交往环境的建构，鼓励和引导本真自我的展现，更主要鼓励弱点与缺陷的展现、冲突的凸显、错误的发生（真实的自我真诚地展露，避免猜忌和误解，它们是交往双边相互了解进而彼此信任和尊重的基础与养料），既要适度自爱，也要专注于他者的情感状态；接受并同情缺陷与苦痛；对待冲突谦和而又认真，包容错误，从对错误的分析中确证良好的自我与他人，携手积极迈向更好

① 王坤. 迈向教师情感文明［N］. 中国教育报，2018-03-15（010）.
② 诺丁斯. 学会关心：教育的另一种模式［M］. 于天龙，译. 2 版. 北京：教育科学出版社，2013：30.
③ 王坤. 迈向教师情感文明［N］. 中国教育报，2018-03-15（010）.
④ 王坤. 迈向教师情感文明［N］. 中国教育报，2018-03-15（010）.
⑤ 诺丁斯. 学会关心：教育的另一种模式［M］. 于天龙，译. 2 版. 北京：教育科学出版社，2013：36.

的状态；在相互支持与陪伴中，相互教育与学习，共同成长①。在这样的价值取向下，关心是一个持续性的情感交往过程，而且这个过程致力于育情、育德与育人的整全性教育意义。关心关系需要关心者持续专注于被关心者的情感需要和状态，具有积极、善良的关心动机和欲望，被关心者能够接受关心并予以反馈，关心者能够感知到并能确认被关心者的反馈，个体与环境关心品质的持续性影响和作用使得交往双边可以交互成为关心者和被关心者②。因此，我们借助诺丁斯关于关心伦理的思考而倡导的教师情感交往过程并不依赖甚至拒绝一般性、普遍性的原则。所谓普遍性是指如果任何一件事被证明是符合道德的，那么任何别人面对相似的情境时（都应不顾具体的环境和情境）都有义务做同样的事情③。推理与认知产生的普遍性对具体人的实践的义务性要求显然是有违道德自身的，而与之相对应，专注于情感交往过程中关系双边的情感体验状态和心灵成长就十分考验教师的关心品质④了，因此教师需要学会关心。

（二）学会关心

1. 认识建构关心关系的机制

根据上文的阐述，我们将关心理解为教师的总体德性。教师建构关心关系为了培育有良知的整全人，过美好的道德生活。关心关系的建构依赖于内在情感机制和外在交往活动机制的共同作用。关心关系的建构很大程度上不是由脑子里的推理主导的，而是在实践中一边行动、一边感受和反思，反复磨砺出来的。无论面对何种类型的交往对象，教师一旦开始尝试建立关心关系，作为关心者的榜样作用很重要。榜样作用一方面体现为关心的示范，另一方面致力于对情感交往的调适。关心的示范是指将关心行为本身当成教育资源，"我们无须告诫学生去关心，我们只需与学生建立一种关

---

① 健全的关心关系一定有益于人的认知活动发展和认知能力提升。这是一个基本假设，而本研究的该部分并不侧重去验证这个假设而是阐述如何建构健全的关心关系。
② 诺丁斯. 学会关心：教育的另一种模式［M］. 于天龙，译. 2版. 北京：教育科学出版社，2013：32.
③ 诺丁斯. 学会关心：教育的另一种模式［M］. 于天龙，译. 2版. 北京：教育科学出版社，2013：36.
④ 此处的"品质"依循亚里士多德对"品质是自然情感的理智表达"的定义，与诺丁斯将关心当作是一种能力的意涵是一致的。

心的关系，从而来演示如何关心"①。关心者有意识的持续性的关心行为在一定程度上会使关心对象主动变成被关心者，"模仿"关心行为，尝试做关心者。但仅仅看到关心行为的示范作用是不够的，"关心"也只是在关心双边的意识表层爬行。我们更要注意关心行为联结的关心双边的情感体验及其教育性作用。这需要关心者对关心过程尤其关心过程中情感交往过程的重视和理解。

诺丁斯重视对话在关心过程中的作用。当然，我们也把对话当作关心的充分条件，健全的关心关系甚至主要通过对话建构起来，或者说，关心过程就是心灵对话的过程。关心者有意识的情感关注融合对话就把机械的对话从关心的行为拉向关心行为。因此，我们理解的对话并不仅是机械的话语输出与输入，而是裹挟着情感教育意涵的，"是双方共同追求理解、同情和欣赏的过程"②。即使在包括天然的不平等的任何关系中，比如家长与子女的关系、师生关系等，对话的原则应当是平等的（恰恰是有意识的平等的对话能补给和调适天然不平等关系中被关心者的不安、困惑、担忧或恐惧）、开放的、张弛有度的，人的思维与情感在对话的引导下可以迈向多种可能的方向和深度。"关心他人既需要知识和技巧，也需要一定的个体态度等非智力因素。"③ 对话一定由具有不同知识和技巧表征的内容所裹挟，但惬意、舒适、稍稍紧张的对话氛围确是对话不断走向深刻的关键。"什么叫惬意？很满足，自由自在，不太在乎，也不畏惧，大胆真实，不伪饰，这样，慢慢可能就培养出独立感，培养出批判性思维。"④ 在对话过程中，关心者需要观察、了解和确认被关心者的情感需要和状态，对关心者能够施以关心和被关心者能够确认和反馈关心都是关键的情感因素。有意识的关心者不能因不自信、自卑等不安全的情感因素而放弃关心，应当大胆地、大方地施以适恰的关心，然而，关心产生安全感效应却并不容易，需要关心者进一步地敞开心怀，在惬意的氛围、坚信人性善意基础上反复对话。"按照情绪学理论研究

① 诺丁斯. 学会关心：教育的另一种模式［M］. 于天龙，译. 2 版. 北京：教育科学出版社，2013：37.
② 诺丁斯. 学会关心：教育的另一种模式［M］. 于天龙，译. 2 版. 北京：教育科学出版社，2013：38.
③ 诺丁斯. 学会关心：教育的另一种模式［M］. 于天龙，译. 2 版. 北京：教育科学出版社，2013：38.
④ 朱小蔓. 班集体教育漫谈：情感关怀的视角［J］. 班主任，2017（3）：5-8.

中情感产生及其相互转化的规律，恐惧、害怕容易转化为攻击、仇恨，而安全、信任容易转化为同情与爱。"① 安全感的获得是关心者获得被关心者的信任和依恋的基础，关心关系得以建立需要被关心者进一步获得对关心的共通感，具体讲，就是关于信任和依恋的共通感，而这种积极的情感状态又很容易投射进交往关系本身之外的认知过程和内容发挥出积极的移情效用，认知、信息和知识因此也就具备了善良和美的外壳与内容。与安全感的获得进路一致，被关心者的关心共通感的获得既来源于关心者与被关心者直接的情感交往，也来源于关心氛围的作用。"在直接的情感交往中，共通感是通过表情、体态、声调上的情感传递、情感感染、移情以及模仿、强化、从众等心理机制产生的。"② 伴随着对话的深入，全面的、立体的交往双方渐渐呈现。关心者对被关心者缺点的慷慨接受与包容、苦痛的怜惜、缺陷的尊重和整个生活状态的谦和是被关心者交往价值感受与选择的关键时机，也是交往中信任品质本身的展现并有益于持续性的信任和依恋关系的发展。对于个体来说，关心的共通感效应是个体获得一种天下人同此心、心同此理的心理上的满足，并由此带来关系适应感、顺逆感以及与人分享精神果实的愉悦感③。个体间信任与依恋的共通感"通过相互沟通、传递、蔓延、助长，引起一定的或大或小的（共同体）氛围内情感的流向，实际上成为无声的（关心）导向，是共同体形成一定秩序和凝聚力的保障"④。

关心得以深入，关心关系得以持续，依赖于关心者与被关心者崇敬感和自我价值感的获得。"崇敬感是一种对高尚、美好、难能可贵的人和事物，品性的尊敬、仰慕、向往之情。它主要包含爱与敬的感情，同时，也可能会有惧怕的感情。"⑤ 关心本身是高尚而且高贵的情感品质，关心关系的持续需要无论关心者还是被关心者都能养成对关心的崇敬感，这种崇敬感的养成来源于对关心美的尊敬、仰慕与向往，沉浸其中，受到关心的同时希望能通过自身的努力报偿这种美；也来源于对关心的高贵的信仰式的畏惧，无论关心者还是被关心者都能从关心的联结关系中觉受、觉查不可言说的神秘经验，反复产生的神秘经验建构着关心双方对关心本身的敬畏。然而，关心的

① 朱小蔓. 论德育过程是人的情感交往的过程 [J]. 上海教育科研, 1994（8）：37-38, 50.
② 朱小蔓. 论德育过程是人的情感交往的过程 [J]. 上海教育科研, 1994（8）：37-38, 50.
③ 朱小蔓. 论德育过程是人的情感交往的过程 [J]. 上海教育科研, 1994（8）：37-38, 50.
④ 朱小蔓. 论德育过程是人的情感交往的过程 [J]. 上海教育科研, 1994（8）：37-38, 50.
⑤ 朱小蔓. 论德育过程是人的情感交往的过程 [J]. 上海教育科研, 1994（8）：37-38, 50.

美是一种很难直接获得的超验感受，可以从比较容易捕捉到的美的体验、认知与感悟中练习。比如："德育过程必须自觉地、有计划地将美好的东西呈现于人，将高雅文化、高尚文化作为与世俗文化有一定距离的文化刺激，给人一种文化选择的压力和威慑力。"[①] 然而，在现实交往过程中，尤其在当下移动互联网、自媒体迅猛发展的信息时代，长时跨度和巨大空间范围内的任何事件都可被从多种角度解读，迅速传播到世界各个角落。鲜有对美的感知与理解经验的教师群体，常常会习惯性地对任何事件的丑恶价值一面进行理解、解读、传播，或是在日常生活中习惯性地只关注丑恶事件、"充斥负能量"的事件，长此以往，不但这类教师自身被丑与恶的体验灌注着，生命内质中缺乏美的基质，他们的周遭环境也会因为其散发的丑与恶的趣味（这种丑与恶或许并不是其自身品质的丑与恶，而是源于其对丑与恶的趣味）而缺乏生命欢乐，取而代之的是沉闷、压抑、枯竭。因此，关心关系的持续性发展和关心氛围的建立需要关心者培养追逐美的趣味，用写诗、画画、阅读、写作、艺术欣赏等审美的方式尽可能地去代替对丑与恶的关注，沉浸于美的陶冶与训练中，长时的审美体验效应自然会迁移到对关心本身美的价值的赞赏、珍惜与崇敬上，也必然会产生推动关心能够持续地对任何人的不同侧度的怜惜与怜悯情感。

关心关系中的自我价值感"指向自身，它是人在关心交往中成功扮演关心角色的满意感，自我克制、自我战胜的自豪感，或是人的反求诸己、问心无愧的心理体验"[②]。自我价值感的获得可以先从外部强化开始。交往过程中，关心者通过细致的观察、深入的对话确认被关心者的不同维度的优点，将这些优点时常提出、反复磨砺，鼓励优点不断地迁移、扩展并发挥作用，以使被关心者不断产生成就感、愉悦感和与关心者不断深入交往的动力。同时，在对关心的学习及其本身价值的体味方面，关心者应当鼓励被关心者参与到关心服务活动中，自主做一位关心者。教是很有意义的学习过程。让被关心者从关心关系中学会关心体味关心的价值，最好的方法是为其创造实践平台，使其全身心地成为一名关心者。学会关心需要在一系列的关心实践任务中自己教会自己如何关心，"我们并不是只想通过社区服务来培养孩子们一些简单

---

① 朱小蔓. 论德育过程是人的情感交往的过程 [J]. 上海教育科研，1994 (8)：37-38，50.
② 朱小蔓. 论德育过程是人的情感交往的过程 [J]. 上海教育科研，1994 (8)：37-38，50.

的服务技巧，我们的目的是要培养他们关心他人的态度。因此，服务活动必须从培养关心的角度来安排"①。被关心者在关心服务的实践活动中，自我的优点在现实情境中进一步得以澄清、展现、发挥效应，并在延展的过程中得到进一步发展，同时，其关心的知识与技巧在实践中被关心者自我得以确证与内化，获得关心的成就感、基于关心双方的友谊感，关心的道德崇高感"被归因为自己主观上的努力、意志与性格，为自己对道德价值的主动选择而表现出高贵与尊严时，这一道德尊严感是人自觉追求道德最深厚、最强大的内部动力，是一种能够对人持续产生作用的人格力量"②。

　　同时，自我价值感的获得与强化也是关心者宽容与体谅被关心者的粗俗的行为动机，从中确认良好的自我，寻找更好的自我改变的过程。每个人的历史中都居住了一个在他者价值视域中不良的自我，敏锐的关心者一定能从与被关心者的交往过程中发现和确认一些被关心者粗俗的或不能被赞赏的行为动机，但是，在如此心境之中，关心者又该怎样关心呢？"或许这样开始，'我知道你想帮助你的朋友……'或者'我知道你试图达到这样一个目的……'……（被关心者听到后心里会说）这是一个敏锐并愿意理解人的人。他能看透我行为的渺小与卑微，并且一直看到我的内在本质，而我的本质是好的。"③ 有良知的关心者一定可以接受并尊重具有历史复杂性共性特征的被关心者，并从多个口径进入去理解与体谅一个曾经在某个方面"不良的"被关心者，被关心者也从反向的自我理解力量中将自我置于更大的视野下确认和强化自我价值，这样的自我价值感获得路径与嵌入其中的价值体验要比在正向力量中的自我价值感获得更具有内在突破力，能够展现令人难以想象的人性潜能的冲击力。因此，关心的价值弥散于关心的实践过程中，展现于对人性真实的揭示中（对个体而言，人性的真实展现比功成名就更具价值意味），而不是依照普遍的道德原则深陷于对人的错误

① 诺丁斯. 学会关心：教育的另一种模式 [M]. 于天龙，译. 2 版. 北京：教育科学出版社，2013：39.
② 朱小蔓. 论德育过程是人的情感交往的过程 [J]. 上海教育科研，1994（8）：37-38，50.
③ 诺丁斯. 学会关心：教育的另一种模式 [M]. 于天龙，译. 2 版. 北京：教育科学出版社，2013：40.

与缺陷的推理①和谴责中（我并非在说道德教育永远都不要谴责与忏悔②）。这样说来，关心关系最崇高的价值意义就在于关心者的关心道德行为勾连起与蔓延开的关心者与被关心者道德崇敬感与自我价值感的获得，是从外部活动强化走向内部自我强化的过程③，积存起来的道德情感又将伴随关心者与被关心者的生活投射、迁移、深入进生活的各个侧面和各方面内容，使生活能够自然凸显应该凸显的不同的道德品质。

2. 关心敏感性和专注力的训练

教师关心始于对周遭事物以及跨越时空能感知到的事物品质的好与坏、真与假、善与恶、美与丑的敏感，也始于对一切形式的快乐和苦痛、愉悦与恐惧的关注和怜悯④。属于建基教师全部专业素养底色的关心敏感性的范畴。同样，关心关系的建构需要关心专注力的训练，冥想、自我情感史研究是值得推崇的灵修训练方式。"恰如其分的敏感性与专注力相互补充、支持，有益于教师细致地品读个人成长的历史，品析成长过程中的教育事件，从中发掘个人情感定势与情感品质的变化、关联与发展历程"⑤，并将这种在自我生命成长历程中具有情感性学习意义的觉悟投射进广阔的学校教育生活，在生活中接续自我生命成长，而且身心整全地介入灵修关联的灵性世界，教师长期训练有助于过一种自主的、连续的而非拼凑的、断续的、被动的精神生活，自然展开的丰盈的精神生活本身又会对围聚在一起的一个个心灵生发出灵动的教育意义。

我们应当从对敏感性和专注力这一对概念的理解中认识关心的产生与关心关系的实现。关心既是教师道德也是德育的具体展现，关心敏感性本性属于道德敏感性，是道德敏感性的具体化。也即是，人的道德成长关涉的范畴与问题、方法与过程、形式与品质，事实上都是教师的关心品质所要关涉并渗透其中的。为此，我们可以将关心

---

① 道德推理易走向道德的功利性，功利本性追求利益的回报原则及其对情感的质朴与善意的天然品性的破坏性不宜于文明建设。道德推理的功利性表现为为了获得遵从孝顺、忠诚等道德原则之后的报偿，名誉、声望、物质才去做道德的事，道德行为不是出于对情感关联之美和善的向往、依恋以及对这种美的报偿。

② 诺丁斯. 学会关心：教育的另一种模式［M］. 于天龙，译. 2版. 北京：教育科学出版社，2013：41.

③ 朱小蔓. 论德育过程是人的情感交往的过程［J］. 上海教育科研，1994（8）：37-38，50.

④ 王坤. 迈向教师情感文明［N］. 中国教育报，2018-03-15（010）.

⑤ 王坤. 迈向教师情感文明［N］. 中国教育报，2018-03-15（010）.

敏感性理解为"教师应该发展其觉察意识，即去感知那些在什么时候道德价值观蕴含其中的时刻，以及意义是如何被给予的。这意味着去看学生将他们自己置身何处；他们对其体验和其周围的世界以及那些包含于其中的价值观如何处理，教师赋予其意义"①。从中可见，"觉察—解释—反应"是关心敏感性在人的意识世界中的活动机制，这种活动机制的训练需要对某件事物长时期的集中意志式的专注，而对某一事物的敏感训练恰恰也在助长人们对该事物跨时空的专注能力。"冥想是一种借助冥思、观察、想象、节律、语言等个体思维与感受方式的运用以凸显人的意识活动、感受人的意识活动、认识人的意识活动的过程，也是一种可以帮助教师从感官敏感与专注向精神敏感与专注升华，整合世界的动与静，依托投射与移情统整自我与世界的训练方式。"② 我们对冥想训练的阐述也依循这样一种从感官向精神攀升的脉络。

（1）冥想训练介绍

米勒在《如何成为全人教师》一书中介绍了多种教师可以从事的冥想训练方法，读下来觉得对教师的关心敏感与专注训练颇为有益，在此选择几种具有代表性的方法做一介绍。

计数呼吸。"计数呼吸是一种集中注意力的冥想方式。此种方式的重点在于计数呼气，且注意力是集中在数这个动作上。在数的过程中，若有其他想法浮现脑海，要慢慢地让它从脑海中消失并回到计数这件事情上。"③

呼吸冥想。"此种冥想的重点在于呼吸而不是计数。当你呼吸冥想时，注意力若不是集中在腹腔的收缩状态，就是在鼻腔的呼吸情形，这两者你必须二选一，过程中绝不要一下子将注意力摆在腹腔，一下子又转移到鼻腔。若你的注意力在腹腔，可以在吸气时轻轻地说'吸'，在呼气时轻轻地说'吐'（编者注：注意力在鼻腔时同样如此）。请注意，此时你的注意力是在呼吸本身，而非口中轻轻吐出的声音，这些声音只是用来帮助你将注意力集中在呼吸这件事情上。"④

顿悟。"这是一种比较复杂的冥想，虽然一开始也是专注于呼吸，但接下来必须

---

① 何蓉，朱小蔓. 论教师道德敏感性与学校德育改善［J］. 教育科学，2014（2）：48-52.
② 王坤，朱小蔓. 情感文明：教师育人素养的关键价值尺度［J］. 中国教育学刊，2019（5）：75-79.
③ 米勒. 如何成为全人教师［M］. 李昱平，张淑美，译. 台北：心理出版社股份有限公司，2008：58-59.
④ 米勒. 如何成为全人教师［M］. 李昱平，张淑美，译. 台北：心理出版社股份有限公司，2008：59.

要将注意力向外扩展到能觉察身体上的感觉、情感、声音与想法。例如，如果过程中你的手臂痒了，此时你的注意力就要转移到这个部位；如果过程中出现对孩子正面或负面的想法时，就把注意力转移到这里。"① 同样，我们可以依此方式抓住、检视在冥想中略过的想法、声音或情感。

如果计数呼吸、呼吸冥想和顿悟是基于感官注意的冥想方式，米勒介绍的真言、律动、沉思、视觉冥想等方式则是借由感官进入深层意识现象与景致的方式。比如："真言并不是一个神秘的东西，它是一个帮助你进入冥想世界的正向心念。选择一个适合自己的真言，固定下来。一开始最好睁开眼睛并且大声地念出真言，直到你开始对这个声音与音律开始有感受时，再改为闭上眼睛轻轻念出口。"② 当你经过长时间的训练念出一个适合你的真言时，比如一句佛经，渐渐的，有声的感官声音会内化为心灵世界中无声的声音，在你的生活中时常出现。而且这个声音不仅会成为你观察、感知与认识世界过程中集中心灵力量的平台，也将会成为你生活中价值信仰的依据。律动冥想则是投射并感受生活世界中一切运动形式的脉搏与韵律，比如，慢跑时将注意力集中在跑步节奏当中；专注并感受一个人步行的节奏与韵律等。沉思冥想类似亚里士多德所说的沉思理智活动，是指一个人在舒适的环境与状态下，放空自己，专注于对思考对象的思考。视觉冥想是指一个人注视一个物体，比如注视蜡烛，"当进入冥想状态时，不要试图想看到物品，而是让它变成一种视觉印象"③，而且始终将注意力集中在虚幻的视觉印象中。笔者也常常练习视觉冥想，进入状态后常常会在肉眼和心灵融合能见的世界中感知和看到许多奇妙的视像，这是意识集中和想象力迸发的时刻。当然，为了防止用眼疲劳，米勒也提醒到，刚开始练习视觉冥想时以五分钟的时间为宜，随着用眼的习惯程度提高，每次练习最多二十分钟，并根据眼睛的舒适程度适当调整练习时间④。

（2）有意义的冥想训练功效：将意识活动可观，适度提升敏感性与专注力

冥想是一种几乎不会额外花费任何经济成本的身体与心灵融合、动与静结合、人

① 米勒. 如何成为全人教师 [M]. 李昱平，张淑美，译. 台北：心理出版社股份有限公司，2008：59.
② 米勒. 如何成为全人教师 [M]. 李昱平，张淑美，译. 台北：心理出版社股份有限公司，2008：60-61.
③ 米勒. 如何成为全人教师 [M]. 李昱平，张淑美，译. 台北：心理出版社股份有限公司，2008：63.
④ 米勒. 如何成为全人教师 [M]. 李昱平，张淑美，译. 台北：心理出版社股份有限公司，2008：63.

体内外结合的心灵运动。初次训练时，教师需要寻找"能够使自己静下心来冥想的环境，以及舒服的冥想姿势，并选择一个适合自己的冥想方式"①。笔者建议，初次训练的教师可以从基于感官注意的计数呼吸冥想练起，当然并不能教条化，方式的选择完全依赖于教师个体的心境接受程度和身心状况的倾向性，也可依据自己的理解自创最适合的冥想方式。其实，"冥想就像是一艘漂流在河流上没有桨的船——因为你不需要桨——你并没有目的地"②。冥想是人类在当下唯一能直面和感受生命世界的真实性与复杂性的通道。于冥想练习的目标而言，训练方式并不是最重要的，而是要通过适合自己的方式在时下进入能割断凡俗世界中的欲望与愁苦，寻找到真我，通达无限想象、无限关联、善与美的灵性世界。在训练强度方面，教师可根据自己的身体适应情况坚持每天练习，在保护好身体各部分器官的前提下，不断寻找自我的冥想极限，并尝试突破极限。

有许多研究证明，长时间有效的冥想促使大脑中进行信息获得、收集与加工、情绪管理、思维、自我识别、时空认知、警觉的各部分组织处于休眠状态，比如，"负责推理、思考、计划、情绪和自我意识觉知的额叶；负责无用信息过滤，从而提高注意力的丘脑；负责接受进入的刺激信息，确保大脑处于警觉状态的网状结构"③ 等，各部分因为冥想而减少使用频率后，一旦接收到刺激开始工作就表现出了较高的工作能量与工作质量。具体表现为，冥想是个体的专注、思考与感受整合一体的心灵状态，以专注力训练为基础的长时段冥想，必然有助于人在日常生活与学习过程中专注能力的提升以及习惯性沉思的养成。也有研究发现，"专注于冥想的人在受到焦虑、分心等干扰时，能够更快速地调整自己的脑波，提升效能，并声称这种快速调整分心干扰的能力，解释了冥想者卓越的快速记忆能力以及认知整合能力"④。冥想与大脑海马体和额叶区域的灰质数量增多有关，而更多的灰质会带来更多的积极情绪，更持

---

① 米勒. 如何成为全人教师 [M]. 李昱平，张淑美，译. 台北：心理出版社股份有限公司，2008：52.
② 米勒. 如何成为全人教师 [M]. 李昱平，张淑美，译. 台北：心理出版社股份有限公司，2008：61.
③ 夫莽. 冥想是如何改造大脑构造的 [EB/OL]. (2017-09-09) [2017-10-10]. http://www.shidi.org/sf＿BEECB707A9924347B6E8680D88C26575＿277＿5AC0373143.html.
④ 夫莽. 冥想是如何改造大脑构造的 [EB/OL]. (2017-09-09) [2017-10-10]. http://www.shidi.org/sf＿BEECB707A9924347B6E8680D88C26575＿277＿5AC0373143.html.

久的情绪稳定状态，以及更高的专注力①。除此之外，冥想引起的大脑生理结构和工作机能的改观提升了人们对外界刺激的耐受力、面对苦痛的感受力与同情能力等一些具体的情感能力指标。同时，由冥想引起的个体专注力、意志力、认知能力与情感能力的综合性改善在具体的学习与工作生活过程中展现为自主创新与创造能力的凸显。当然，冥想并不是绝对有益的心灵运动，由冥想而产生的个体耐受力、敏感性与专注力的提升如若超过了个体与自我、与环境和谐相处的无限边界，或冥想的关注对象集中于恐惧、焦虑等负性感受继而形成抑郁的情感定势投射到生活中，就可能会发生对个体心灵和生理的伤害，比如，强迫症、习惯性焦虑思维、习惯性恐惧思维等。这些负性问题的产生是需要冥想练习者注意和有意避免的。

（3）走进"有灵性的生活"

要知道，冥想尤其教师训练冥想并不仅仅是为了引起大脑构造的改观并由此产生情感与认知素质的提升，人和生活才是目的，上述谈到的改变与提升本质不是冥想所要追求的，而只是人能幸福生活的中介，冥想的本性是为了帮助教师过有道德、幸福的生活，至高境界是"过有灵性的生活"②。若要通达这样的生活境界不仅需要教师更久的、持续性的冥想训练，而且随着冥想能力的提升、冥想境界的深入，冥想的对象应从以感官、语言、物体、事件为中介进入精神直接面向支撑人的根本实在的爱与美、欲望与苦痛③。当在冥想的精神世界中对它们的感知自然地融入琐碎、繁杂的生活中时，便是教师过有道德、幸福生活的开始。那么，在冥想的世界中，我们又该如何面对爱与美、欲望和苦痛呢？

人的一生一直在受爱与美、欲望和苦痛的支配，或是在其中挣扎、徘徊、徜徉，但我们却常常缺乏直面它们、与它们对话的意识与智慧，生活也就因此被它们撕扯，显得那么的支离破碎、被动且庸俗。我们需要在冥想中直面它们，与它们对话，为自己的生活寻找道德和幸福的依据。冥想的精神世界在原初时是一种挣扎，冥想者在此

---

① 夫莽. 冥想是如何改造大脑构造的［EB/OL］.（2017-09-09）［2017-10-10］. http://www. shidi. org/sf _ BEECB707A9924347B6E8680D88C26575 _ 277 _ 5AC0373143. html.

② 陈嘉映. 过有灵性的生活［EB/OL］.（2016-10-06）［2017-10-10］. http://www. aisixiang. com/ data/101630. html.

③ 对这样两对冥想对象的思考来源于陈嘉映在"过有灵性的生活"中阐述的"我们在凡俗世界中经验到的爱、美、伤、诱惑"。

时要与无休止的欲望、丑恶和苦痛做一个坚决的了断，"灵修的要旨在于脱出凡俗生活沉溺其中的欲望与索求，容使被屏蔽的灵性重新灵动，升入另一个世界，与神灵世界自由交往，获得对世界内在一面的觉识"①。借助山水之美、人际间的爱或其他美与爱的具体形式，沉浸其中，慢慢感受，平静地等待隐藏在自我意识深处的爱与美被自己唤醒，接着去认识它们、去体悟它们，"我的灵魂仿佛向无限敞开了，在那无限之域，内部世界与外部世界冲腾融会……对周遭事物的日常感知消隐了。此时此刻，剩下的只是一种无法言表的欢乐与狂喜"②。在冥想的世界中，我们会感受到、体味到无数种爱与美的形式，伴随着许许多多情感的和生命的状态，我们可以抓住一个脉络，循迹而去，慢慢地觉识，直到我们发现最能让自己平静、惬意和愉悦的美与爱，记住这种境界，这就是我们需要的"作为灵性存在"③的爱与美。

从冥想走向生活，面对依然琐碎而凡俗的生活，教师该怎么办？教师持续的冥想训练一方面是为寻找割舍了自我欲望与苦痛的不断攀升的爱与美，另一方面是为在生活中过自主的、连续的精神生活。凡俗的生活中本就散落着精神性，有待教师感受、认识和觉悟，赋予其灵性。这也是教师专门的冥想训练寻找到的灵性之境能与现实生活接续的契合点。"生活中的灵性分散在种种实务活动之中，我们有所觉悟，因这觉悟去行事，而不是入定在这觉悟本身之中。灵修者仿佛把生活中的灵性加以收集、提纯，以便驻定在本觉之中。"④把冥想当作生活，在生活中顺畅地引入冥想的习惯，教师作为致力于精神提升的工作者，终究要在现实生活中安顿好自己的精神生活才能接引他人迈向合顺的灵性之境。不可否认，当下有过精神生活意愿的教师并不能支配和安顿好自己的精神生活，他们的精神生活往往表现为并不是从自我的成长历史中顺畅接续而来的而是被给予的，以及伴随着随机出现的生活事物、人、思想的影响而断续拼凑起来的。然而，被动、断续、拼凑的精神生活很难更好地支撑自己又接引他人

① 陈嘉映. 过有灵性的生活 [EB/OL]. (2016-10-06) [2017-10-10]. http://www. aisixiang. com/data/101630. html.
② 陈嘉映. 过有灵性的生活 [EB/OL]. (2016-10-06) [2017-10-10]. http://www. aisixiang. com/data/101630. html.
③ 陈嘉映. 过有灵性的生活 [EB/OL]. (2016-10-06) [2017-10-10]. http://www. aisixiang. com/data/101630. html.
④ 陈嘉映. 过有灵性的生活 [EB/OL]. (2016-10-06) [2017-10-10]. http://www. aisixiang. com/data/101630. html.

迈向幸福的灵性之境。为此，依托冥想带来的素质提升，我们希望教师能够细致、用心地阅读自己的成长历史。"每个人的个性是段早已写就的文字，事件则给它打上了重点符号。"① 我们并不希望教师对自我作为一个公共身份的变迁史感兴趣，而是希望教师对自我的性格、习性、习惯、知识、能力等人之为人的内质性条件的发展过程中的"情感密码"感兴趣，这是自我感受并确证教育问题并形成教育改善意识与信念的最直观的历史方法，比如，追问自己现在为什么是不自信的？可以从自己能够记忆或他人帮助能够描述出的成长源头开始，不断描述事件，分析事件中的情感关联，从一个事件接一个事件中探寻情感发展的线索，继而勾勒出一条自我认为正确的、恰当的"不自信"的情感定势的产生史。从中思考历史的多种可能性，并想象受多种可能因素影响的历史与现实的差异，在情感定势发展的历史变化与想象的差异中寻求对自我的感受、认同与理解。教师的这种感受、认识与觉悟既是冥想引入生活中的具体训练方式，有助于教师情感人文素质的提升，同时，也只有在清晰、明确的自我认知和理解基础上，教师才能更妥帖地将自我与生活勾连，从自我的历史中寻找问题、重构自我，顺畅出发，积极主动寻求教育行为改善，自觉地建构起自主、连续的精神生活。

对在学校教育生活视域下教师如何将育情、育德与育人一体融进具体的教育工作所涉及的关心伦理与教师学会关心就先阐述至此，接下来是将上述阐述引入学校和教师个体，在具体的学校制度生活、教师行动与历史情境中从自上而下和自下而上两个路径观察与分析教师提升情感人文素质的现象、方法与问题。

---

① 周国平. 周国平文集：第 1 卷 [M]. 西安：陕西人民出版社，2006：8.

第四章
课堂教学外的教师情感交往观察
与情感人文素质提升

相对于人道主义者而言，人文主义者感兴趣的是个体的完善，而不是全人类都得到提高那种伟大蓝图；虽然人文主义者在很大程度上考虑到了同情，但他坚持同情必须用判断来加以制约和调节。

——［美］欧文·白璧德

当下的生活早已被历史写就，个体在生活中偶然或必然面对的不同类型的主角，因种种原因勾连起历史延伸脉络中散落的偶然性，建构着看似理所应当的生活风貌和丰富多彩的生活事件。无论必然与偶然、常态与突变、理所应当与惊讶不已，生活的变化与轮回使人经历着眼花缭乱、平静安逸、喜怒哀乐惧、凡俗与高尚，它们都是生活的养料，只是在不同时间段内以不同的样貌登场。可见，个体的性格特点、情感能力、思维特征、习俗好恶很大程度上不是个体选择的结果或代表着个体的意愿，而是在这些人的素质基本方面形成定势的关键期与成长期所经历的教育生活给予和形塑的，任何人和制度没有权力评判他者的生活和由生活引起和构建的展现他者内容的一切特征。但是，我们应当秉持善意的态度透过生活（共时的与历时的、日常的与非日常的）观察学校教育现象的来龙去脉，透过教师所经历的生活（共时的与历时的、日常的与非日常的）观察和理解教师本人，这是研究者期望帮助教师得以改变、提升情感人文素质的切入口。为此，本章将分别采取以教师和制度为主体的阐述入口，选取研究者从事本研究以来以及有生活记忆以来所经历的具有解释力的教师、教育现象、教育事件、学校案例，以揭示行为催生的情感问题、情感文化的生成及其教育性影响，从个体与情感微环境双向建构的视角阐述、解答这些问题，或是想象由于历史事件与人物行为的细微偏差可能建构出的不一样的生命质地或者历史走向，并通过与优秀资深教师的共同教育生活、对话展现富含教育意义的情感发展和成长过程以及教师情感文明的特征。

第一节　教师日常教育生活的个案考察

基于此，本研究以某初中英语青年教师（女，以下简称 W 教师）的日常教育生活为研究领域，秉持自然主义研究立场，采取合作行动研究①的方法，不对合作教师预设、施加教育学研究中的概念与问题，以人为研究工具，不刻意进行访谈，只是随着研究者与 W 教师的日常交往，在具体的教育情境中探讨和解决问题。然后通过研究者（下文用"我"指代研究者）对研究记录文本的清理与归纳，进而从我与 W 教师初识，W 教师与学生、同侪、家长交往四个视角（每个视角都涉及我与 W 教师对具体问题的探讨以及当时或后来我听到、观察和理解的 W 教师的自我反思、教育）切入，选择关键事件，描述和解释情境与问题，阐释研究问题与内容②，以探索教师改变以及情感人文素质提升在理论与实践方面的现实问题与解决方法。

一、 需要在教师教育过程中专设情感教育课程

W 教师是刚从国内知名大学毕业的研究生，我与 W 教师初识时，其入职所在学校（简称 S 校，地处一线城市的城乡接合部）不到一年。缘于情感教育项目，初识 W 教师时，通过闲聊，可以感觉到她像大多数一线教师一样对于"用高深的教育学问解决实际的教育问题"持怀疑态度，也就根本不知道有情感教育这个研究领域及其作用了。但是，当她向我提到入住新城市、入职新学校、初次接触初中教育生活等近一年来的不解、困惑与迷茫时，我对她的回应是："新教师、新地方，不适应太正常了，甚至产生逃离感也太正常了，我的直觉判断你会坚守在这里。一年或两年后便不再有逃离感，三年后就完全融入不想动了。"她听到"逃离感"这个词时表现得异常兴奋，说这个词形容她目前的状态十分贴切。之后的交流，她便开始有意识地用"无力感""责任感"等带有情感表现色彩的词汇认识自我、描述自己在教育教学工作中

---

① 本研究所谈的合作行动研究即是研究者与教师互信、互助，以情感性教育行为的认知与改善为突破口，在共同面对的教育生活中磨砺，继而增进双方精神内质层面的文明进步。该个案研究中，研究者与合作教师进行合作行动研究的时间跨度为十多个月。

② 本书中关于个案的研究与写作方法借鉴了情感自传民族志方法：结合自传和民族志的特色，注重研究者对研究者与研究对象关系伦理的理解与意义解构及重构，研究者自己在"叙事真实"与"生命关联"的原则基础上通过情绪记忆法、合作叙事法、反身访谈法等方法以及精湛文学写作对共同生活情境与问题的描述、重现与解释，引起研究者与读者的情感共鸣，帮助双发携手互助解答生命困惑、教育问题并积极改变自我的理解，过情感文明涌现的生活。参见：卢崴诩. 以安顿生命为目标的研究方法——卡洛琳•艾理斯的情感唤起式自传民族志 [J]. 社会学研究，2014（6）：221-237，246.

遇到的问题与困惑以及当时的心境……（初识 W 教师）

"情感不仅是获得生活和文化价值信息的唯一直接渠道（经过感觉、知觉等），是找到这些价值和在价值起伏变化的世界里的方向的复杂工具，而且也是内在主观的利益动因本身，是认识和行为动机的道德意义。这是个人内心生活复杂的多层次过程……"[1] 可见，教师在专业成长过程中，需要经由教育经验中对感觉与知觉的自我认知上升到在具体教育情境中对教育价值的判断与确证，继而不断调适和改善情感性教育行为，而且，教师也很需要上述指向人的精神内质成长的持续性、系统性的情感教育训练。同时，就教育对象而言，教师不仅要帮助教育对象在探索真实与智慧的过程中走向远方，也要帮助教育对象不断反思自我、重构自我。然而，观察我国当前从职前教师培养到职后教师培训整个系统，教师教育过程中十分欠缺具有持续性、系统性的情感教育专设课程，这种欠缺可能不会普遍拉低我国大多数教师的专业素养，但显然会使我国大多数教师缺乏正确地认识、适恰地感受并发展自我以及有意义地解构—重构并统整其教育经验的"思维帮手"，教师们也就很难具有其教育行为"缺失人文精神危险"的敏感性，更不要谈教师很好地帮助学生认识自我并发展自我了。因此，在教师教育过程中专设情感教育课程十分必要。

二、 教师应重视并引导学生错误意识的觉醒

我在与 W 教师针对教育问题的长时段日常对话中，能很明显地感受到她是一位不但对自己的专业要求高、能吃苦且肯吃苦、不断追求卓越精神，开朗、热情、待人真诚，又有坚韧不拔的教育责任感和敏感性的教师，同时又由于是一位新入职的年轻教师，还未受社会世俗"坏"风气过多浸染，愿意也很渴望和她的学生"打成一片"，做学生们的"知心姐姐"。但是，现在反思她在与学生日常交往过程中遇到的一件事情，此事其实考验并磨砺了 W 教师的情感性教育行为，我想也考验和磨砺了她所理解的教育智慧。

---

[1]　季塔连科，石远. 情感在道德中的作用和感觉论原则在伦理学中的作用 [J]. 哲学译丛，1986（2）：9-17.

  S校有一个学生做好事积分并记录在档案中的"日常德育制度"，学校创新学生教育制度引领学生践行道德行为的做法值得称赞，但在具体的制度运行过程中却考验着班主任对制度内涵的理解及其育德与育人有效性和真实性的感受与理解。由于W教师兼任班主任，她告诉我一个这样的事例："A同学拿了10块钱过来，说：'老师我捡到钱了。'我说：'好的。让组长加2分。'结果2分钟不到，A同学又过来，说：'老师，我帮你找到了是谁丢了钱，是B同学！'我就立刻明白怎么回事儿了啊。"……（W教师的师生日常交往示例）

  我认为，孩子们本身都是善良的，这种方法他们一般是想不出来的，往往是成年人社会不经意间渗透给他们的。师生日常交往常常最能直接影响学生对是非的判断，对崇高、羞耻与善恶的感知等价值观的原初感受以及道德行为的践行，这就要求教师对日常教育现象有更敏锐而深刻的理解与价值判断意识，将日常交往当作正确价值观养成与道德学习过程，依托交往训练自我的价值辨析与育德能力进而引导学生对行为背后的动机有合理且正确的理解与价值判断并积极改善。而在面对上述类似具有教育价值的事件时，往往出现的情况是，教师会有意识或无意识地放弃或失去理解与教育的机会，最遗憾的是，放纵或忽视可能会让学生种下人性发展的"恶"种子。

  个体的行为一般源自正确意识的支持、引导和建构，正确意识是个体长时段成长积淀下来的对常识的认同和对真善美稳定的主观体验以及在此基础上形成的处在不同交往背景中稳定的价值判断和价值排序。正确意识是个体内在的价值经验，在现实生活中，一般情况下每个人的行为构成和行为发生中正确意识相比错误意识所起的作用要大得多，也即是我们每每做出的某个行为往往源自这样做是正确的感觉，即使是出于潜意识的行为也是关乎正确的潜意识，相应地，我们很少从错误意识出发做事待人。错误意识也是个体内在的价值经验，是个体成长积淀下的对常识的认同和对假恶丑的主观体验，但个体对假恶丑的主观体验的爆发力、威慑力与弥散力相对于对真善美主观体验的上述类型的影响力要强烈，更加有益于个体审慎思考和感知行为的自利性、侵犯性与价值，对错误意识的认识与辨析也就有助于个体形成恒常、稳定的公共价值观。因此，正确意识虽能确保行为后果指向行为人的短暂的合理性、常识性和安全性，但是出于错误意识的行为才更能确保行为后果指向行为人和行为对象的长期合理性与合法性。但是，和很少关注自我的正确意识一样，我们也很少关注自我的错误意识，成年人错误意识的养成常常是不自觉的行为——受挫的后果，往往成年人意识到犯了严重错误时却为时已晚。根本原因在于，现行的学校教育缺乏对自我意识培养课程的关注，对正确意识的教化隐性地、不自觉渗透在学校教育全域中，没有对错误意识的关注和养成教育。学校教育一直在营造对正确的行为、正确的价值观的认同和鼓励氛围，机械地惩罚犯错行为。学生在学校教育的场域中就只敢战战兢兢地做所谓正确的事，大多数人刻意隐藏起本是天性的错误意识，在价值观养成和内化的关键期缺失了明辨是非、认识错误，尤其认识在自我成长背景中具有我的特点的错误的机会，长此以往造成学生认识自我的意识缺失。学生既不了解自我，也不会明辨是非，只有家长和教师眼中的"好学生"的形象和意识。因此，学生越早养成错误意识越好，未来成长过程中才可以在避免犯错的同时更妥帖地适应和融合环境、安顿和丰富自我。错误意识的养成不能只靠将错误行为作为样本进行后果推理教育，在个体犯错的过程中感受到错误行为后果引起的多元复杂体验更有利于建构错误意识。学校管理者以及教师应当一起建构起允许学生犯错的文化氛围，并建构起犯错—适恰的受挫的交往模式。鼓励犯错首先应当在师生交往中将学生的天性自然激发出来，这就需要教师与学生交往时，建立起学生愿意交往的安全感。往往大多数学生与教师交流会觉得不安，以不吭声、调皮捣乱来拒绝深入交流并掩饰这种不安全感。教师要主动观察，寻找学生最敏感、最脆弱的情感地带，给以情感支持，建立起安全的交往关系并持续地鼓励。通过更久更深入的交往，逐渐从安全交往关系发展为信任和依恋关系，在这种关系状态下，学生更愿意也会很自然地将可能的错误意识和错误行为展现出来，教师敏锐地捕捉到后，及时或延后提醒，运用多种方式适恰地让其感受到挫败感和对正确的敬畏感，也要细心为之让学生直接感受错误后果带给各个行为对象（包括自己）的情感体验。通过这种交往的实践和关系意涵的渗透让学生自然学会如何认识错误、避免错误、改正错误，会形成更加稳定的是非价值观、恒久的错误意识以及健全的为人处事行为模式。

三、 牵引教师的同侪微环境力量复杂、 多样而重叠

教师情感人文素质的提升受其所过生活全息性的影响，这其中，同侪交往及其产

生的微环境力量对教师的牵引与影响最直接也最深刻，因此也最值得关注和分析。

　　有这样一事件，W教师所在学校要求相应学科的教师们每周一、三、五指导学生英语午自习，每周二、四指导语文午自习，周一到周五每天都有数学午自习。由于课时费不高，又时常占用教师们的休息时间，教师们都不太情愿，加之英语午自习时间比语文多一天，大多数英语教师觉得不公平。英语学科组长就向学校领导反映大多数英语教师的意见，希望能和语文学科的午自习指导时间保持均衡，但学校领导并没有满足英语教师的诉求[①]。英语学科组长便号召所有英语教师罢课直到问题解决，大多数教师都表示赞同，当组长找到W教师希望她一起参与罢课时，W教师心理犹豫又有些害怕，心想自己是个新来的教师，无论参与与否都会得罪学校某个群体……（W教师的同侪交往示例）

　　在该事件中，W教师深处与年长教师、教研组小群体、学校管理者、学生群体等多种交往的关系拷问中，展现了一个极具代表性的教师同侪交往困境。事实上，教师的每一种交往关系有其所处环境的显性的和隐性的情感规则与价值期待，它们构成了牵引教师情感人文素质提升的复杂、多样且重叠的微环境力量，这种力量可能是一种正向力量，也可能是一种负向力量，而且这种微环境随着教师当事人在不同情境中遇到的不同人和不同行为，对自己的情感考验不同，处理结果也会有不同程度发酵。同时，就微环境对人的长时段影响来说，会牵引并拉扯人的情感与价值认知及判断的内容与水平，进而影响一个人一段时间内的心境和道德行为。因此，同一个人可能在不同环境中的价值取向、道德动机与行为都会不同。

　　鉴于此，可以说，教师提升情感人文素质需要在能引起价值观冲突的交往中进行，在自我反思与磨砺关于是非、善恶、美丑的辨别力以及在具体的教育情境中训练

---

① 公平是一种需要在具体情境中判断，具有相对性和公共性的价值或价值诉求，再完备的制度与教育管理行为都会让一部分人感受到不公平。本案例不探讨公平诉求者和"裁判员"之间的交往并进行价值判断，应该都是有苦衷的，也都是出于好意，只是立场不同。但对本案例的辨析除了希望人们关注下文所述的复杂微环境力量，也希望引起探讨的是在大多数学校日常教育生活中出现频率较高的类似案例给不同的群体（含管理者）带来的"情感伤害"及不同群体或环境间的"情感裂缝"，以及该如何用情感教育的方法进行"修补"，让每一个人都能幸福地沉浸在教育生活中。

正确且适切的价值排序能力的过程中，寻找多种路径与沟通方式善意地与人交往，以不伤害为原则，在此中催生、感受、积淀交往智慧，并助推养成坚定的自我教育意志，推升情感性教育能力。

四、 坚守教育初心： 认识并消解怨恨

教师与家长间的交往本质还是师生交往，只是在师生交往间多了一个非常重要的、常常带有不同社会角色所"携带"的世俗价值倾向的学生监护人中介。W 教师遇到的一件家校交往事件很常见但很值得讨论。

W 教师因为小刚携带管制刀具而将小刚的父亲请到学校商讨对小刚的教育问题。谈话中，W 教师希望小刚父亲能认清此事的严重性，查清楚刀具来源，并能好好配合学校教师加强对小刚的引导。小刚父亲却说，W 教师针对小刚，小刚被班里同学欺负，但 W 教师不管，才携带的管制刀具。W 教师说，小刚同学被人欺负她并不知情，调查清楚的话，一定妥善处理。但双方还是因此产生了激烈的言语冲突，谈话最终不欢而散。W 教师因此特别伤心，有些讨厌并怨恨小刚家长，觉得家长不仅没有理解其良苦用心反而"倒打一耙"。后来，小刚家长给 W 教师发信息表达歉意，但 W 教师并没有因为家长的道歉感到宽慰，不仅依然"一肚子怨言"，而且痛哭流涕，并将这种不被理解带来的怨恨感传达给了家长……（W 教师的一次家校沟通受挫经历）

虽然通过日后交往发现，该事件并没有颠覆 W 教师一如既往的教育信念，也没有改变她对小刚一向的关爱、教育与帮助，反而让她意识到小刚这样做肯定有原因，为了能让小刚在学习和生活方面有所进步，她的这种关注与教育反而较以前加深了。只是，能感觉到她是强忍着屈辱感与怨恨感这样做的。家校沟通的过程中，双方基本的出发点都是为了孩子的成长，是一种基于不同情感基调与价值期待的善意行为，但正是由于教师对学生的情感期待统整了个体性、相对性和公共性，而家长对孩子的情感期待往往具有无条件的绝对性，双方从一开始沟通与交往，无论表达方式如何，都具有矛盾基础，加上学生家长不同程度携带的不同社会角色的世俗价值倾向对教师形

象的误解、偏见或恶意推断，使教师常常在沟通中感受到不被理解，怨恨也就常见了。怨恨是教师普遍焦虑的重要来源，而怨恨的破坏性在于很容易消解教师的教育责任感。教师与任何主体交往的价值基础和诉求应当是教育性，尤其在多元文化背景下，消解教师怨恨最好的办法是宽容。宽容的前提是关爱与对独一无二交往主体的尊重性或同情性理解。但教师仅仅表达宽容还不够，还应让交往中的主体感知到宽容，并学会适切地表达宽容。这个过程十分磨砺教师的教育敏感性、反思能力与行动改善能力，需要在一次又一次的交往过程中有意识地思考与锻炼。这也本是教师通过自我教育迈向情感文明的艰苦历程。还要注意的是，学校教育中的宽容不像家庭教育中的宽容，不是无限的、无条件的，而应有限度，适当时候需要惩罚，但惩罚原则重在引导善的发展而不仅仅是遏制恶，教育惩罚中埋下恶因的现象更需要教师能够及时关注并予以消解。

五、 教师需要支撑持续性的情感关怀的成就感与报偿感

与 W 教师交往的过程中，其实有一个经常为之辩论的现象贯穿始终：W 教师明知道自己不能一味只重视成绩和荣誉，却无法不陷入对其的追寻中；明知道自己在与学生、家长或同事交往时伤了对方的心，自己也因此而内疚，却不愿意主动去调适、修补对方的负性情感。这种现象在教师的学校教育生活中非常普遍，现象背后暗含的问题是我无法改变也最让我不能释怀的：教师缺乏支撑持续性情感关怀的成就感与报偿感以及追求"成绩"和"荣誉"优先于情感关怀。

这两个互为因果的问题导致教师的冷漠与一般性责任感的缺失。事实上，教师与学校管理者需要改变的认知基础是关心与功利并不决然对立，情感关怀与功利追求之间也并无内在矛盾，关注、关心交往对象的情感发展一定有助于其认知能力的提升并通过外在的分数与荣誉展现认知能力的提升。最重要的是教师与管理者能在上述认知基础上迈出"关心"的第一步，只有在关心的实践中，教师与管理者才会变成关心者和关心关系的榜样，也只有在关心的实践中，关心者才会渐渐消除在缺乏沟通、对话与理解的情况下由猜忌、想象引起的关系中的恐惧感、怨恨感等消极情感状态（与 W 教师交往时发现，她常常知道在某个时刻需要关心交往对象，但却因害怕得不到期待的回应和反馈而放弃关心，或是因知道即使关心了对方也不会引起任何行为和情

感方面的改变而放弃关心）。然而，消除这些消极状态既是一种对关心者的情感报偿也为持续性关心增添了动力。

同时，教师具有支撑持续性情感关怀的成就感与报偿感才能不将功利追求与情感关怀置于决然对立的状态，而是将情感关怀融于恰如其分的分数提升和荣誉获得的过程中，确保人的整全发展。在这个方面，教师与管理者具有不同的关心责任，管理者应当着力建构以关心伦理为依据的关心文化，首先做一个持续性的关心者，既通过自身权威也通过关心的内在情感效用影响更广大的教师认同关心的价值并成为关心者。在这个基础上，管理者应当清醒地意识到仅仅各项教育数据的提升、各种荣誉的获得、媒体和民众口碑影响力的提升并不能代表学校教育质量的提升，并据此生活在着力追求这样的数据成就感中。相应地，人人能从关心中获得愉悦与幸福，自由表达，相互鼓励、帮助，共同进步才是管理者需要细心思考和有意促成的成就感氛围并以此促进学校关心文化的持续进步。教师也应当主动放慢提高考评学生的各项数据和获得荣誉的速度，依托提升学生成绩和获得荣誉的事务忙平台，在与每个人的交往过程中，关注交往对象的情感体验，通过多种方式耐心引导成绩改变的同时，细心调适并引导积极情感体验的持存和关心关系的发展，感受交往对象情感与认知维度的改变带给自己的愉悦感。教师应形成清醒和富有远见的归因意识：这种愉悦感并不仅是也不完全是由学生成绩提高和荣誉获得引起的，更大程度上是善意情感和人的改变本身的报偿，并能使交往对象感受到并确证这种愉悦感，双方据此状态作为引领数据提升、成绩进步和情感良性发展的成就感[①]。

六、 提升教师情感人文素质重在良好情感文化的构建

与 W 教师交往了近十个月后，我问了她一个问题："为什么今年上半年你面对很多问题会有很大的心理波动，而最近感觉你释然多了。背后的原因到底是什么呢？"她立马回答道："最近……感觉没啥幺蛾子啊，或者我习惯了他们（学生——作者注）

[①] 相比完全拒斥外在功利追求的情感文明的纯粹立场，这个观点是情感文明立场融进现实学校教育改革语境中的妥协和在现实中寻求人文性改变路径的尝试。

一天到晚的不乖。"我接着问道："你觉得是你的情商（注：我本不想用'情商'这个词表达情感能力的意思，但是'情商'在大众中的接受度太高，为了让 W 教师更容易理解我的问题意味，才用此词）提高了开始习惯和适应了，还是你已经对你所面对的那些工作对象无感了，或者并没有什么表达问题的欲望了。"她的回答是："情商肯定没提高……把精力更多地放在他们的学习上了吧，也没那么多时间和精力去思考了，也有一方面原因是我越来越意识到学校教育在育人方面的影响力简直太微小，还不如狠抓成绩，起码让更多的学生能上得了高中。而且我也发现很多事情不能只听家长的一面之词。好多家长在教师面前都不说实话。之前有家长跟我说'自己连空调都不舍得装，花八千块给儿子补习'，我听了以后觉得还挺不是滋味的。现在如果家长再这么跟我说，我可能觉得他有些夸张。而且今年让我当备课组长，这哪是组长，分明是干活的，组里的大活小活都是我的，都要累死了就没时间关注学生了……"我问："你认为这是你在工作上成熟的表现吗？"她说："不是成熟吧，是变得迟钝了，或者是冷漠了。我当时听到我是组长很难以接受，可是每一位有丰富经验的教师都是冷漠的。或者我是故意让自己冷漠，不冷漠就会有感情，有感情就不利于管理。其实前两天我板着脸进班级，把他们训一顿以后，自己挺……无法形容当时的心情，有点儿觉得对不住他们当初对我的喜爱，可是我又不得不冷漠起来。我们班的情况你也知道，调皮捣蛋的太多，那样做起码能快准狠地先让纪律好起来。"（一段时期的互助提升的努力后，研究者与 W 教师的反思性对话）

从这段对话中可以发现，教师的理解能力和对情感的感受意识与程度并不是我们直接看到和感受到的那么糟糕，相反，教师普遍具有情感关怀的人文基质与良好的动机，可就是不愿意做出来，做出来也改变不了现状，因为受到学校文化环境的深深影响。因此，鉴于文化环境相比教师自我理解对教师成长的作用和影响力更大，当我们提出从增进教师自我理解和构建良好微环境两个视角帮助教师迈向情感文明时，最重要的着力点应落在良好情感文化的构建上，否则即使有良知的教师的努力作为换来的也只是一厢情愿式的深深无力感。

在经历与 W 教师一段时间的合作行动研究后，可以很明显地发现她不仅对教育学有了更深刻的认识，也开始关注情感以及情感教育研究，并有意识地通过自我情感研究反思自己、反思并重构教育经验，再遇到冲突事件时，有意无意地开始寻找认知、理解、关爱、宽容等情感性教育行为具体的表达方法并自发或自觉地从中体会情感教育的幸福意蕴。教师提升情感人文素质受太多种因素的整体性影响和牵制，上文的个案中只是抽取了某个教师日常教育生活中一些关键事件尤其负性事件进行分析，对广大教师个体而言，还要受教师工作条件、待遇等许多物质性因素的限制，但教育本是朴素的，只要教师愿意，没有太多的钱也能做（办）好教育。本书还是要基于上述研究过程分析一下教师提升情感人文素质的理论与实践难题以及如何解决。

我们在多大程度上有共同的或相互联系的实践活动，我们也就在多大程度上拥有相近的思想方法、意识和情感[①]。每一位教师都有自己主导的教育世界，牵引着一部分人的精神成长，作为拥有公共教育身份的教师在专业生活中几乎无时无刻不在面临一个十分直观的难题：如何在拥有多元复杂价值观的共同体中过凸显教育性价值的公共生活。解决这个理论与实践难题的突破口是教师要学会在对自我情感的个体性、相对性与公共性认知中求取平衡。从上文中提到的一系列事件中可以看出，教师常常因"感情用事"而忘记自己的公共教育身份，这样教师所引领的共同教育生活也就丧失了成为有教育性价值的公共生活的可能性。事实上，正是因为处在学校教育中的人一开始并没有太多共同或相互联系的实践活动，也就很难有相近的思想与情感记忆。这主要表现为，教师内在精神充斥着教育性价值（分数和能力提升、精神自由、创造性、整全人培养等）追求与世俗价值（功利、自利等）追求以及公共性价值（正义、公平等）追求之间的矛盾，也有学生学校学习生活（正义、理性、自由等价值追求）与社会、家庭生活（世俗价值诉求）的矛盾，这些矛盾拉开的"人的精神裂缝"常常是师生精神危机的来源，需要教师情感认知与情感教育的自觉，依托适切的情感性教育行为填充、弥补自我、他者以及交往主体间的"精神裂缝"，以和谐的方式统整所处微环境中的共同生活，进而迈向有情感教育性价值凸显的公共生活。比如，我们常常听到由于种种原因学生被开除的案例，这就是一个在教师教育活动或学校管理中如何处理追求教育性价值与追求公共性价值矛盾的问题。学校不完全是社会，其价值追求究竟要超越并引领社会还是与社会协调一致，要以学校中"人"的成长为目标进行

---

① 韩震. 论理性的特殊性与普遍性的统一 [J]. 青海社会科学，1998（4）：45-49.

具体分析。为什么非要基于社会公共价值的引导去最大限度地惩罚学生呢？学校对人尤其学生的基本假设应该是"未完成"或"在发展"的人，而不是在社会生活中对人是"已完成"的人的假设，学校的价值诉求基础和目标始终应是教育性，那么我们就要允许学生犯错或具有各种维度和各种程度的缺失性条件①，这样才能在学校教育阶段最大限度地发现一个发展着的人"恶"的潜质，并细心用多种方法善加调适与修整，进而引导学生学会过学校公共生活。但学校公共生活的价值取向并不全是宏大视野下的公平、民主、正义等，而更多应是微观视野中以人为中心的情感教育性价值的凸显，以为学生未来过社会公共生活打下正确、善良、整全的精神基础。当然，教师提升情感人文素质，不仅要区分并调适所过学校公共生活在价值追求方面与社会公共生活的不同，也要区分并调适和家庭共同生活的不同。上文已分析家庭成员间在情感交往时往往是无条件、无界限的，也即是没有公共价值追求可言。以师生交往为例，学校教育中教师虽然要妥善认知、理解、关爱、宽容、批评、惩罚、信任、欣赏、尊重、期待学生，但这种情感表达行为终究要受学校教育性与公共性价值追求的牵制。否则，不仅会阻碍学生形成正确的自我认知，学校生活也就走向了家庭生活的极端，进而失去引导公共理智发展的功能价值。除此之外，与同侪交往、家长交往、操作对象交往、自然和生物交往等亦是需要教师立足"人"协调一致发展，辩证思考，细心为之。

第二节　"育为仁师"：教师情感文明的一种生命诠释

教师情感文明作为我们期待的教师专业素养底色与厚重的品质，聚焦到教师个体中究竟应该是一种什么样的具体形态与内容是研究者必须要感受与思考的一个议题，否则本研究所探讨的命题就真的变成了只有形而上的阐述和行动摸索却没有可直接借鉴与感受的现实资源与可靠目标构想的浪漫主义情怀或是虚无式的幻想。教师情感文

---

① 基于教育性的根本宗旨，有个建议是学校在学生管理规章制度中废除"开除制"等最大限度惩罚学生的规则，因为，这种规则与学校本质的教育性价值追求完全违背。当然若因涉及违法的问题，要在法律范围内解决，但即使如此，学校方面也要在考虑最大限度发挥教育功能的基础上思考如何"拯救"学生。学生犯错该不该受惩罚、受什么惩罚是法律范畴的事情，学校教育只应考虑如何引领成长，这样才真正凸显学校教育是一项为了一切学生的道德事业。

明的具体形态与内容就像是一面镜子映照出研究者和广大教师的专业素养与生命底色，在对照中自我唤醒情感文明意识，自觉增进情感文明能力。

用心感悟生活，生活中的每一次相遇乃至遭遇、每一个人都可是我们的老师，事实上他（它）们本来就已经从正向的与负向的、积极的与消极的、错综复杂的交往效用与价值意涵方面形塑与滋养着我们现在的整个精神世界，未来亦是如此。生活与人生的意义永远是自我赋予的一种价值体验，成长本身是由无尽的等待、相调与感受建构起的生命螺旋，支撑我们能够不断成长的力量是永远以生活中遇到的一切无论真与假、好与坏、善与恶、美与丑、凡俗与空洞、虚无与充盈、苦痛与幸福为师，与之相伴、真心呵护、悉心体悟。然而，人总是要有所求的，不然仅仅与生活中的上述种种为伴、从中感悟也终究会陷入凡俗与虚无，以生活为师需要我们学会滋养自我与他人幸福的能力。这里的幸福并不是一种对生活纯粹感性的理解，它是一种涵盖了感性、知性与理性的均衡、充分发展的人的整全能力所建构起的现实生活与道德生活和谐一体的生活现实，我所理解的这样的幸福生活表现为能够让他人感受到快乐却也没有给自己增加更大的痛苦①。似乎以这样的态度去生活和学习才是更坚挺和完备的生命存在形式，然而，长久以来，我却没有生活中有教师、灵魂中有超脱、在大跨度的生命空间与长时段的生命时间中行乐与悟乐的意识，直到相遇 A 教师②才使我有了在现实的学习生活中生命质量得以飞跃的契机，一些以前无论在家庭教育、学校教育和社会教育中从未有过启蒙的知识命题、价值命题、人的命题以及更加超越的人生意义命题慢慢地呈现在面前，思维与情感素养随着对这些命题的思考与解答得以渐渐提升，更关键的是，我是在更加温情、放松、惬意，思想无拘束的情感交往环境中自主地探寻到了提升之路。而这样一个与 A 教师交往、学习的过程，让我对教师的教育素养有了更深刻的理解并因此提炼出具有更高品质要求的教育质量命题，那就是在交往中为

① 摘自周国平的哲学公开课之"幸福论"。
② 人无完人，师者贵于成长。该案例重在从理论层面提炼教师情感文明素养的一些珍贵之处，意在使读者对其产生直观理解和把握。A 教师则是研究者卷入日常生活、研究生活与长时段的受教育历史中反思、共情、梳理、想象建构起的一位情感文明教师的标杆形象，其中透着许多优秀教师高贵品质的影子，希望这种教师形象能引起读者的共鸣，也希望这种将教育学研究作为一种人文学的研究，使用感受、共情与想象的方法进行理论建构与价值期待描绘的做法能引起教育研究方法学方面的探讨和改进，并产生教育学研究该有的效用："令人满意，使人有道德地幸福生活。"

每一位学生接续一个属于他自己的探索世界，激活学习者的求知欲望、道德需求，在充分与完备的感受中以最合人性的方式自我发展求知能力、情感与道德能力，并在此基础上探寻对人、人生与世界最广博而深层次的理解。我从这个意义上理解人师和生命教师的意涵，我也是从对 A 教师的教育人生的理解中接续教师情感文明的抽象思考并认定其为引导教师专业成长的生动、具体的形态，从中感受、理解并学习教师接引学习者走向幸福生活的仁爱品质与能力及其并不全是感性或理性而是整全生命的阐释。

一、 "众里寻她千百度， 蓦然回首， 那人却在， 灯火阑珊处"： 教师首先应是师生共同成长的机缘

即使是制度化、系统化的学校教育本质上也应以每一个个体自主、全面、健康地成长为要旨。我理解学习的终极目标是个体的成长，但是成长与学习是指向人的一对互为条件的过程性概念，一致展现为需要个体的认知与感受不断觉醒、寻觅、顿悟、迷失、模糊的循环往复，并伴随着个体基于这个内在过程的表达与分享吸收灵感与养分，注入发展新质。也正是源于这样的理解，个体的成长不应是被给予的也不应是一蹴而就的，而是一个在学习的过程中，不断遇到获得知识、发展德性与体悟美的机缘的顺势而为、自然生发。机缘就像是一道耀眼的精神之光为人的成长提供知识信息，幻化适恰的心境，开启觉悟的心门，而机缘对人的成长而言总是那么的稀缺和难能可贵，人和人类的本质性成长也就显得缓慢和珍贵。那么，据此思考教师专业的本质，教师不仅是在"传道授业解惑"，在"此"之前也在"此"中及之后，首先应当是学生成长的机缘，借助自己有限的认知与情感力量在无限的师生交往中通过给予、接受、反哺，共生成长契机，引导彼此直面未知与已知的根本问题，共育彼此从无知到有知再到无知、从认识无意识到有意识再到无意识、从追求有限到追求极限。可见，人在成长中掌握哪些知识，获得何种学习体验，继而达成何种精神品质与境界既是既定的制度化生活引发的具有普遍意义的效果，也源于微观的人际间日常性、知识性、情感性与道德性交往的因缘际会与日积月累。教师应是学生成长的机缘就可以具体理解为教师应是能够及时照亮不时地处在精神的黑暗与阴影中人的一道光，在自我能够照亮的范围内照亮学生的未知、未感与执念，帮助学生迎着这道光开悟与成长。为

此，教师理应是学生成长中的榜样，但并不一定只定位为知识榜样，因为无限的可见知识的获得是一个教学相长的过程，教师恰恰应是裹挟着知识性交往的、缄默的师生关系中的情感品质榜样、道德榜样和精神榜样，也即是，教师只有自己先明白如何理智地爱、尊重、仁慈、敬畏和追逐正义，如何面对自我、调适自我，如何安贫乐道，如何寻求优质的精神世界，才可能在师生交往的过程中自然地成为唤醒和接引学生成长的那道光，并有益于学生进一步的自我觉醒和自我教育。然而，与此同时，只有当学生反身意识到自我在黑暗中迷途知返恰恰源于与潜意识中期待的那种精神之光相遇，并受其照耀与激励走出迷雾，走向了令自己满意也是应然的自我成长之路，教师应当是学生成长机缘的教育意义才算是一种完备诠释。教师应在日常勤于涵养情感，以情养心，有意识地将学习生活中的所见、所感、所闻、所悟，好的与坏的，收集、淬炼、建基为助力成长的能量，以为己也为学生在日常学习生活中能够常常感受"独上高楼"的崇敬与通达之感。而此不正是适恰地解决一切所谓厌学、厌世问题，增进学习、成长动力的根本路径与意涵吗？

从个体成长史的角度理解，成长机缘就是一个人得以开悟并自我接纳与反思、寻求进阶的闪光点，这个闪光点之所以具有接引个体成长的教育意义，恰恰由于教师的个体成长与学生的个体成长在精神层面上有了某种程度的交汇，否则，即使教师的学识涵养、情感品质、道德素养自带光芒，但教师却不自觉与学生的成长发生交汇，这些光芒终究只是被教师个体享用，无法生发引人成长的教育意义。教育本不太需要某时某刻的刻意为之，A 教师施教则恰恰是无时无刻的，在生活场景中展开、在具体问题情境中展开、在随机的社会见闻中展开，这也就促使 A 教师的学生在学校教育生活中既要埋头学习，也要在生活中勤感悟、乐反思，形成基于自我教育的生活理解模式。观察与体悟 A 教师的教育教学活动发现，教师带学生学习一定要进行对话，而且要进行问题敏感性、问题意识能够渗透进学习生活各个方面的生命与生命之间的灵魂对话。只有教师诚挚地打开一颗乐于尊重每一个生命的心去拥抱生命，袒露真实和有缺陷的自我，两个虽然普通但也是独一无二的生命才能产生相遇的惊喜和相续、相扶走向远方的力量。"我相信，对于生命的这种珍惜与体悟乃是一切人间之爱的至深的源泉。"① 个体的成长本来不就是对从自我独特的生命基质深处生发出的生长意愿和需求的满足吗？成长过程中师生间灵魂般的相遇使我们的成长找到了最适宜于真实自我的精神情境，这种情境可以使由知识和价值观产生的历史幻化成为学习者自我的理解与知识。两个追求优质精神的灵魂在具体的问题情境中因坦诚相待而总是相遇，在相遇时相互鼓励、扶持，相互促进提升，每一个精神生命在这种学习过程中就具备了不断提升的情感感知与共情能力，认知的吸纳与纠错能力，在新情境下养成不断自我更新的自我教育模式，使他人的情绪情感体验、知识的历史与价值、教育的意义和价值能被师生切身体验到，从而师生在交往过程也就必然能浇灌成个体稳固的，情感力、学习力和创造性强的，能支撑一生幸福成长的力量。

二、 "迷时师度， 悟了自度"： 教师应成为积极的人道主义者

教育使命、责任以及伴随其产生的教育意义总是隐秘在人际间最微观的精神际遇、缠绕与融通之中，以分散、缄默和不明确的形式存在。现代教育人文旨趣的衰落以及主流的教育质量观对片面化的数据和可见的可测度性的追求愈加遮蔽了教师对分散、缄默和不明确的教育使命与责任的意识及理解，表现为虽然是可见的、有限的但却可被人们创造性利用达至无限的时间、空间、物质等资源被静态化、僵化、等待化和平面化处置，始终不能成为活化的及被创造性使用的、具有教育意义的资源。与此同时，几乎绝大多数教育者并不仔细思考其直面的资源创造性使用及发挥教育意义的问题，反而总是听到对资源有限的无奈或抱怨之声。这种些许惰性和消极的心态投射到师生交往中就表现为了学习者的无论理智、情感还是更具有超脱性和深刻性的精神与生命潜能不被重视、得不到激活与开发，学习者每天过着一种看似丰富多彩但其实于精神和生命成长并无太大帮助、也无知识扩展和创造性的、教条式的制度约束生活。学校教育生活中产生的师生负性、消极的情绪情感不被关注，任由其积累、持存，像是"阴燃的煤堆"，有些最终演变成为令人痛心、遗憾的校园霸凌等恶性的生命事件。教育者微观的教育使命感与责任感及由其催生的教育行为的缺失，一方面是因为功利化的外部环境的熏陶与影响，一定程度上造成了教育者的微观教育使命与教

---

① 周国平. 爱与孤独·生命本来没有名字 [M]. 北京：人民文学出版社，2016：4.

育责任的无意识；另一方面，善意的行政命令、教研活动、团队生活、社交活动等五花八门的学校教育与管理活动也在拉扯、缠绕、充斥着教师单纯自在地追求优质精神的生活与育人生活，并加剧着教师消极情感的作用力，使得教师即使有微观的教育使命与教育责任的意识，也不愿意或无力施以相应的教育行为，创造教育意义。

《六祖坛经》的"自序品第一"中六祖慧能大师云"迷时师度，悟了自度"，饱含师生关系进阶与生命成长的大智慧。在充斥着不确定性的世界中生活，每个人都是学习中的迷者，相应地，每一个人也都在某一面悟道了一些，人既是当下的悟者也是当下的迷者，人的生命成长伴随着迷时与悟时的交替。真正的悟者乐于悟自我且以善意渡他人。教师作为灵魂工作者应当乐于悟自我且以善意渡他人，以使他人能够悟出真道、自我成长，这是出于慈悲心的教师品质，也是功利主义价值观高扬的时代最为难能可贵的教师品质。慈悲是由对生命脆弱特性与现象的悲悯与怜惜产生的亲近倾向与无法释然的忧郁之情。慈悲心与生命天然的柔弱本性浑然一体，属于人的天性善端，会伴随经历增强或式微。遗憾的是，经年累月、历经世事锤炼的现代教师是最应该伴随有德性的教育事业慈悲心不断增强的一类人，那是唤醒教师角色内在的教育性本质，交往行为产生教育意义的一个具有根基性的品质，但一部分教师的慈悲心却在逐渐式微。研究至此，我更愿意相信每一位教师都有慈悲的善端和冲破一切功利束缚全身心关爱孩子们，细心、充满善意地与孩子们交往的力量，我知道教师们都知道该如何更好地教育，只是环境的熏陶使得他们常常不得不与内心爱的冲动与爱的理智相悖。与之相应，即使外在环境价值多元、功利浮躁，发挥多重的影响效应，教师应有意关注自我的慈悲心修养，学会保全自我的儿童天性，这是教育工作者依然能够有愿望、有信心高举理想主义的大旗从教、乐教的情感基膜，也是形成卓越精神的基础品质。在这个依然需要高扬理想主义的新时代恰恰需要更多保有原初的儿童天性、儿童性情的灵魂工作者孜孜不倦地从事书生般的育人事业，不然，需要担负起传承与发扬中华民族优秀精神血脉的这一代青少年到可以在职场积极进取、有所作为的年龄时，其精神品质与善良意志如何是令人担忧的。正如朱小蔓教授在李吉林的译著出版首发式上谈到，李老师作为一名优秀的小学教师为人们和时代敬仰的十分可贵的品质是她自觉的、强烈的职业身份认同和爱儿童的本性，这两种品质相互支撑建基一位教师高水平的育人效用与强烈的从教幸福感（笔者注）。朱小蔓教授说："正因为李老师真正爱儿童，才会一辈子悉心观察、体察儿童的特征、表现，发现儿童学习的问题与困难……所以她才不肯离开学校、不肯离开课堂，几十年如一日地与儿童打交道，永远不脱离儿童，跟进时代发展研究儿童。为了适应当代儿童的变化，她一辈子坚持带徒弟，与年轻教师对话，交朋友。爱儿童，把全部心灵和智慧，把一辈子的心血献给儿童，这就是我们的李老师。"

我和 A 教师虽未有共同的成长背景和相近的生活文化，却都具有对生命之脆弱的天然悲悯心、对美相似的趣味、对复杂思维天生的偏好、对大众情谊共同的志趣与追求"独上高楼"的崇敬感与敬畏感定势，因此，自因研究与 A 教师结缘观教，我不仅沉醉于 A 教师四十几年育人经历积淀的关注人健全成长的深厚教育教学品质，而且也常常能进入 A 教师独一无二的精神世界，在现实教育生活的映照中感受与品读 A 教师骨子里的积极人道主义品质，那是这个时代稀缺的、令人怜惜也需要孜孜追逐的教师品格。

A 教师有扎实的文学学习功底和几十年如一日坚持优秀文学作品阅读与写作的习惯，由此涵养了她极佳的诗化思维与充满美感的表达素养，同时，A 教师的语言总能贴切地展现出她对精神现象、情感感受清醒而且深刻的关切意味，加之整个人生活与思考在美的精神世界中，所以她的语言与文字浸透着生命美感，充满哲思与教育智慧，令人感动。因为，教研文字从对生命怜惜、关切与教育期待中真诚生发，通过阅读其作品，读者获得丰厚的教育思想资源之余，能从中找寻自我，悟到助力生命成长的力量。最为可贵的是，在旁人看来，A 教师的教育素养佳，教育研究做得棒，但其本人却从没有自足意识，从 A 教师身上永远感受到的是对时代与民族精神品质的关切，对孩子们与同事的关心，对教育的积极忧虑。每一位了解 A 教师的人都知道她从来都不是在为自己教书育人，而是拿出一条命为国家和民族的精神血脉做教育，不抱怨、不懈怠，做自己该做的事、做自己能做的事。

虽然 A 教师生命成长艰难，长久深处生命困境，但却积极对待生命，热爱生命该有的卓越的精神内涵与品质；她爱每一个人，更心怀极大的善意关注每一个人的未完成性；始终抱有为国家、为民族、为每一个普普通通的人的心灵与精神成长助力的理想情怀，但却在学习与成长中经历悲苦。几十年面对疾病困扰的默默煎熬，不断在失落中欣喜、欣喜中失落又在加剧着这位精神卫道士的孤独与苦痛，但 A 教师并不以此为意，也从未因此抱怨或从中寻找育人和工作的懈怠理由，而是以极其坚韧的抗争毅力与浩瀚恢宏的生命勇气品读悲苦，从中寻找积极和善良的力量，以更加积极的生命姿态，扩展善心，体谅、同情一切人间悲苦。因此，A教师与人交往、育人带教永远站在他者立场、反求诸己、仁慈却不失正义。她会追到电梯口为还未吃饭而忙于上门取件的快递人员送上月饼，然后还会私下检讨自己是不是取件电话打得不合时宜而打扰了年轻人的吃饭与休息；她能敏锐地体察到每一位学生有待改善的价值观与习性，并为此而忧虑，但却愿意在长时段的生活中静静等待，寻找最适合学生感受与理解基础的方式与时机熏陶、改善；她会为每一位学生的精神进步而欣喜不已，为每一种形式的落后与愚昧和对人的情感成长以及善意理解的忽视与轻视而大声疾呼并积极投入以帮助改变；她会为每一个生命的苦痛与陨落而痛哭流泪，也会为体现在人身上的每一种宝贵才情的衰落与消逝而落寞心疼并无法释然。

　　直到相遇A教师，我才真正看清了人文教育的具体形态，确证了人文教育对人一生成长的实际作用与根基性影响，坚信教师抱有儿童天忭、心怀慈悲与善意、脚踏实地、积极进取、反求诸己为了每一个普普通通的生命的善端扩充和社会正义的良序发展才应是教师最基础的品质底色，也是对教师情感文明的生命诠释。因为，我从A教师那里深刻而清晰地观察和感悟到了善意情感对人的积极正向影响。因为A教师善良，所以她身边的人都是善良的；因为她为人处世和教育教学生命一体也总能反求诸己，所以她身边人的生命样态同样是修身立己、知行合一；因为她慈悲，所以她身边的人都以善意待人；因为她具备深入骨髓的道德意志，所以她身边的人也一定以德为乐、矢志不渝；因为她全心关爱人的成长，所以她身边的人总能从她那里找到最适合自我的方式寻求体质进步和精神升华。为此，我们不得不清楚认识并坚信教师不等、不怨、不观望并寻求情感素养和精神品质的进取，成为有生命大情怀、大气魄的，在不浮夸而且脚踏实地的积极的人道主义立场中修为情感文明对个体与微环境整全的、良序发展的重大教育力量和意义。

三、"以教人者教己"：教师应成为理性的理想主义者

　　教师本该有教育应成为一种理想的道德事业的持续的崇高感意识，否则教师在育人过程中就可能缺失道德定力，被不适切的主流价值导向与原初感觉牵着鼻子走。

"唐君毅先生坚信，丢掉了理性和理想的生命存在，将是朦胧一团，心灵上永远是一个反光镜，比一块光滑石板好不了很多。我们如对理性、理想有正确的理解，那么我们对于理想的疑虑就可减少。知行既可统一，情理既是一致，我们对于理想不仅可以大谈，而且还必须大谈。"① 我们当然不能否认功利化的教育评价体制影响下的追逐数据化、规模化、品牌化、快速化的教育现实不是理想主义的一种形式，相反，这种形式已成为被大众文化、官方体制接受和认同且深入价值思想骨髓里的教育理想，教师、学校管理者、教育行政部门管理者、政府管理人员无不受其牵制，自下而上，一层满足更高一层的"理想"需要；与此同时，家长、课外培训机构、房地产开发商也都因各自不同需要而积极迎合但却客观上加重了整个社会文化中教育功利理想的重要性、渗透力与影响力。功利化的教育理想主义在现实中高扬优质教育资源结构化失衡，永远无法满足更多数量和更大范围内人们追逐"优质"教育的愿望；大众需求过旺的教育供需现实必然造成学区房房价极度高涨、课外教育培训五花八门；追逐功利的教育过程无法合乎人性展开的真实情境与确切需求，产生的最常见的现象是任何人、任何家庭只要与教育市场有联系就逃不过普遍性的教育焦虑，受教育者以及他们所在的家庭是这种虚化而且功利的教育理想影响下最直接也是受伤最严重的受害者。

人的成长离不开教育理想的感召与影响，它能让我们的教育对象成为一个有具体成长方向的人，然而当前主流的教育理想显然并不能很好地引导我们培养出幸福的道德人。那么，我们就需要重新审视当前的教育理想主义，很显然这是一种立足客观实在看人的教育理想观，是一种只关注人的当下可见构成的教育理想观，其实是一种短视的、背离了人的成长性本质的本末倒置的伪理想，那些分数数据、品牌规模、外在名目根本无法支撑一个人正确认识幸福和稳定地成长。周辅成先生认为："中国哲学是将理想变为理性的一种表现，凡依赖理想而出现的如人的性情，就是出自人的本性的情感，这是依靠理性或人的生命对于所发现的理想之爱慕。一切有生命的存在，之所以要求实践，是因为他们对理想发生了爱慕之情，因而必求把理想中的有价值东西

---

① 何仁富. 周辅成与唐君毅——兼论周辅成思想的核心精神［J］. 清华西方哲学研究，2017（1）：42-92.

实现出来。这是情感，也是理性，用中国哲学的名词，就是性情。"① 基于这样的理解，我们的教育其实面临着潜在的理想主义缺失的危险，人的成长展开过程本身应受教育理想的关注与追逐而现实教育却普遍忽视。教育事业应能帮助师生正确理解理想的人生意义与生命价值，并在成长展开的过程中出于自然性情加以实践并逐渐加剧对更深层次和更有意义的理想的爱慕之情与实现动机，然而当下的教育事业却使师生普遍缺乏对理想的理性认知与生命化理解，更难说产生持续追逐理想的爱慕之情。人们心中的教育理想似乎只有一些直观期待，比如，分数、升学、名校、学历，而这些直观期待究竟可否成为能够建基一个民族的精神文化未来的教育理想实在鲜有反思。因此，我们需要深入当前的教育现实扩展并深化思维，既要立足客观实在思考并建构教育理想，也要立足人的主观教育体验与成长价值思考并建构教育理想②。

A 教师是这个时代执着坚守理想主义的教育者，她的教育理想形式与观念是积极的人道主义在做教师与做教育科研中的全部展开。教育性与教育意义是她思考、处事、与人交往的逻辑起点，而她永远都在过程中立足人的主观体验与成长价值去思考和实践牵引教育性与教育意义实现的教育理想。这是一种在这个时代罕见但却应该普遍存在于教师的思想与品质中的冷静、清醒、具有历史穿透力的教育理想主义，也是深处在变动不居的教育功利主义时代中能够四十几年如一日地立足最真实的人去思考教育理想主义。然而，A 教师作为一位理性的理想主义者需要着力称赞并可供教师们学习之处的是她永远不空谈教育理想，反感浮夸，她永远都在教育现实中默默无闻、脚踏实地地践行教育理想。在这个过程中，她不忧社会历史与区域文化对人强烈而且稳定的塑造力，相信每个人都具有可塑性，相信最微观的人际交往对每个人和他所在微环境的塑造效用，进而确信反求诸己的教育效用；在大众化、大规模的教育和教师教育现实情境中，坚守因材施教和对独一无二生命育人品质的精益求精，相信只要教育工作者踏踏实实、坚守理想、埋下身子全情育人，就"不信东风唤不回"，也正源于这样的认知、信念与情怀，她沉醉于问己修身，"以教人者教己"的思想方式育己、

---

① 何仁富. 周辅成与唐君毅——兼论周辅成思想的核心精神［J］. 清华西方哲学研究，2017（1）：42-92.
② 该观点源自周国平老师谈幸福所作的立足人的主观感觉看幸福，立足客观状态看幸福和立足价值观看幸福的划分。

育人。

我们可以从陶行知先生"以教人者教己"的思想中探寻教师教育教学如何实现育人的知行合一效用,这是培育活生生的真人、构建良好师生关系、践行教育理想最确切的教师教育教学思想与品质。"教育的过程,就是卷入生活、在生活中创造的过程。它须得教师拿出自己的生命来真心相待,教师应'以教人者教己'。'为学而学'不如'为教而学'之亲切。'为教而学'必须设身处地,努力使人明白;既要努力使人明白,自己便自然而然地格外明白了。"① A 教师至今已有四十多年的从教经历中,除去在书斋中读书、钻研,我想支撑她高洁的道德品格、极佳的学术品性和高超的教育教学素养的思想与现实基石源自她乐于卷入生活中去感受与学习,在鲜活的生活与生命感动中育人,又十分敏锐和自觉地片刻不忘为教他人而在生活和书斋中全程、全域感受与学习,并通过感悟教他人的过程与内容要求自我、反思自我、塑造自我、提升自我。这样的育人过程,因为是真实和鲜活的,使学生获得了更完备和鲜活的学习资源,能从中体悟生命真实与生命感动,便能建基为稳定的能与生活、生命现实适配的成长基膜。在这样的育人过程中,师生关系因为有了从彼此最真实的情感感受生发的情感勾连与交往而具备生成为良好状态的根基性基础,教师珍爱她所面对的生命、珍惜生命、体谅生命、尊重生命,师生关系自然便持续处于良好的情感氛围中,有益于共生、共育。这样的教师成长过程,因为自觉地为教他人而学习和育己,学习体验更真切,学习内容也就更多维、深刻,同时,育人方式和思想也就因此更贴切,教师也会因自我教育的自觉性和育人交往中体验到的支持感而获得持续不断的专业成长动力。相信师生在这样的共同成长关系与过程中认知与情感能力能得到妥帖地发展,人的成长所需的具体的辨识力、大跨度思维能力、否定之否定的思维能力、感受力、同情心、行动力和创造性都能得以提升。

在寄希望于大规模、集中式的教师教育体系但却难以提高教师品质和育人质量的时代问题背景下,我们需要思考究竟什么是好的教师品质,如何反思现实中感受到的教师问题,又需要什么样的教师专业成长思想并探索如何行动。从跨越了多种时代特

① 朱小蔓,王平. 在职场中生长教师的生命自觉——兼及陶行知"以教人者教己"的思想与实践 [J]. 南京师大学报 (社会科学版),2017 (3):67-74.

征，经历长时段历史锤炼和丰厚学养积淀，并有着丰厚的教育教学智慧的 Ａ 教师从教思想的展现与育人实践中，我们应当坚定从细微处、在学习生活中培养、培育出无论外在环境如何变化，都能秉持为了每一个鲜活生命、尊重每一个鲜活生命、珍惜每一个鲜活生命的积极的人道主义理想，在生活与课堂现实中脚踏实地，在育人中育己和为教育而学习的教师成长方式与教师品质信念，并乐于与同事们一道默默修为、化己达外，静静感悟、体悟生命成长的快乐、幸福与美。

第三节　教师自组织的理论与尝试：情感文明的一粒种子①

"在物质生产力取得极大进步，基本物质生活需要得到极大满足的情况下，人们更加关注自身的内在精神世界，追求基本生活条件满足与精神进步和谐一致发展；社会追逐精神文明取得更大进步进而反哺人的美好生活需要，增进个体实现美好生活的能力。"② 人实现美好生活、感受幸福依靠情感能力、认知能力与劳动能力的协同与充沛发展，进而在学习、生活与劳动创造中具备不断实现自我与超越自我的精神能力与精神力量。尤其当下智能科技、移动信息技术迅猛发展，且有在未来愈加进步与成熟的发展态势，相信"新的科技发展对知识获得、技能训练、教育情境创设、教育手段与方式的更新、教育数据统计等方面发挥人所无法替代的高效能作用"③，大量技术性工作因科技进步而被替代，教师的"手脚"因此得以解放，人的精神进步、物质创造与情感交往有了更充足与广阔的时空条件，"人类所具有的一切物质能力、精神能力与话语能力的总和"④ 的人的本质力量将不断被激发、涌现与扩展，维持人的学习、生活与交往，有待培育与发展。上述种种时代内涵要求我们重新理解教育质量，也因此，尊重差异，保障人的学习权利应当是我们理解学校教育质量的一种新视角。保障人的学习权利不仅是保障人的入学机会均等，也是在整个学习过程中对个体状态

① 该处沿用朱小蔓教授文章《读写社区：情感文明的一粒种子》中的提法表达对教师自组织的一种价值期待。
② 王坤. 迈向教师情感文明 ［N］. 中国教育报，2018-03-15（010）.
③ 朱小蔓，王坤. "情感—交往"型课堂：课程育人的一种人文主义探索路径 ［J］. 课程·教材·教法，2018（5）：17-25.
④ 张玉能. 人的本质力量与美 ［J］. 青岛科技大学学报（社会科学版），2006（2）：15-20.

与潜能的关注、尊重、纠偏与引导，个体本质力量因为学习被激发、发展和扩散，每个人都可能因此成为共同体的"领导者"，从不同方面自主为团队贡献力量，发展自我与他人，共同体因此产生力量叠加效应，进一步作用于个体的本质力量激增。

一、 教师自组织是教师能量理论的一种有前景的实现形式

基于此，我们可以依据"能量理论"重新理解与观察教师职责、学校的管理文化及其作用于教师专业成长的效用。"在'能量理论'的思路下，若想实现其促进教育公平和提升教育质量的初衷，校长教师轮岗交流政策实施应思考如何实现流动教师身上所拥有的'能量'流动，并依靠教育机制建设等力量把个体'能量'增强，以及促进这些能量在整个教育共同体乃至社群层面进行凝聚、沉淀、扩散与增长。"[1]

每个人都是独一无二的，有其独特的发展需要和发展能量，也因此有相对他人发展独特的价值与影响力。身处今日教育之发展背景，教育公平的落实与教育质量的提升不得不着眼于保障个体学习权利与能量的激发、扩散和增进。由此对学校管理义务与教师职责和专业素养的思考是是否有开放的环境与良好的机制关注、激励每一位教师个性化地学习，刺激并保障教师内在潜能的发挥、扩散与增进，实现教师能量的系统性叠加、优化，发挥出共同体教育之于个体努力的优势。具体而言，教师能量是教师之于他人与共同体发展具有辨识性的独特潜能或能力，包括动手操作、思维、艺术、表达、感受、阅读、文学、科学等能力，因为教师能量的独特性与潜在性，有待激发、扩散与增进，教师的感召力与影响力则是教师能量不可或缺的要素。

"在《教育变革的新意义》中，富兰亦对当前的教育问责以及学生测试成绩提出质疑。在他看来，不论自上而下还是自下而上发动教育变革，成功的学校改革，核心都在于学校系统内部的能力建设。"[2] 与此同时，"若教师有清晰的道德理由和目的，则他们是可以如校长一样在社群中扮演领导角色的"[3]。近些年来，在教育系统内部

---

[1] 叶菊艳，卢乃桂. "能量理论"视域下校长教师轮岗交流政策的思考［J］. 教育研究，2016（1）：55-62.

[2] 叶菊艳，卢乃桂. "能量理论"视域下校长教师轮岗交流政策的思考［J］. 教育研究，2016（1）：55-62.

[3] 叶菊艳，卢乃桂. "能量理论"视域下校长教师轮岗交流政策的思考［J］. 教育研究，2016（1）：55-62.

出现的越来越多的教师自组织便是教师能量流动与建设的一种值得关注的形式，一些教师自组织的好成效使我们相信，可借由此寻找建设情感文明进而提升教育质量与保障教育公平的中间路径与内容。

二、 教师自组织构建良好情感文化的实践探索

良好情感文化的构建需要学校管理者尤其校长在学校制度设计与实施层面有意识的细心作为与引导，开放的文化、较好的管理氛围甚至一些专门的政策与机制支持能够促使和激励教师主动努力，释放能量，寻求帮助与合作，自发走向自组织教育之路，教师们自发组织起来的共同体同样具有较好的教育与引导改变作用。就曾有教师因共同的阅读兴趣、教育志向、生活乐趣、艺术与体育爱好等自发结合成小共同体，即有团队责任感、教育使命感、领导兴趣和领导力，依靠微信群等先进的交流媒介构建起的线上与线下相结合、覆盖生活全时空的共同做事、日常阅读、交流、反思的"民间教研组"等教师自组织团队。集体的力量在于督促、鼓舞人家每天按时完成阅读与教研写作任务，互助完成共同约定的任务，监督彼此的情感性教育行为，相互支持致力于彼此思想与行为的改善。同时，与教师们的生活关联最近的类似情感共同体有助于教师疏通忧郁、烦闷等负面情绪，找到教育生活的安全感寄托地带，并由此产生积极的教育力量。

比如，南通田家炳中学的数学课陈亮老师与化学课张弛老师，两人酷爱音乐，喜欢编曲、艺术创造，共同的爱好使两人一起思考如何通过校园原创音乐引导学生道德学习、培育良序情感。结合学校倡导的诚信教育与诚信文化建设，他们二人主动行动，组织有相同爱好、志同道合的老师与学生，分工协作，创作出在学校甚至南通教育系统内都广为传唱的《诚信之歌》。基于对教师责任与义务的思考，他们又创造了歌曲《教育人的自省与自勉》。两首歌曲的歌词[①]如下：

---

① 节选自南通市第三中学陈亮、张良金执笔的《运用校园原创音乐进行道德引领的实践研究结题报告》。

诚信之歌

曲：陈亮　词：蒋洪钰　主唱：陈亮　和声：张弛、初一学生

制作：教科处　特别鸣谢：学生处、团委　指导：蒋维　赵玉堂

（颂）我中华　五千年　言而信　诚在先　君子诺　不食言

你在什么地方

我充满了向往

你在什么地方

我走在追寻的路上

走过彷徨走过迷惘

来到你的身旁

你是那洒在窗前的一缕朝阳

你是那春天枝头鸟儿的吟唱

你是那溢满人间的恒久留香

你是映照心灵的光芒

是我永不变的信仰

诚信的光　伴我年少的奔放

诚信的光　伴我青春的成长

诚信的光　让我们品质闪亮

诚信的光　让理想插上翅膀

向着前方　飞翔　飞翔　飞翔

向着前方　飞翔　飞翔　飞翔　飞翔

（颂）我中华　五千年　言而信　诚在先　君子诺　不食言

我中华　五千年　言而信　诚在先　君子诺　不食言

教育人的自省与自勉

词：张弛　曲：陈亮、张弛　制作人：张弛

主唱：陈亮、张弛　录制：南通三中原创音乐工作室

如果不能将你道德养成，那是我们的错

本来教育塑造灵魂，这是神圣责任

那天，看到你与父母激烈战争，人间至亲（情）荡然无存

家，把你托付我们，却未能教会你孝悌常伦

如果不能令你丰足学问，那是我们的错

本来师者传道解困，这已代代相承

常常，看到你为补习东走西奔，疲惫忧愁梦寐高分

你，寄希望于我们，该怎样成就你安逸青春

都说教育塑造灵魂，其任难胜，若在忙碌之中忘失根本，如何受人尊

也说师者传道解困，养正童蒙，学子灿烂前程待我促成，命运尚浮沉

如果不能为你引领人生，那是我们的错

本来园丁栽培矫正，这是一种本分

猛然，发觉你那眼神迷离昏沉，意气少年如近黄昏

你，交信任于我们，就理应为了你点亮航灯

如果不能展现师表之风，那是我们的错

本来师学高范身正，世间一杆标秆

面对，家长怨和社会频频责问，光辉形象怎堪毁损

国，赋荣耀于我们，不能不坚守住庄严身份

都说园丁辛劳勤奋，默默无闻，就怕难耐单调荒田废耕，逐名利之争

也说师德高尚纯真，何等精神，只怕滚滚世俗违失身份，清风可尚存？

教师啊树人，教育啊立魂

常思索着，教什么，做什么，可知道我为什么要写这首歌……

由于两人组织创造的歌曲贴合学校本土文化，遣词造句和节奏旋律从学校师生内在情感文化中自然生发，不仅使得歌曲容易传唱，也使得歌曲中倡导的价值观很容易被人理解与接收，成为行为与文化改观的源泉。与此同时，这个由教师自发组织起来的创造校园音乐的团队与活动在师生中引起强烈反响，一大批彰显健康价值引导力量的校园歌曲、一些校园歌手涌现了出来，学校不仅渐渐营造起有活力、健康的价值观学习氛围与愉悦的课程学习环境，还带动了学生家庭、区域学校的学习与效仿。自组织起来的原创校园音乐活动的育人与学校文化改观效果的愈加突显，加剧了他们的行动热情，学校政策开始予以支持，更多感兴趣的教师加入了他们的团队，更多健康的歌曲创造了出来、流传起来，校园原创音乐工作站建立了起来，与此同时，依托原创音乐开展道德教育与学校文化建设的实践问题逐渐浮出水面，激发教师们开始查文献、立项目、结对子、做研究，通过理论能力的提升去解决现实中的问题。

除此之外，还有许多教师自组织教育发展与专业成长的形式。

据说近二十年来江苏盐城的雷燕老师精心培育"读写社区"，将儿童的读写从学校专门化的、较为封闭的模式延伸出来，将读写环境建构成一个更为开放自由的、温馨安全的、伴随着亲情的情感场，支持儿童的社会情感发展，助力儿童理性思维的发育[1]。东部某市教育局干部G女士有过长期的做中学校长经历，偏爱艺术美感，保有儿童情趣，热心钻研并推广亲子阅读与绘本教育。共同的兴趣爱好与教育志趣促使她与丈夫通过微信群组建"在线悦读会客厅"，每天线上的教育问题探讨以及每周在他们家客厅举办的不同主题、不同人（有家长也有孩子）主讲的绘本学习交流（同时在微信群里进行图片和问题直播），对话与讨论，热烈、深刻，涵盖不同文化背景，价值观指向多元，氛围温馨暖人，吸引了全国各地互不相识的家长、教育研究者和孩子

[1] 朱小蔓. 读写社区：情感文明的一粒种子 [J]. 江苏教育，2016 (9)：7-8，10.

们积极加入，全时空卷入教育性对话、探讨和精神进步。500 人的微信群早早满员，需要在线上劝离，才能让源源不断的新成员加入。（两则教师自组织的实践示例）

学校之于社区和区域的文化与精神进步以及教育发展的作用，如同教师之于学校，从这个角度讲，每一所学校也都有其特定的能量有待激发、扩散与增进，在更广大的区域与系统范围内发挥情感联结与智能提升的功效。具体而言，学校的校本课程、教育教学风格、特色文化、优势资源、名家名师、制度与管理模式等有差异、有辨识性、有特色的教育要素都可成为具有渗透力与影响力的学校能量，经过教育管理部门的鼓励与支持或是有见地、有智慧、有勇气、有情怀的校长们的积极组织提炼与整合、寻求交流与合作，力主扩散、融通并发挥作用，就有可能在社区、区域甚至全省、全国乃至国际范围内实现能量互补、融合、叠加，产生有益于教师品质与教育质量系统性增值的学校教育能量功效。近些年在全国如雨后春笋般兴起了学校基于某个教育主题的发展联盟，比如，情感文明学校联盟、全国情感教育联盟、课改联盟等，这些一般由校长动议组织，教育管理部门鼓励，有教育研究人员提供智力和项目支持，各方人员通力协作组建起的民间学校联合发展共同体，在教师培训、优质资源互通、教育智慧增进与区域教育质量提升等方面的确发挥了一定程度的作用，而且校长们往往有更大的动力致力于自组织联盟往高水平和高赞誉度的方向发展。但深处在商品市场交往原则中，需要警惕并及时纠正学校联盟纯粹的获取资源等追名逐利倾向及其存在与活动对学校和区域的品质提升无效甚至减效的可能，比如，"学校自发形成的联盟往往结构较为松散且不稳定，学校彼此教育教学水平相似，容易出现教育教学上的'近亲繁殖'，对一些教育教学水平低的学校联盟来说，很难有高水平引领，在这个层次的联盟中，一旦有学校'脱了贫'或'升了格'，这所学校往往会迅速脱离原来的联盟而加入更高水平的学校联盟中"[①]，也有联盟校因想依附名校获利或配合教育管理部门意愿而参与结盟，但却不发挥实质作用，在联盟中观望、等待、顺从，既给积极参与贡献的学校以不良暗示，削弱整个共同体的团结与良好愿景，甚至产生

---

① 叶菊艳，卢乃桂."能量理论"视域下校长教师轮岗交流政策的思考 [J]. 教育研究，2016（1）：55-62.

矛盾，同时也有依凭未经充分调研论证的经验组织起的联盟活动，往往并不能解决教师们感受和遇到的实际问题，庞杂的联盟活动甚至给教师们徒增工作负担。

三、 教师自组织激发、 增进教师能量， 建构情感文明的理路

每一位教师和每一所学校都富含各种各样有益于教育质量和公平的独特能量，然而这些潜在的教育资源与力量常常因制度、文化甚至威权的束缚而得不到发挥与发展，处于静默状态，无法助力师生成长和学校发展。对教育和人的关怀情感是一位教师最本源的能量，没有这种本源能量的支撑，教师从事教育教学的一切能量都无法较好地涌现、扩散、发展并发挥功效，而关怀情感本身也是情感文明理论能够契合并有助于人与环境发展的力量源泉并具有理论适切性的表现。从教师自组织实践中观察和分析，有意义的教师自组织其动机、功效与愿景着眼于教育质量的提升、文化的改善、教育权利的保障以及人的幸福与整体素养提升。只是不同的教师，其努力的侧重点会有所不同。就教师努力关联、合作或服务的对象来看，涉及学校的学生、同事、领导者，伴随教师自组织影响力的扩散与增强，有的教师还会自主与社区、外校、地区部门寻求联系与合作，释放和展现独特能量，实现愿景，并在组织对象和活动范围扩大的过程中，学习、增进能量。学校自组织是放在整个教育系统中的相似的分析理路与内容。这样就形成了一个教师能量与学校能量叠加，伴随交往对象与交往半径不断扩大了的教师自组织同心圆。在这样一个以教师和学校为原点游走于主流管理体系之外的教师能量与学校能量交互叠加的同心圆系统中，教师（包含校长）往往依托项目、兴趣关联、工作室、学校本土问题和主流教育问题及文化导向的主题活动等制度、半制度或随机的形式释放能量、开展交往和能力建设，催生民间共同体的巨大效能，也为研究者找到了建构个体、学校乃至一个区域的情感文明的一条有效、有前景的路径。

然而，这种由教师自主建构和发展起来的自组织常常会因缺乏资金、资源保障以及官方支持而面临重重困难，尤其要受主流教育管理机制和关键管理人物的制约。面对种种制约与不利条件，教师如何突出重围，通过共同体激发和增进教育能量、通过善意与真诚促进与主流体系的协调和融通，本身也是情感文明建设的一项重要内容，关键在于自组织者有情怀、能担当、具有克服困难的勇气和致力于教育质量提升、教

育公平实现以及教师能量发挥与品质提升的责任感与使命感！

这些从教育一线自愿、自主生长起来的积极作为、团结合作与专业改善会成为一股潮流和一种景致涌动并映照在教育工作者内心，成为引导教师成长和学校文化改善的微环境。虽然类似微环境力量游走于主流管理体制和领导以及多数教师个体努力之外，而且其作用于教师群体整体改善与提升的渗透力、感召力与领导力并不会那么强大甚至还很微弱，但作为一种从教师自主努力改变生长起来的组织形式，一定会因其教育生活适切性、情感关联性与生命观照性等特点，加之移动互联技术、自媒体与人工智能发展的支持而在未来大放异彩、获得普遍的官方重视与扶持，成为照料、引导教师成长的一股重要力量。

第四节　学校情感文明建设及其教育性涌现：一所普通中学的探索①

学校育人目标的达成不仅需要一线教师处在整全的学校教育生活中细心学习、积极作为，在微观的人际交往中秉持善意、不卑不亢、耐心引导，也需要学校管理者着眼于制度建设、环境熏陶、文化构建方面的倾情工作、细心感受和通力合作，立足关注人的成长的旨趣生发学校制度、环境与文化土壤的情感关怀与情感支持因子，在广阔的学校教育生活视域中研究"涵情育德，以德育人"的文化机制与教育方式，在学校教育生活实践中形成涵养个体的身心、理智与情感素养和谐一致发展的积极、健全的育人环境和情感文明。

江苏省南通田家炳中学（以下简称南通田中）有着六十多年的办学历史。六十多年来，拥有厚重历史尤其璀璨的科技与人文基因、极高教育美誉度的南通市哺育这所中学茁壮成长，与此同时，多年来南通田中致力于"为学生的终身发展提供支持"而探索稳健的素质教育模式和方式，在理智的教育情怀感召下，区域发展与学校成长交相辉映，在沉稳、恢宏的历史脉络中积淀下学校温暖、深刻而又允满张力的人文教育

---

① 该部分内容中所有的案例素材与图片由江苏省南通田家炳中学提供，感谢江苏省南通田家炳中学为该部分研究提供的支持与帮助。

底蕴①。我因"教师情感表达与师生关系构建"项目结缘南通田中（项目的两所种子校之一），我全身心地参与进南通田中在教师情感人文素质提升、学校情感场文化建设以及情感性德育模式探索等情感教育融合学校育人全域的艰辛工作，作为一名合作行动研究者参与和见证了这所普通中学情感文明氛围的逐渐涌现与凸显，感受和发现了其中鲜活、生动的育人效应与特色。

一、 学校教育需要有情怀、 重内涵、 能担当的校长

作为学校教育质量建设的最高行政领导，校长在一所学校的发展尤其内涵式发展过程中起着至关重要的作用，具有全息性影响的意义，一些情况下甚至起着决定性作用。然而，由于教育工作的人文性、精神性与发展性的根本需求，学校教育不纯粹是一个祛恶扬善的过程，其最现实也是长远的目标是引导人过良善、美好生活②。教育管理并不是一般管理学理念在教育场域的生搬硬套，而是教育管理者在对每一个个体情感关注基础上的教育价值引领③。学校本该是一个仁爱之心弥漫，能够容纳、宽容错误，同情每个生命体的脆弱面，重视引导成长优于规制，四处彰显积极道德力量的场域④。尤其在现代信息技术的发展引起人们获得知识理念、新闻信息的方法与条件越来越多元、便捷的情况下，各个学校积极学习、探讨、引进，建构适恰、妥帖的管理与教育制度与规则已经不是难事，目前更需要关注制度生活中的心灵成长，观察通过多种多样的制度、组织渗透进学校教育生活中人们的交往状态与情感感受以及由此产生的学习意涵、价值倾向、生命状态与成长方向⑤。因此，"校长应当超越'管理'，超越管理主义和威权主义的习惯和心态，做'整个儿'的校长"⑥。从人的善根处生长出来的朴素的教育情怀是催生教育爱与教育智慧的胚胎，需要在职场生活中善加呵护。

---

① 江苏省南通田家炳中学简介 ［EB/OL］. （2016-03-09）［2017-12-10］. http://www. jsnttz. cn/Item/1277. aspx.
② 王坤，朱小蔓. 情感文明：教师育人素养的关键价值尺度 ［J］. 中国教育学刊，2019（5）：75-79.
③ 该思想源自朱小蔓教授二十几年来学术研究与行政管理双肩挑工作的基本思考。
④ 王坤，朱小蔓. 情感文明：教师育人素养的关键价值尺度 ［J］. 中国教育学刊，2019（5）：75-79.
⑤ 王坤，朱小蔓. 情感文明：教师育人素养的关键价值尺度 ［J］. 中国教育学刊，2019（5）：75-79.
⑥ 朱小蔓. 超越"管理"，做"整个儿"的校长——乡村学校校长的信念与担当 ［J］. 福建教育，2015（40）：17-20.

南通田中的陈校长有着长期的中学教育领导经验，然而这位物理教师出身的教育管理者并没有因琐碎、繁乱的职场生活消解朴素的教育情怀，变得怨声载道、消极过活，与其接触、听其诉说、观其工作，反倒总能让人感受到强劲的工作动力，与同事平等、妥帖的沟通方法，重要的是他爱每一位学生，乐意从学校制度与文化建设层面思考为师生成长提供情感支持的敏感性，以及作为教育价值领导者甘于奉献、冲锋在前、勇于担当的使命感与责任感。比如，他在英国温莎小镇的一等公学参访，因感受到学校环境与历史的古朴与厚重而心灵震颤，费心思考如何在自己的学校建设出能使陌生的参访者一入校门就能感受到教育力量、精神震颤的学校文化环境；他会在解决家校冲突的过程中，第一个站出来，愿意即刻辞职以增进双方的理解与信任；他对教师与学生一直都是信任与鼓励，想方设法提供舞台，希望每一个人都能在自由与惬意的成长环境中"人品与学问同步发展"[①]。多年来的教育工作经历尤其近些年专门的理论观察使我愈加坚信校长就是一所学校的灵魂，他的知识积累、思维能力、文化涵养、情感素质、意志品质和行动能力以及由此建筑的整个生命视野与生命格局直接关系一所学校的人文环境、品质内涵与文化气息。（一位中学校长的示例）

因此，在一所学校中，校长究竟如何作为、怎样感受、如何思考是专业素养的展现，也是超越"管理者"和"决策者"的角色身份做一名教育价值领导者的立足处。

这样理解校长角色，北京市朝阳区劲松第四小学（以下简称劲松四小）的陈校长同样令我敬佩。陈校长成长在一个严厉的家庭环境中，对己对人都要求很高，凡事看不足和缺陷，一路成长都较缺少关怀与鼓励[②]。陈校长入职劲松四小近三十年来未曾离开，一路踏实勤恳工作，成长为这所学校的第二任校长。初识陈校长，我感受到的便是亲切而不是想象中的压迫感与威慑力，热情的照料、谦逊的言辞迅速拉近了我们之间的距离，这种亲切与谦逊是如今的校长难得的从骨子里生发出的教育涵养，让人

---

① 南通田中的办学理念。
② 从情感支持与关怀的角度理解，我与陈校长深处相似的成长环境，也使得我更能对她的个人成长变化、教育理念与职场工作感受感同身受。

感到踏实、安全，愿意跟她一起做事情。而她的这种教育素养有些是艰辛成长锤炼积淀在骨髓里的教育情怀和教育信念，比如，她会为"陶行知先生回国办晓庄学校只为劳苦大众都能识字"而感动落泪；有些是在职场生活中学习中华优秀传统文化生发出的教育领导智慧，比如，她告诉我，以前对教师们要求过高、对自己要求更高，凡事亲力亲为，使得自己和教师们都很累，现在她学会了关心，学会了和教师们唠家常，在日常生活中关注教师冷暖，于无声处帮助教师。关于校长权威，她认为，现如今一些学校校长更换得过于频繁，不同样式同一质地的教育概念、理想频出，这种情况下，校长要于学校实际和教育质量内涵处求发展，秉持文化定力，不跟风、不随波逐流，不能"有我没我"的状态下学校的面貌和精气神是一样的，因此，校长要努力为一所学校留下"恒产"①，创办出有辨识度、具有特色的学校教育，只有这样才能赢得家长和教育行政管理者的信任与支持。与此同时，她倡导学术治校、精神治校，管理者与教师摒弃等级意识，大家热心学习、坦诚沟通交流、相互帮助，在学习中生发尊敬，让知识的力量激发教育权威与教育领导力。（一位小学校长的示例）

这种让知识力量彰显，有情感认同奠基的超越了物质诱导、等级意识与行政命令的教育威权观是一位教育领导者对教育责任与使命最深刻的诠释，其中生成的以情感、道德与知识依附为纽带的朴素的教育领导力也一定能发挥踏实稳固的育人功效。

二、 关注学校环境的人文性与育人功能

当学校的物质环境具备了人文底蕴，师生在一个专门的时空中自然地与科学相遇，或是触碰到哲学的力量、受到美的渲染以及道德的感召，这些突出的人文力量牵引人们动情地浸入学习中，高品质的全人教育才真正开始。一所保有生命情怀、富含育人智慧的学校在环境建设方面一定处处仔细思量，恰到好处地设置和引导使环境自身滋长人文性与思想性，涌动教育力量。南通田中在教学楼里精心创设科普智慧墙，让师生在学习生活的地方每天都能受到一些科学小实验的吸引，经历科学技能与科学

---

① 即贯穿学校发展历史、支撑学校积极、健全发展的精神价值。出自《孟子·滕文公上》："民之为道也，有恒产者有恒心，无恒产者无恒心。苟无恒心，放辟邪侈，无不为已。"

实验的耳濡目染。教学楼的走廊里摆放钢琴，每天路过的师生不仅因其营造的艺术氛围而自觉规范行为，随心弹奏一曲，也总能使人常常生活在艺化之境，增添生命光泽。每次到此，总会给人留下深刻印象的是按型号和类型摆放整齐、美观的自行车（如图 4-1 所示）。学生每天都能自觉将自行车摆放得如此整齐并不是易事，体现了该校在环境育人的实践中致力于规则教育、合作教育与集体荣誉感教育方面的良苦用心。正如该校的陈校长所说，日常的自行车摆放至少蕴含了三点教育要义：首先，学生要养成按规则自觉行事的习惯。其次，摆放自行车时要为他人着想，考虑自己怎么摆放能为后来者的整齐摆放提供便利。再者，每个班都有固定的自行车摆放区，各班自行车摆放的整齐程度是显而易见的，同学们每天自觉地摆放源自集体荣誉感的内在激励。

图 4-1　南通田中日常的自行车摆放

学校的宣传工作不仅是扩散、传播信息，保证各项工作有效开展和推进的重要手段，也是彰显学校核心价值、凝聚精神力量，进行知识学习、情感与价值观学习的重要平台。因此，学校的新闻稿最能体现内隐的教育价值倾向，既要真实表达也要妥善成文，确保达至妥帖的教育意义。2017 年 6 月的一天，南通田中先后发布了两份喜报（如图 4-2 所示）。

图 4-2　南通田中的喜报

其中第一份喜报是几乎所有中学逢中考或高考后都要宣扬和表达的固定格式与内容。当我们在现有资源条件有限、主流功利主义价值观引导的特定教育背景中尚无法寻找到比分数竞争、考试排名更有效和更全面的教育质量评判与人才选拔、甄别方式时，寄望考试并宣扬成绩扩大学校影响是无可厚非的。然而，只宣扬分数，尤其少数拔尖的分数势必会增强功利主义价值观的弥散力和影响力，导致成绩好的学生日渐冷漠、缺少关爱，成绩不好的学生压抑、焦虑，学校整体处在追逐分数、无情竞争的环境中，师生的精神发育、心灵成长必然受到极大的戕害。"现在我们的学校制度，几乎全部要用文字、数字来衡量学习成就。而文字、数字只能表达人内心和感受的一部分，把人的感觉、感性层面的东西保留住，促进其感性层面的发展才是更为可贵的，尤其是在儿童时期。"① 因此，当学校教育无可避免地关注分数、竞争和规模化发展时，能像南通田中那样关注学生考试、学习时的情感体验，妥善地给予支持、鼓励与帮助，就不用担心学生学不好、教育质量搞不好。

三、 重视课程与教学活动中的情感教育意蕴

南通田中一直十分重视课程与教学活动中内隐的情感教育意蕴，并以此为切入口创建专门的情感性德育课程，引导课堂教学在知识学习与价值观教育中的整合。该校实施的"基于生命成长的'三单'教学"中设置了可以让师生吐露心声、交往情感的基于问题的互动单。依托这个互动单，师生那些在课堂上不愿意说、说不出来的内心写照和情感状态就有了表达和分享的平台与渠道，学习意义生成以及教与学的改观有了具体的着力点。比如，一位语文老师惩罚一个十分调皮的孩子抄十遍课文，孩子就在互动单上用课文写下了"心里苦"三个字（如图4-3所示）。当生气的语文老师看到了孩子的回应，内心也就柔软了起来，开始反思自己的确还不够理解这位学生，意识到走进孩子的内心世界才是切实解决学习问题的开端。

---

① 朱小蔓. 超越"管理"，做"整个儿"的校长——乡村学校校长的信念与担当［J］. 福建教育，2015（40）：17-20.

图 4-3　互动单上的"心里苦"

诚信是立身之本，该校尤为重视诚信教育，设置了包含十二个子课程的诚信教育课程。师生是诚信的主体，诚信的教育并不主要是诚信原则和规则的传递，而是主体在学校教育生活中自主获得诚信的原则，自我管理、服务他人，养成诚信习惯，在生活与活动中锤炼诚信行为的意志品质。"当年陶行知先生就特别强调学生管理上的自治，他把自治看作学校德育的重要方式，主张让孩子们在学校里通过管理自己，学会管理社会和集体，学会过社会生活，关心社会福祉，关心公共利益。"[①] 南通田中在开展诚信教育、实施诚信课程时就十分重视学生的自我组织、自我管理与自我教育。专设的爱心雨披室中各班有自己的雨披存放处，同学们根据需要随时拿取、归还，避免了突然下雨时家长送雨具的不便；流动图书馆既方便了同学们阅读也帮助同学们养成分享互助、按时归还的习惯；诚信超市里，学生志愿者根据同学们需要到批发市场进货，按进价贴价签，超市无人管理，同学们看价签将钱放入爱心箱、取货，不设找零，若是多交了钱既可以拿其他相应价格的物品补充也可以当爱心款捐出去；学校餐厅里的刷卡机冲着取餐方，同学们根据餐价自主刷钱；考试时不设监考老师，同学们自律、自主答题；每个人都难免会犯错，学校允许同学们犯错，设置"我错我改"环节，犯错的同学可以申请当学校的劳动志愿者，一段时间内奉献大家；诚信之歌、诚信故事、道德讲堂、诚信开放日活动等专门的诚信学习平台让大家沉醉于诚信的艺术之美，增进人际间的理解，悦享真实的诚信故事带来的生命思考与触动；学校不对学

---

① 朱小蔓. 超越"管理"，做"整个儿"的校长——乡村学校校长的信念与担当 [J]. 福建教育，2015
　（40）：17-20.

习成绩做排名，但却树立道德榜样，评比出来的诚信之星、诚信大使宣扬学校的诚信文化、分享生命故事，引导学校良善文化的构建与发展。其中的一些课程活动如图 4-4 所示。

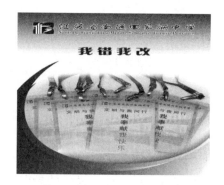

图 4-4　南通田中部分诚信教育课程活动

班会课是该校实施家校合作教育的平台，学生成长中遇到的心灵困惑、烦恼苦闷、学习难题和社会问题是班会课内容的来源。家长志愿者们与班主任老师坦诚沟通协作，共上班会课，在课上与同学们一道直面学习与情感难题，直抒胸襟拉近了家长、老师与同学之间的心灵距离，既有益于良好人际关系的建设进而创设学习成长需要的良好的家庭环境与学校环境，也有助于相互扶持关照，推进知识学习进步和道德成长。

仪式是建立在群体内共同的认知、情感依附与价值追求基础上的活动形式。仪式首先要发挥出情感联结的效应才能为集体与个体的发展提供支持，因此，仪式本质是一种情感性存在。物质的摆设与归置、思想的表达、艺术形式的渲染、声音与灯光的使用等多种因素的互动与衔接展现特定的仪式，然而仪式重在凝结集体意识、凝聚群体力量，进而为个体在集体中成长营造基本的安全感，让个体产生集体依恋，主动从集体中获取成长能量，从中催生崇敬与敬畏感，而这恰是坚定道德意志和坚守信念的重要基础，因此，仪式是个体成长过程中形成统整稳定人格的必要工具。该校在仪式教育上也做了极大的努力。每周一举行的升旗仪式不仅增进了师生的爱国情感、民族凝聚力与自豪感，其中固定的演讲环节使每位同学都有机会在全校师生面前表达感悟，听者为演讲者感动、骄傲、鼓掌，人人通过这个活动加强了自我的主人翁意识与责任感；每学期都会开展的青春意识活动，分不同主题，让全校师生共同悦享青春的美好，感受幸福的气息，提升对青春年华努力奋斗的敬畏之心（如图 4-5 所示）。

图 4-5　孩子们在青春仪式上依依不舍解下佩戴了八年的红领巾叠好将其珍藏[①]

除此之外，学校还设立了涉及人文、艺术、体育、科学等多个领域的社团日常活动，善良、求是、尚美的求学精神协同精心配制的校园环境、课程与教学活动整体作用于师生的学校教育生活中，校长淳朴踏实、宽仁待人，教师们爱护孩子、积极进取，学校人际和谐、坦诚相待、相扶相助，整体展现出一种如陈校长所言，"处处散发情感文化气息，事事体现情感文明素养"[②] 的学校风尚。在如此情感文明气质的涵养与熏陶下，师生也的确找到了真实的自我，发展出独特品质，愉快、惬意、智慧地成长。

---

① 引自陈永兵的 PPT "南通田中国家级课题开题会报告'校园情感场生态构建'"。
② 引自陈永兵的 PPT "南通田中国家级课题开题会报告'校园情感场生态构建'"。

第五章

课堂教学视域中的教师情感交往观察
与情感人文素质提升

斯特劳斯（Straus）曾用"路径"描述过世界的"邀请性"特征，例如，凉水邀请我们去喝，海岸邀请孩子去玩，一把舒适的椅子邀请我们疲惫的躯体陷入其中，等等。同样，一个现象学人文科学的文本邀请我们与之对话。

——［加］马克斯·范梅南

在这样愈发理智的时代，人们渴望感动、期待情感的滋养，又常常在日常与职场生活中拒斥情感。理智的思考与功利追求相互有利，教师理解倾向于职称、分数、评价、荣誉与地位，极其理性地追求功利，教育意义感长期缺失，不在乎且不关注学生，教育生活庸俗、贫乏而又无味，体会不到交往中的趣味与快乐，更感受不到交往生发教育性的美好与幸福。而很难引起关注的是，教师们却常常是最易被感动的人群，他们渴望善良，赞赏正义，沉醉于美，却常常生发庸俗、无感、冷漠、自以为是等一系列精神品质低下或理智单向度发展的质态，他又将其自然地展现于教育情境，使嗷嗷待哺的学生理所当然地受到"熏陶"，在学习中展现与行动着外在的无感、冷漠与内在的情感渴望、精神滋养期待。什么时候教师能够暖化冰冷的自我与知识符号、信息，愿意将感觉与情感连同知识真诚地呈现给学生，与学生积极、细心而热忱地交往，教育才真正地发生了，也才有了意义。

第一节　引导教师改变：基于观察指南使用的人文主义写作训练

课堂教学是要将主体交往与学习统整于育情—育德—育人统一目标的过程，教师如何对这个过程的意涵有自觉意识，并有妥帖的、有意义的教学作为？观察指南的使用并非对教师教学行为和课堂教学质量的评价，而是教师省察与调适隐藏在知识学习背后的师生理智与情感的发育、发展状况和问题的依据。教师基于指南使用的意识改观与自觉养成及其带来的教学改观也是教师情感文明素质在课堂教学中诠释与提升的过程。

然而，教师的改变并不是一蹴而就的，需要研究者与教师共同直面课堂，反复切磋，经常反思和训练，长时段对话并寻求理解。在这个过程中，阅读与写作是研究者与教师增进自我理解与相互理解的有益方式。双方选定一些经典的，有利于教师增加人文知识，扩充人文教学方法，增强人文观察力、理解力和行动力的书籍，尤其一些专门的情感教育理论与实践书籍，在一定时间内共同阅读。在读书会、阅读工作坊或是一对一的交流对话中，袒露彼此，既扩充认知与体验的视域又摩挲各自认同和理解的学习的情感维度、内容以及专指的情感教育意涵。共同的阅读与对话中收获的情感人文知识、方法和能力，尤其妥帖的合作关系带来的阅读愉悦感、成就感和自信心，自然会增强教师自我寻求有意义阅读的期待与动力，使教师在自我不断深化和扩展的阅读中的情感人文素质底色一点一点变深厚，也促进了有效且有意义的教师改变和课堂改观。重要的是，共同的阅读与对话，可以打通研究者与教师的心灵壁垒，奠基课堂改观的价值旨趣与精神底色，为观察指南所期望的教师改变指明行动方向。

就阅读有助于教师改变奠定内隐的知识和方法基础以及宏大而又敏锐的精神世界而言，专门的写作训练有助于教师将在课堂教学生活中散落的、碎片化的、流动的所看、所思、所悟凝集一体、可视化起来，长期突出自觉意识的写作训练可以磨砺教师观察与思维的敏感性，"立于纸面"的思想世界让以往无意识的教学现象、行为被重视、被捉摸，有意识的教学现象、行为被反复考察，教育意义不断在文字中被揭示，日常的教学行为也就增进了多重理解，变得严谨、有序、有活力、有意涵，更多地彰显出了教育性。

教学指南的立意、研发与建构来源于现象学的立场，重视课堂主体的体验，以及体验对主体的教育意义。教师在课堂中使用与诠释指南和相关的教学建议需要日常坚持基于课堂观察的现象学写作，使指南的思想结合真实的教学事件不断在意识中被强化、锤炼，更好地应用于课堂行动。课例写作既是要以文本形式揭示这个思维框架在具体课堂中的诠释过程以及值得反复辨析、可以有所改善的要点，也是提升教师情感人文素质的训练方式。当然，教师要经历这个写作训练过程，才能更深刻理解指南的价值旨趣和丰富内涵。经历了这个自我理解力的提升过程，适恰的教学模式、策略的探寻与改观也会水到渠成。所谓教无定法，我们要做的是帮助教师在具体中寻道、悟道，又能自我改善、发展具体实践。为了更好地帮助教师对基于指南使用的不止于现象学写作"包括回溯、描写、叙事、体验、反思等人文研究方法在内的教研写作"[1]有深刻的理解，并能形成教师自我写作训练的模型，研究者研制、开发了一套面向所

① 朱小蔓，王坤．"情感—交往"型课堂：课程育人的一种人文主义探索路径 [J]．课程·教材·教法，2018（5）：17-25.

有学科教师的写作培训模式，并予以了具体运用，现将该模式的思路与内容以及应用时的状况进行阐述。而这个阐述过程也是一个人文主义写作的尝试，力图真实地描述教育情境，做到"是其所是"，又能让读者身临其境，读者与作者能有情感共鸣，自我揭示、探究其中教育意义。

参与这次培训的教师共有三十六人，涉及语文、英语、数学、道德与法治、地理、生物、化学、历史、体育、美术学科，来自北京市朝阳区、江苏省南京市、江苏省南通市和安徽省繁昌县的初中和南京的一所小学。培训的主题是"基于课堂观察指南使用的课例写作——人文主义写作的方法"，研究者本人组织并阐述了整个培训的主要内容。培训前，参与培训的教师们被按照语文与英语，数学，道德与法治、历史与地理，物理、化学与生物，体育与美术的学科组合分成了五个小组。培训以现象学写作训练为主线展开和深化，分为三个递进的任务①推进。

一、 写下当下的体验

研究者希望作为观察者的教师"看到"指标中的内容（不一定是全部）在课堂中诠释了出来，有所触动，将当时的情境和内心的体验描述出来……这就要求观察者对指南有较深入和全面的理解，并相信教师认同并理解指南的意涵后，在课堂实践中确实能逐步自我改善与提升情感人文素质，并且有助于学习活动的深化与发展。那么，观察者需要将教学事件（教师—学习内容—学生的交往行为）、情境、指标诠释点以及自我体验，用日常用语整全地、真实地描述出来，然而，这个要求有些难，我们就先从描述一段单独的体验开始了训练。第一个任务就是"请尝试写下此时您的学习体验"，我依据《教育的现象学研究手册》中的建议，为教师们提出了这个写作建议："在写的时候，要做到简单、直接，尽可能地使用描述性的语言并避免解释和归因。不要让自己陷入事实的细节中，应该首先是自我真实体验，那是您应该努力描述的。字数随心，时间十分钟。"② 在教师们写体验的时候，我也简单地写下了我当时的体

---

① 依据下注《教育的现象学研究手册》建议的训练步骤，在实际训练过程中依据课例写作的目标而有转化。
② 洛伦 S 巴里特，比克曼，布利克，等. 教育的现象学研究手册［M］. 刘洁，译. 北京：教育科学出版社，2010：55-56.

验："这个时候会议室静了下来，略显紧张的心也稍稍放松了下来。我有些害怕，害怕教师们并不能理解我想做什么。然而从大多数教师的眼神反馈来看，他们还是很愿意浸入，也乐于从事这个事情。恐慌、紧张感也慢慢随着我的写作消失了……"在之后教师们分享写出来的体验环节，我发现了一个共性的问题，教师们并不愿意或不会经历有体验的生活，尤其在这种共同体学习情境中，教师们的体验以及对其体验的描述更倾向于宏大的公共视野和客观描述，较少涉及对自我主观体验的观照、反思与剖析。听了大多数教师的体验描述，当时我就想到了《教育的现象学研究手册》中的一个案例："如果不是讲述你对比才（Bizet）音乐作品的个人反应，而是讲'1 月 31 日，在伯纳德·海汀克的指挥下，阿姆斯特丹音乐会堂交响乐团演奏了 30 分钟比才的音乐'，你就是在客观地讲述每个在场的人都会同意的体验的那些部分，因为它们是'客观的'。你还可以说，客观报道讲述的是哪怕你实际上没有经历这次体验也能知道的东西。"[①] 此刻写作时我在想，为什么教师们会在我努力刻意创设的安全、信任的交流情境中还不愿意写下并诉说自我的主观体验呢？一方面可能是因为中国教师长期固化的比较、竞争意识使得他们一遇到多共同体集合的公共陈述场合就自然地凸显出对共同体的认同和依赖感，一定要从自我所在的共同体的视角阐述才是合理的，才会被认同并有安全感；另一方面是由于中国教师长期在课堂教学中形成的公共式理解与阐述习惯，使得大多数教师忘记了个体体验在课堂中的重要意涵，甚至在日常生活中也忘记了个体体验的理解与诉说方式，也就是说不关注、不理解、不展现个体体验的课堂在慢慢地形塑着教师的"不真实"，教师对此也无意识并自然地展现着这种"不真实"；还有一种原因是成人教师在陌生的环境中，总是越客观、越宏大地诉说，才越不容易被人"纠错"，也就越有安全感。

有一个事件值得拿出来探讨。在教师分享单独的学习体验时，与我有较长时间和深厚的合作研究基础的道德与法治 F 教师第一个发言阐述了他的体验。他的阐述不仅描述得很真切，也很让人感动。既从个体体验切入，又带有道德与法治教师普遍的公共情怀底色，感觉是较好的凸显教育性和情感性的体验写作。然而，在听完了他的

---

① 洛伦 S 巴里特，比克曼，布利克，等. 教育的现象学研究手册 [M]. 刘洁，译. 北京：教育科学出版社，2010：88.

阐述后，或许由于紧张和长久多重思考的习惯，我的即时回应却没有将我上述写下来的原初体验很好地讲出来，甚至让他和在场的所有的教师产生了误解："他讲得不好。"很明显，他从讲述时的非常开心、兴奋、满怀激情到听到我的有些错乱的回应时面容沉重、失落，我看到也感觉到了他当时表情与心情的变化和落差。这就让我更着急了，但是培训和讲述还要继续，我无法停下来做过多解释和安抚。就这样我带着愧疚的焦虑心情完成了第一个任务的训练和互动，期间，我还时不时关注着 F 教师的状态，他始终是表情严肃和沉重的。午间休息时，我给 F 教师发了个信息，大意是"您上午说得特别好。听了您的发言我很感动。当时恰好我一直在想曾经在一本书中看到的关于体验写作语言风格的案例：就是让两个人写听了音乐会的体验，一个完全个体化的生活体验，让人读了如同身临其境；一个就像写新闻稿一样，让人读了感觉像没去。我当时有些紧张，是想通过您的发言表述体验描述带有人本身的生长特点，您是道德与法治教师，长期的教育职场经历内化了强烈的公共情怀，生活中也自然流露出一种令人崇敬的侠义感。但是说到这我就特别想说体验写作需要的语言风格的事情了，就想到了那个案例，说出来引起大家注意。可是当时，既紧张又表述不清，我很担心没有把这个真实心境诉说与展现出来，然后，特别怕您和大家误会我举那个案例意指您说得不好，还破坏了您那么用心创造出的高昂的会场情感氛围。唉，之后的会上我就特别为那时与您互动的情境而愧疚，既想找个契机补给，也要想下一步的诉说……" F 教师看后回复了我一个暖心的笑脸和一句"谢谢"，最关键是，在接下来的训练中，F 教师一如既往地兴奋并参与其中，认真写作、发言、谈论，我和他的关系也更亲密了起来。我想我们之间的这种开诚布公、坦诚互助的关系状态对其他有敏锐洞察力的受训教师也具有教育意义。单独将训练第一个任务时的这个事例描述出来，是为了说明无论教师培训还是教师所身处的课堂教学，要关注学习者情感状态及其变化，尤其要对负性情绪敏感。教师不应感受到了学习者的负性情绪而害怕交往受挫而放弃引导和调适，恰恰是在适当时机的坦诚的沟通与交流既能一定程度上弥补负性情绪带来的心灵创伤，也是交往双方更深入地理解彼此并推进积极改变的教育良机。

二、 观看教学片断， 写出观察体验与反思

教师们在完成任务一的过程中，在单独的体验写作，尤其在分享交流环节，既通

过研究者与教师的对话继续探寻文本内容的个体体验之源，尝试解释体验的原因，揭示可能的教育意义并据此尝试重构情境、行为，也通过突出分析写得贴近现象学写作意蕴又能使大多数听者感受到精神震颤的文本，在比较中自我建构起较好的且有教育性和情感性的体验写作的内心图景，并通过对话和引导达成共识。之后，我们开始了任务二的训练与探讨。提出的任务是：我们共同看一个教学片断，请您写出观察体验与反思。建议："要求同上，但要把写作的焦点放在您认为最好地诠释了指南某个指标的教学事件上，结合您的感受写作。时间：15 分钟，字数随心。"接着，我给教师们播放了一段化学课的教学片断视频，这段视频大约 10 分钟，核心内容是一位化学教师以音乐的形式向同学们讲述化学究竟是什么，个人认为突破了教师们对传统化学课的认知。在播放视频的过程，我不时地观察教师们的观看状态，每一位教师都能认真地观看视频，只有零星的几位教师边看边写下了些什么，几乎全部教师的表情都很严肃，看不出有哪位教师看到视频后有扩展或突破其理解范畴的惊异、喜悦、兴奋或其他突出的、让我觉得他看到了些什么的表情变化。果然，第一遍播放完后，请教师们开始按建议写观察体验时，大多数教师是不明所以的，迟迟不能动笔。现在想想，我意识到了未经长期阅读、写作和思考训练的教师对教学现象尤其一般的教学现象往往无体验意识，或者说人的有意识的体验的可能性、深刻性和问题敏感性与其认知、感受的基础、范畴和能力呈显著的正相关关系。除非是极大程度突破大众的认知和理解常识的现象，比如，事关死亡的现象、反人道的现象等，才能很快引起人们有意识的体验；或是某个情境、某段文字、音乐、绘画等艺术品瞬间触动了一个人的情感感受神经，引发了突破自我意识的高峰体验。这种超越性的、与时空一体的体验在现代大多数理智人的情感世界中已很难发生。然而，这种有意识的体验也往往由于其源于人们普遍的认知、感受和理解状况而具有形式上的普遍性和相似性，除了会引起在场人的情感共鸣，就现象内容进行一些在意识表层的对话外，很难进入对体验的深刻意涵的想象与捉摸。像是人们一谈到死亡，大多涉及从恐惧感、惊诧感、迷茫感、撕裂感等延展开的具体事件叙述与对话外，很难对这些由死亡深渊生发出的复杂情感有跨时空的想象、身临其境的感受和深入辨析。虽然当时我并没有上述深入的反思，但好在及时意识到了对大多数教师而言，看一次教学片断很难产生体验（虽然他们可以凭借经验积淀下的评课模式与套路点评这个教学片断或一节课，但这种没有寻找到处于长时段教学历史时空中当下真实自我的点评于课堂带去教师与学生学习的真实、有效改观并无多大用处）。教学片断需要多次、反复观看才会出现一些体验，继而挖掘出有教育意义的反思。第二次看完视频后，教师们开始陆续动笔写作了，但当时的我依旧担忧教师们没有体验，或找不到指南中指标在这个片断中的诠释点。在后来的分享交流环节，听了大多数教师的体验描述，最直接的感觉是一旦请教师们观察课，就有评价这堂课的思维惯性和从学校教研活动中积累下的固定的话语阐述风格和模式。对大多数教师而言，观察别人的课，评价的意识完全覆盖了深入课堂中理解、体悟课堂中的人的意识。然而，基于指南使用的现象学写作训练恰恰希望扭转教师们固有的评价式思维定式，让人的体验成为教师思考与写作的对象，在思维中观察、体验、解释、揭示、重构相互磨砺并一体化于写作过程和文字中，既从中探寻较好的和完备的培育人成长的方法，又让每一个人从中经历幸福。

三、 观察一节课， 写出观察体验与反思

在任务二的分享交流中，虽然隐约能感觉到教师们评课的倾向，但分享还很热烈，尤其教师们经历了任务一写单独体验训练的铺垫，写教学片断的体验也并没有完全离"人"太远。之后，我向教师们展示了提前所写的关于那个教学片断的体验与反思内容，供教师们讨论与改善，以进一步在教师们内心勾勒一个明确的、较好的课例写作景观。经历任务一和二的训练与讨论后，教师们逐渐形成了课堂观察与写作的认识与操作基础。继而，我向教师们提出的第三项任务是：我们共同看一堂课，请您依据观察指南尝试写课堂示例。建议："从课前、课中到课后全程卷入、感受课堂。先有一个课堂过程和结构的整体性概述，每个部分又会依据指南思维选取极具代表性的教学事件分别从教师和学生两个主体描述情感状态，结合学科思维特点和具体教学情境、内容阐释教师和学生的自我和情感的交往质量。这个有代表性（指代表指标价值期待特点的）的教学事件选取要尽量保持连续性和严谨性。最后结合价值体验指标体系再次反思课堂。"其中，我向教师们着重强调的是课前的观照涉及对教师教学设计和提前走入课堂后对师生、环境的观察、判断与体验。基于整堂课的课例写作思路是以值得选取的、连续性的教学事件为明线做描述，并选取适合的指标对每个事件进行带有个人的体验的解析。我希望教师在观课的时候能首先用好指南中的观察记录与建

议一栏，将观课时触动自己、并且最能代表某个指标价值期待的教学事件在相应的指标后记录下来，并写下自己觉得可以深入讨论的内容；看完整堂课后将那些记录在指标后面的教学事件和思考誊录在一个有助于写整节课例的表格中，如表 5-1 所示。教师们用各自填写的这张课例写作建议表，参与到小组的讨论中，共同探讨出公认的最值得描述的教学事件、指标点以及写作风格、内容等。

表 5-1　课例写作建议表

阶段	值得写的观察点与指标内容	写作建议
课前	主要依据行为表现指标描述	
课中	主要依据行为表现指标描述	
课后	主要依据价值体验指标的反思	

由于是所有小组共同看一堂课，任务三的训练主要是进一步帮助教师们经历、体会观课过程，在大脑中描绘观课的重要点，尤其通过共同观课氛围的引领，使得那些不愿意参与其中的教师也不得不加入进来，按我们共同的期望观一次课，写一次观课体验与反思。同时，让教师们尝试使用上述观课和写作的框架性工具，有助于消解教师们观课与写作之初没有体验、不知从哪入手的迷茫感、不知所措或其他形式的畏难情绪。工具的使用，也会使观察和写作更全面、完备和深入，合作探讨起来也更方便。当教师们在共同体努力的引领下，利用研究者精心思考建构起的思维工具经历了一次观课与写作，并在日常教学生活中坚持做下去，让长久的训练将思维工具的意涵内化于自我的教学思考与行动底色中，教师的情感文明素质提升和教学改观也就有了真正的有道德的效果。

任务三的分享与讨论之后，我依然向教师们呈现了提前写好的关于那堂课的体验与反思。之后半天的时间，就请各组各自行动，通过看教师们自己带来的课，小组自行分配任务，教师们或写基于教学片断的体验与反思，或写基于整堂课的体验与反思。完成后是各个小组轮流分享和交流所看、所体悟与所写。

在小组分享交流的过程中，有个事件值得描述和分析。安徽省繁昌县的一位初中数学男教师虽已多次参加了我所讲解的指南立意和使用培训活动，但前几次都没有怎么发言，指南并没有激发出他的关注和使用兴趣。参加这次培训的最初见面时，他对我也不是那么的热情。但在小组分享环节，他来主讲所在数学组所看一堂数学课的体验与反思。他所讲的具体内容我已经记不清了，但是他讲述时的兴奋劲、丰富的肢体语言、抑扬顿挫而充满力量的语音和语调都给我留下了深刻的印象，结合当时他的发言内容，我的直观感觉是他是那么爱数学，那么爱思考数学，又是那么爱思考如何教人学数学并进行数学思考。所以，当他陈述完，我的回应并不是针对具体的数学教学内容，而是首先表达了上述我的感觉，我说："刚才您的发言生动地诠释了指南的第一条，教师热爱自己的学科，因为您太爱数学了，我们也从您身上感受到一位数学教师应当有的教人学好数学的深厚的使命感，有了这样的使命感，教师们才会主动而热情地尝试理解学生、理解自己、理解变化，学会改变。"这位教师听我说话的时候，始终在郑重地点头……而且后面的培训他的参与程度更深入了，热情发言，认真写作，培训结束时还拉着我说了很多他的写作建议。现在想想，与一线教师从事合作行动研究是一件很困难而且往往是费力不讨好的事情。一线教师有自己长期经历积淀下的稳固的教学认识与体验，每一位一线教师的认识积淀与行动并没有泾渭分明的对与错，而恰恰都是对课堂学习者有益的宝藏，值得开发。研究者需要形成正确且适恰的交往价值倾向，往往鼓励、信任、理解、依赖、尊敬一线教师既是我们争取的民主交往价值的内在意涵和具体体现，也要比合作受挫时一味地谈宽容和理解而更容易让合作双方感受到交往的愉悦与深入研究后的成就感，而这些积极的情感状态与交往品质又是双方进一步合作行动研究的重要动力源并使研究持续卓有成效的关键。

我承认上述的课例写作训练与课例内容是具有主观性的，但它不是不具有科学性和课堂改观效应的。课例写作是一个现象学研究的过程，现象学研究就是要揭示体验对体验者的意义①。课例作为研究结果，试图提出一些对教师的课堂自我改善可能会产生更多可能性的建议（包含具体的教学模式、策略和方法），同时为那些和课堂决策有关的人提供一个更好的情境，为更好的行动指明方向②。

① 洛伦 S 巴里特，比克曼，布利克，等. 教育的现象学研究手册 [M]. 刘洁，译. 北京：教育科学出版社，2010：1.
② 此为课堂体验的现象学研究之于课堂改观的意义。该论述借鉴：洛伦 S 巴里特，比克曼，布利克，等. 教育的现象学研究手册 [M]. 刘洁，译. 北京：教育科学出版社，2010：75.

第二节　教师使用和诠释指南的课堂观察示例[①]

课程通过集中培训解读指南并帮助教师了解和掌握教育的人文主义写作的基本意涵与工具，促使教师在日常教学生活中自我培养使用和诠释指南的意识与能力，学习共同体的情感交往效应在其中发挥了重要的而且是立竿见影的牵引作用。教师学习共同体要重视教师的教学经验，认同并理解教师教学经验的不可或缺性，鼓励并引导教师在情感文明的思维框架中观察、描述、解释、重构自我经验，发掘被忽视的教育意义，探讨如何组织、建构最贴合人的情感发育、发展规律和情境的教育行为。通过培训后教师们的文字反馈，我们惊喜地发现和感受到，"有许多类似直逼有良知的教育工作者心灵的表达，那是对情感教育从无意识向有意识的转变，是有自我生命特色的学科育人思想的迸发，也是长期教育感悟与经验的激活；适恰、温暖的情感表达开始受到关注，师生关系质量这一沉睡或模糊的概念被激活和正视起来，而且人们意识到完全可以从课堂的知识学习过程中寻求突破与改善，从中真切地感受和认同学习是每个人的权利；在这些教师的课堂里，学习困难、边缘群体开始受到关注并找到了调适的路径与方式；课堂教学不再是技术的演练与知识的灌输，而是师生、生生心灵对话，不断生产、感受价值与智慧，建筑生命力量的特殊时空；冷漠、懈怠、误解、抱怨连同热忱、关爱、宽容、理解、同情、鼓励一体成为教师认识自我和课堂的关键词，不同质地的情感体验在交流的平台与表达的过程中相互映照，教育价值涌现，有助于成为教师踏实可靠的情感教育认同与课堂改观敏感点；教学组织、教学方式、生活经验与人际交往开始受到关注，成为品读平等、民主与正义价值，勾连学习内容不可或缺的学习资源"[②]。

然而，在共同体中的学习毕竟是短暂的，对提升教师情感人文素质的影响终究是

---

① 本研究再现、阐释的六堂课例，是我从参与听评课、看课堂实录视频、阅读"教师情感表达与师生关系构建"项目积累的教学设计、观评课实录文字资料中获得了教师们的教学内容、教学实景、图片以及知识扩展、思想迸发，在此感谢上课的教师、同学们以及参与讨论的各位教师和视频拍摄者、材料提供者。

② 朱小蔓，王坤. "情感—交往"型课堂：课程育人的一种人文主义探索路径 [J]. 课程·教材·教法，2018 (5)：17-25.

阶段性的，影响效应会随着教师日常教育生活中不断出现的情感、教育、生活和社会问题而被逐渐消解，激发和内化的学习内容与情感意蕴也会随着日常琐碎生活片段的冲击而被渐渐遗忘。因此，需要研究者与教师们保持长期的一对一的合作行动研究关系，彼此陪伴，相互扶持、信任、鼓励，共同面对问题，解答、解决问题，在适恰的合作研究关系与充盈、美好的生活中为共同的情感文明素质提升不断补给动力，共同过有道德的教育生活。这个部分直面教师诠释与提升情感人文素质的课堂教学现场，通过研究者的观察，以教学片断或整堂课的现象资源为指南提供示例，描述与揭示教师改变以及课堂情感文明形态和内容。

一、 "化学能转化为电能——探究原电池" 的课堂示例与解读

（一）指南理念的课前观照

"化学能转化为电能——探究原电池"是南通山家炳中学的化学教师张弛任教的一堂公开课，这堂课的教学内容依托人民教育出版社出版的《化学 2》第二章"化学反应与能量"的第二节而展开，此时是学生们第一次接触电化学的问题。理科课堂教学的本质应当是一种活生生的人全身心地卷入其中的科学活动和对科学活动的认识过程。从张老师在课前的说课环节中对教学思想和主张的阐述反映出他对化学课中"人"的深刻理解与重视。他说："我一直坚持的化学课堂教学的基本理念是'人在课中央'，'人在课中央'反映一种应有的课堂教学生态，在这个生态系统中，每个生命都是具有情感和生命能量的，他们都是课堂的主体，他们都应当处于课堂的中央。"虽然由于我并不是化学专业出身而自然对这堂课的教学内容有一种迷茫与无力感，但是当听到张老师认真而又铿锵有力地说出这段教学主张时，思维中一贯的人文性底色立马被激活、化散开，整个人也就兴奋起来，使得我对观察张老师如何教人认识并开展化学能转化成电能的活动增添了许多期待。而接下来他对通过这堂化学课诠释"人在课中央"理念的具体思考与预设的教学活动更是值得化学教师反复琢磨，寻找更多、更有效的教学方式和策略落实于课堂中。他说："'人在课中央'在教学思想方面的诠释指人是课堂中被考虑的关键要素，重要的内容是对人的情感、人的交往、人的信息获得方式等要素的考虑。在教学活动形式方面也要以人为中心而选择，避免灌

输、说教。这堂课将依托四次探究性实验并融入曾经开展过化学能转化为电能经典实验的富兰克林、法拉第等科学家的科学史。在表达方式方面，做到眼中有人，尽量采取对话的方式、激励的方式，幽默的、拟人化的方式。"同时，化学思维作为科学思维的一种具体形式，虽是要依据特定的要素、组合与运行规律而探究，但却不能拘泥于固定的探究思路和模式，触类旁通、举一反三，继而归纳概括、推广演绎也应当是化学思维在合规律探究过程中的基本形式。张老师在说课中提到的将会让同学们通过实验探究与合作反思探索是否可以实现从其他能量形式直接转化为电能并借此共同概括原电池的定义，更是让我对这场我也能在其中的化学思维之旅跃跃欲试，摩拳擦掌。

（二）课堂教学中的指南示例与解读

以教师为观察主体的"情感性交往行为"的指标体系中第一条指标就提到"教师热爱自己的学科，精通本学科相关知识并对知识背后的方法、价值观及其产生过程有所把握和理解"。这是一个观察教师自我认同、自我情感交往的内容指向。我从课前说课到对整堂课的旁听与观察，最直观的感受是张老师的语言表达尤其化学专业语言表达认真、干练、铿锵有力，总能透过其语言感觉到他身体中流淌着的化学学习历史积淀下的化学力量。尤其张老师卷入同学们的实验活动中笔直且自信的站姿，温暖的浅笑与眼神交流，举手投足间的引导，让我感觉到这是"张弛老师的化学课"，这堂化学课有底气。如果教师不热爱自己的学科，不能精通教学内容的知识载体并对产生某个知识点的方法尤其思维方法、价值观内涵及其过程有足够的理解，当然无法自信大方地站立于课堂中，整个课堂就失去了能够被支撑起来的灵魂内核。然而，本身对新学知识的课堂缺乏安全感的学生们也就能自然地感受到更强烈的疏离感和不安全感，这种感觉会加剧他们对教师的不信任，课堂的交往也就失去重要的情感基础。因此，所有高质量课堂的前提与重要基础是教师热爱所任教的学科，热爱所要教的内容，愿意对它们进行再探究。教师的这种热爱一定会在课堂中通过身体、知识等交往中介自然成为引领学生热爱并卷入学习的精神力量。

科学史的方法应当是理科课堂彰显人文性。然而，在理科课堂教学中用好科学史的方法却并不是一件容易的事情，需要教师结合教师行为指标体系中第一条和第七条融合一体的理解，立足知识点教学和可选用史实的智慧性整合和呈现。这堂课中，张老师在课堂开始阶段就运用了科学史的阐述方式。他首先选用了富兰克林在雷雨中通过风筝将雷电转化成电能的案例，与一位学生对话表述富兰克林的雷电转化成电能的实现过程，又通过说明这样实验的危险性引导同学们共同了解和认识法拉第机械能转化为电能的机制而发明圆盘式发电机的历史。可以感觉到这是一个恰当的课堂引入过程，张老师运用科学史的真实内容和人物生动性帮助学生将思维勾连生活，进入课堂学习状态，又通过电能的雷电与机械能转化机制的比较激活学生对课堂教学的讨论主题"化学能如何转化为电能"的探究兴趣。在这个过程中，师生间的对话虽然简短，但却从课堂一开始便营造了一种教师愿与学生互动，乐于倾听学生见解的安全、开放、平等、信任、和谐的教学情境。虽然课堂由于实际教学条件的限制而略显拥挤，但观察者能感受到大多数同学的心打开了。

接下来的教学过程，张老师围绕化学能如何直接转化成电能这个探究主题，依据人们对该问题的一般认知逻辑与规律，分四个小实验，分别指向原电池的定义、原电池的工作条件（原料、操作方式和工作现象）、原电池的工作原理（影响因素、内电路与外电路的运行机制、化学反应过程、反应式概括）、自主创造原电池和生活应用四个层层递进的问题探究。全班同学六人一个小组被划分成九个小组，九个小组的同学在张老师一个接一个逻辑咬合度较高的问题引导下同步依次完成四个实验，以对话、共同操作、进一步提出疑问和设想、解答等方式回答和解决每个实验想要探究的具体问题。就像张老师在课堂中告诉同学的那样，"对于科学探究来说，善于提出问题是非常关键的，甚至是成为一名科学家的前提条件"。四个实验串联起的教学过程中，几乎全部充斥着张老师清晰、富有激情、抑扬顿挫的提问与同学在实验过程中的回应，或是张老师请同学针对实验现象自由发问，大家共同解答。我粗略计算，全班有三分之二以上的同学单独站起来回答了问题或是提出了疑问，而且每一个问题的提出与回答都得到了老师与同学们的积极回应并被引入下一个层次思考。可见，探究性的对话是本来很沉闷的科学探索活动引导思维发展非常有效的润滑剂与催化剂。各小组分别做实验的过程中，他穿插于各个小组之间，观察每一个小组的实验过程和同学的专注状况，认真倾听小组共同问题或个别同学的问题并通过提问、鼓励或是小组的力量帮助不能很好投入实验的学生个体卷入其中，也会引导离得较近的小组之间进行实验对比与讨论。在每个实验结束后的全班共同讨论中，张老师依然会热情地行走于各个小组之间，面露微笑、轻低脸颊并伸手示意或轻拍肩膀请某位同学表达想法，而针对每位同学的表达他也都给予了积极的符合该学生个性特点的生动回应，并及时观察全班学生状态，依据当时的教学内容与情境表达出有吸引力和解释力的肢体动作，因此可以观察到，并没有一位同学因站起来表达思想而受挫，几乎都能体验到因表达而产生的愉悦感或成就感。

可贵的是，在对每个问题的解答或知识点讲解过程中，张老师做到了"使课堂学习的知识与生活相连，充满趣味性和探究性"的指南期待，他将深奥的电子流动机制与过程介入拟人化思考，并通过 PPT 话语生动活泼地呈现出来。类似的例子还有在课堂最后的运用生活中的材料制造原电池的实验中，他向同学们展示了如何用两千多个橙子瓣制造原电池为手机充电的实验案例，可以感觉到全班同学的惊异，相信这种感觉是同学们课后自主探索和深化该实验的情感基础。当然这种教学呈现方式不仅需要教师将知识点深入浅出进行生活式转化的思维能力，也需要教师具备一定的可以引导学生扩展思维视域的媒介素养。

再来观察学生，由于整节课贯穿着小组实验活动与探究性对话，加之张老师在整个活动中始终散发出的亲和力和对同学们的信任、欣赏与尊重，因此，同学们虽然是在从事并不是那么好理解和操作的科学实验以及严谨的化学式的归纳与推演，但是，大多数同学都表现出了乐于求知的兴趣和好奇、兴奋的学习状态。尤其在实验过程中，同学们都自然地用不同的姿态介入学习，同学之间有序互助，真诚地对话、探讨，想象力、创造力在活动中大大呈现，可以发现，几乎每一个小组都会针对实验中发现的问题拉着张老师探讨。当然，在课堂共同探讨的环节，同学们也都能及时回归安静、有序的学习状态去倾听和发表想法。

(三) 课后反观

再反思所经历的这堂化学课，由于教师的问题预设逻辑严密，加之思考充分，课堂表达与调适适恰，师生在探究原电池的过程中就化学能直接转化成电能的核心问题所涉及的教学资源有较完整、深入的理解与掌握，关键是师生由于一直处于一种合作、信任、欣赏与激励的教学环境中，双方就该化学问题的知识与思维有了深入的探索与发展，很难感受到教师和同学们在教学中的某个阶段有不适应或受挫等状况。相反，可以感受到教师因仔细思考与准备的教学设计完整、顺畅地呈现以及与学生在课堂中惬意地交往、合作和探究问题获得了成就感、愉悦感，学生当然因为在愉快而惬意的学习过程中探索了未知尤其因为表达自由、顺畅而从化学教师、化学知识那里感受到了难得的"被关爱感"、自尊感、自信心和期待感。课堂教学与个人呈现出了情感与理智的和谐发展。同时，正如上文中描述的观察者从课堂开始就初步感受到教师的自信及其对化学和处于化学学习中人的热爱，教师这种正向、积极的情绪状态始终弥散进每个实验活动，弥散进与学生的每一次交流、交往过程中，因此整节课的师生关系就是积极、顺畅的，教学氛围也因教学内容和情境的变化"如任课教师的名字一般"而张弛有度。

二、 音乐教学形式在化学课堂的应用——来自 "化学辩辩辩——化学究竟是什么" 的课堂观察与解读

人脑三合一的关系不遵从理性—情感—冲突的等级制，存在的是这三项之间的不稳定的、可对调位置的、转动的关系[①]。然而，长久以来，人们却有对理科课堂仅仅是提升人理性能力的误判与误识。出于满足人的感性需求又指向人理性与情感能力和谐一致发展的艺术教育形式常常被理科教师忽略，绝大多数理科教师的情感人文素质也常常因缺少对课堂教学的艺术之思与艺术教育训练而处于对物的世界过于理智，对人的世界感受力、鉴赏力、理解力不足的理性与情感失衡状态，理科课堂中人脑与文化也就常常因教师的主导作用而传递和复制了这种失衡状况。

南通田家炳中学的张弛老师是一位不仅热爱化学、逻辑推理能力强而且又热爱艺术，尤爱将生活体悟渗入音乐欣赏和创作的饱满而灵动的化学教师。"化学辩辩辩——化学究竟是什么"是一堂面向即将开始化学学习的高一同学而开设的探讨化学功能与价值的通识性化学课。在该课的导入阶段，张老师与分成九组的同学们进行了简短而带有生活气的"家常式"对话，可以感觉到课堂氛围中同学们并没有因为新来的教师和未知的学习领域而泛出不安全的或不和谐的情绪底色，课堂氛围整体很舒适

---

① 莫兰. 复杂性理论与教育问题 [M]. 陈一壮，译. 北京：北京大学出版社，2004：39.

和惬意。之后，令人感到欣喜的是，为了引导同学们迅速并且直观地感受和了解化学形态与内容，张老师为大家播放了一段由一位年轻的男性化学教师参与创作的"记得吗，你还学过化学"的音乐视频。这个音乐视频也由该化学教师拿吉他弹唱，曲风温婉，歌词内容由生活中的化学现象、化学元素和基本的化学问题串联起来，配合着几位同学洋溢着青春活力又渗透着化学教学生活特点的舞蹈表演。

在观看视频的过程中，同学们不知不觉深处其中或因其中的幽默内容而惬意地发笑，或因其中提出的问题而陷入思考或相互讨论，整个课堂的化学意蕴因贴合同学们认知和情感发展状态的音乐教育形式的呈现而被激活。

理科课堂观察指南中教师行为指标的第七条"教师善于设置科学教育活动，活动能将所要探讨的科学概念、知识与生活连接，充满趣味性和探究性，活动开展能给学生留下深刻的科学记忆"是一项非常考验教师尤其理科教师将学科思维、生活思维与艺术思维融合一体卷入课堂的智慧与能力。就化学课而言，这种能够彰显教师高水平的情感人文素质的具体教学智能需要教师在日常生活与化学教学生活中，进行有意识的艺术思考、技能训练以及化学思考、训练的相互考察、补给，并且持续坚持。渐渐地，化学课就成了生活自然渗入进的，让每个人大脑的各个部分都能被激活，想象力和创造力驰骋，整全且突出个性特色发展的充满趣味的化学探究活动。

三、《小王子》阅读课的课堂示例与解读

初识南京市拉萨路小学（以下简称拉小）的副校长，一位有着深厚教学经验的语文教师陈宁，是在解读指南立意与使用建议的第一次研讨会上。当时，她带着拉小的几位年轻教师从南京风尘仆仆地来到北京中学听我讲述研发指南的一系列思想基础以及使用建议。现在想想，当时的我太沉醉于将本来言简意赅、层次分明的指南内容放置于宏大而又追究细枝末节的理论世界中寻找思想根据，其实也是太沉醉于自我思考中，缺失了对听众需求的关注，使得第一次的指南解读会并没有能让一线教师完全弄明白从而留下深刻的关于内容方面的记忆。至今我在回忆那次会议情境时，陈宁老师的几句发言依然能在我耳边清晰回响："一线教师并不需要高深的理论，我们只需要这些内容对真实有效的课堂改观有用，对孩子们的成长有用……"从那之后，伴随着对这几句话的反思，我开始尝试了解陈老师，也通过与她的交往反省自己。长时间的

观察与交流下来，我发现她是一位有着极佳的人文理解与感受敏锐性，情感能力强，教育学理论功底很好，对教育教学现象和问题能有深刻的判断和追问，描述现象、分析问题的语言能力强，概念运用总是恰到好处，逻辑清晰的教师。她给我的思维感觉如同她的形象一般温文尔雅却总在某个地方让人感受到牵引人深入探究的力量。陈老师引导小学三年级的孩子们阅读《小王子》，对话、分享感悟的一节课很值得分析与探讨。

（一）指南理念的课前观照

有一些课，开始的一瞬间便能触动学生和观察者的感受神经，给学生留下了深深的印象，又忍不住要听下去。这些开始的瞬间常常是生活中的善良与美自然地流进了课堂，所以会让课中的人感到舒服与印象深刻。陈老师刚开始上课的一瞬间就是这样的，一个灵动的陈老师自然地站在学生们中间，露出迷人的笑容，对着同学们深深一鞠躬加上一句音调上扬、活泼、可爱的"同学们好"。虽然每位教师都可以这样做，但在那时，课堂给人的感觉是陈老师的心打开了，孩子们的心也打开了，精彩的旅行开始了。

不可否认，在中国大多数学校实现课堂外观察的物质条件和工具都还不完备的情况下，一旦有观察者进入课堂观课，一定会使任课教师紧张起来，只是紧张程度因人而异。常常会看到一些教师准备上课前，笔直而又面无表情地站在讲台上，或在讲台上来回踱步，每隔七八秒钟看一下手表。类似这些举动在我看来是紧张的表现，因为教师们太在意自己在这堂课中的表现了，或者说太在意将自己预设好的一系列程序和内容完美地呈现给观课者和学生。其中也暗含了一个很大的问题：大多数教师，尤其掌握话语权的课堂评价者，并不能清楚地意识到课堂是一个人与人交往互动的有机过程，知识、价值观、情感和道德也常常在这个有机过程中自然生成与有效内化。预设好的给予与呈现虽是必需的，甚至是一堂好课的核心条件，但教师却要对教学设计、预设有否定之否定的认识，要明白在课堂教学过程中对教学设计有批判性理解与实施也会具有很好的教育意义。这样的认识既能消解教师上课的紧张感，更能历练教师的情感文明素质，增加自信。但是，常常是越有着深厚教学经历的教师越能形成教学过程论的妥帖理解，在课前能自然地与学生沟通交流，观察学生状态与教学环境，预热课堂。年轻教师或是上公开课依然会感到紧张的资历较深的教师都需要在课前主动地走进课堂，走入学生，敞开自我。自然且真诚的沟通是将自己与学生带入马上开始的探索未知世界进程的很有效且有意义的基础，也是提升情感文明素质的关键。

（二）课堂教学中的指南示例与解读

情境与对话是陈老师在这节课中所用的两种主要教学方式。她用《小王子》中的"我"在童年所画的蛇吞象的画作为话题的引子，让孩子们展开想象，扮演成小王子，自己扮演不同的角色——陌生的成年人、阿姨、妈妈——与不同的学生对话，听孩子们解释画，而自己却深处所扮演的角色状态中绘声绘色地质疑或批评孩子们的解释。简单的对话让孩子们直接感受不被人理解的苦恼和烦闷。这是一个与大多数语文教学不太一样的、引导孩子们直面并直接体味负性情趣的教学活动。正如文科课堂观察指南中教师行为指标的第七条所指涉："教师能创设较好的交往氛围，引领学生负责任的参与性思维、学科思维、人文感受力、理解力的发展。"在角色扮演进行对话的活动中，学生们随着角色的深入，直接体味到日常生活中会感受到常常没人告知如何面对又将如何调适的负性情绪，情境使真实的自我与故事产生了勾连，深处真实的消极情境中的孩子们对故事主人公的同情、理解以及同感共受的程度会比纯粹阅读或描述对孩子们人文感受力与理解力的影响更深刻。然而，陈老师却不止于让孩子们与故事主人公产生共情，紧接着，她又一次布置任务，让孩子们展开想象，用图画表达出自己曾经不被别人理解、不受关注的故事。的确，精确的语言学习与运用的前提需要浪漫的画面想象与呈现，尤其十岁左右的孩子在还不具备发展较好的语言认知与表达能力所需要的思辨与思维条件时，让孩子们用绘画去感受并阐释语言是一种很好的尝试，长久如此的训练也定会为未来语言能力的发展涂抹美妙的底色。在孩子们绘画时，我注意到陈老师并没有站在讲台上等待，而是不停地穿梭于孩子们之间，一次又一次帮头埋下很深的孩子们抬头，弯下腰与孩子们交流。我观察到不止在学生活动时，即使在陈老师讲话、与学生对话等课堂动态运行的时候，她也是穿梭于孩子们之间，与每一个孩子有眼神交流，或是轻拍身体，或是抚摸头，等等。整节课下来，她其实都在根据不同的情境、对话内容与每个学生和整个班级全身心地交流，因此，可以看出，在这样的充满信任与关爱力量的教师引导下，同学们也都能全身心、全情地参与到课堂中。每到教师提出问题，几乎每个学生都是以半站立、身体前倾的方式争先恐后地举手回答问题便是很好的例证。

　　然而，当陈老师引导一个孩子将自己的画拿出来，请他认为自己在班里最好的朋友猜想并阐述所画的内容时，我意识到陈老师并不只是想要通过小王子的故事让孩子们对别人的消极情绪感同身受，学会同情和理解别人，她也想通过这样的"真心话大冒险"活动，让孩子们认识自己，认识朋友眼中的自己，认识友谊，并学会如何调适一系列从交往中生发出的自我与他人的关系与问题。当然，我想上述问题一定不是陈老师在教学设计时都预料到的，但是当她敢于创设活动和情境要将人真实的情绪情感坦露在大家面前时，这一系列问题都会自然地发生。现在想想她当时是有这个认识，相信应该过早地让孩子们认识真实的自我与他人，认识关系的复杂，也有这个自信帮助孩子们调适好这些问题，而且这种情境与游戏虽有违语文教学常识，但它必然具有教育意义。果然，当小男孩连续找了两个最好的朋友，尤其他还曾经告诉过第二个朋友近期的烦恼时，两个好朋友都没有猜出小男孩的画要表达出的真正意味。他在讲台前耷拉着脑袋，显然很失落，陈老师像妈妈一样搂着小男孩，用手拍打肩膀给他力量，告诉他没有关系的，或许换一种表达方式，朋友们就理解他所想了。当陈老师请小男孩回到座位平复一下情绪时，他要过话筒表达这幅画的意味，他说："画里是妈妈给他生了两个小妹妹。"这时班里发出"哗"的惊喜声，连陈老师都睁大了双眼，小男孩接着说，"但是比较小的小妹妹现在还在暖箱里，我们都见不到她。"接着就忍不住哭了出来。很显然，小男孩的失落既因不被朋友理解也因为小妹妹感到担忧，此刻陈老师眼睛也红了，她紧紧地抱着小男孩，班里响起了掌声，鼓励着小男孩。陈老师告诉小男孩："不要怕，陈老师的小宝宝刚出生时，也被放在了暖箱里，24 个小时不能相见，当时的我一夜不能入睡，担忧，我能体会到你内心的不安，但是后来小宝宝还是健健康康地回来了，我们也相信小妹妹会健康回来的。"班里又一次响起了掌声。正如小男孩回到座位时，陈老师所说的那样，有消极情绪时我们不要怕，学会分享，就理解了陪伴的力量，会慢慢变好的。这是这堂课的高峰体验时刻，同学们在此时都感动了，似乎有了一些认识和理解负性情绪的意识，也都明白了如何调适自我的负性情绪，更体悟到了朋友之间的体谅与理解的弥足珍贵。

　　之后的课堂，同学们的想象与思维驰骋飞跃，陈老师的三个问题"如果你也有个小王子，他会长什么样？""你们会在哪里相遇？""你们之间会发生什么故事？"把孩子们又从故事拉近生活。孩子们的回答让我觉得每个人都是小小哲学家："朋友是要发现的，朋友关系是相互的""朋友是要寻找的，幸福就在身边""在最自由的地方遇到小王子""小王子就在我身边，身边的每一个人都可以成为我的小王子"。陈老师告诉大家："小王子也在我的笔尖。"在课堂最后，同学们争相要给心中的"小王子"讲故事，而令人感动的是，陪伴、困难时伸出援手等是孩子们故事的关键词。

（三）课后反观

这节课给我的最大触动是它不像一般语文教学那样带着大多数人认为应该给予更多正向价值观教育的孩子们直面人性和情感的复杂。因此，这堂课也是饱受争议，有人认为它有违语文教学目标，从中看不到孩子们学到了哪些语文知识，掌握了哪些语言能力；也有人认为不应对这个年龄段的孩子们以成人化的方式开展负性情绪教育，超越了孩子们在多重价值体验情况下的理解、感受与承受能力。然而，现在回想，其实我们的课堂，不仅是语文课堂，太缺少对孩子们进行负性情绪正面价值引导的教育，尤其是对人的道德选择常常是最真实境遇的多种价值体验的认识，这堂课恰恰是在尝试触碰这些问题，尝试如何让孩子们在感受童话故事的世界中，回归真实的自我，建立更坚韧和完备的自我。正如朱小蔓教授曾说："孩子就是自然的，他表现着生命的本能，其所接受的东西就更牢固。要使人形成具有永恒性的价值观，越早进行教育越好……因而，学校教育要把社会的真实情况越早地、越全面地用合适的方式告诉孩子，从而使教育贴近生活，促进学生在生活中真实地成长。"[①] 据此，苏霍姆林斯基·卡娅回应说："我认为在孩子越小的年龄时，越多地把社会的现实情况教给他们，越有助于使其形成永恒的价值观。把社会的真实情况在越早的年龄，从越多的方面告诉孩子，对孩子形成永恒价值观是有益的。"[②] 我们的语文课堂已经不能太过沉醉于语言知识、符号和能力的单向传递与给予中了，需要尝试介入更多的整全性教学方式，比如，对话教学、情境教学、身体教学等，把孩子们从语言文本的世界中拉近

---

① 朱小蔓. 与世界著名教育学者对话：第一辑 ［M］. 北京：教育科学出版社，2015：29.
② 朱小蔓. 与世界著名教育学者对话：第一辑 ［M］. 北京：教育科学出版社，2015：29.

真实的自我和生活，为孩子们设立具有情感体验和道德选择、具有挑战性的目标，而非"尽力而为"的目标，在良好的交往与真实的体悟中，教师还需要引导学生参与挑战以努力实现这些目标[①]。当然，这些挑战性目标一定是以语文知识与能力的获得与掌握为基础的，而经历情感体验与道德选择的具有挑战性的目标的实现恰恰可以反哺知识与能力目标的达成，这是这堂课的真实情况予以证实了的。

四、 Talking with Animals 阅读课课堂示例与解读

北京中学青年英语教师谢老师是一位英语语言能力较强，对英语教学有着深刻研究和见解，尤其对英语教学中的情感教育有着天然认知兴趣和行动禀赋的教师。她与外教 Jonathan 一起带着八年级的孩子共同渡过的一堂主题为 Talking with Animals 阅读课如同她温婉雅致、睿智有礼的形象和英语发音一样，生动地将非母语语言认知教育与人的情感教育有机融合一体，恰如其分地展现出来，在人的精神世界中留下鲜活的印记。

（一）指南理念的课前观照

同样是一种语言教育活动，作为非母语语言的英语教学相比作为母语语言的语文教学时，常会遇到的突出的直观问题是，深处在英语作为非母语语言成长环境中的学生在英语语言和文化学习过程中经受的陌生感与疏离感（学习主体不一定对这种感觉有意识），类似的感觉总是会让学生在以集体学习为组织形式的英语课堂上产生不安全感或恐慌感，直接或间接地阻碍着学生对英语语言、文化的认知、体验和素质展现的效果与质量的提升。因此，英语教师在备课时并不仅要预设知识点、教学步骤和程序、教学组织形式和方式、教学目标等外在于人的教学形式和结构要素，而且要预判到学习者在学习时的体验，应具有强烈的预先体验学生在面对或经历某项教学活动时对语言的感觉的敏感性。这是教师引导学生在非母语语言学习时消解非母语学习消极体验的关键素质，也是教师引导学生通过感受语言意涵通达语言背景文化的深邃景致

---

① 哈蒂. 可见的学习——最大程度地促进学习（教师版）［M］. 金莺莲，洪超，裴新宇，译. 北京：教育科学出版社，2015：32.

的关键素质。值得关注的是，谢老师和 Jonathan 共同任教的这堂英语阅读课，不仅尝试了与常规不一样的中外教师合作的教学模式，就连备课也是中外各两位教师共同探讨，通过商讨、模拟教学、角色扮演并体验学习等方式六易其稿，磨砺出了最终的共同体学习方案。正如参与备课的中方教师赵老师所说："每一节课我们四个人在备课的时候会把每一个小细节都考虑到，我觉得这个也能体现出我们以情施教的初衷，我们把自己换位成学生，在设计每一个活动时总是两个老师站起来做老师，剩下两个老师作为学生，来试一试，这个活动适不适合学生，学生生成出来没有，对学生有多大的难度？"

这节课以小组合作学习的形式进行，全班被分成了六个小组，每个小组有三四个人。导入环节中，谢老师为了帮助孩子们迅速进入英语学习和思考状态，设置了与本节课主题高度相关的"暖场"活动：每个孩子的背后贴上了动物的标牌，课堂里播放着轻快、动感的音乐，同学们相互走动，每人问一些对方只能回答"Yes or No"的问题直到猜出自己身后的动物名称。在这个过程中，全班二十四位孩子都参与到了互动中，他们轻松地说着英语，为每一次的猜中欢欣愉悦、击掌庆贺，班级气氛因"每一个因子"被调动了起来，也因轻松的音乐而高涨了起来，似乎马上要开始的并不是一堂或许枯燥的英语阅读课。

（二）课堂教学中的指南示例与解读

课堂导入活动之后，两位教师开始引导同学们阅读一篇关于 Talking with Animals 的文章。为了让孩子们阅读得更有质量，谢老师首先引导并帮助同学们认识生词。然而和一般的英语课堂中直接告知同学们生词的释义并运用或演练生词的方式不同，谢老师直接提供了生词所在的语境，并让同学们通过语境想象或猜测生词的意思，如图 5-1 所示。

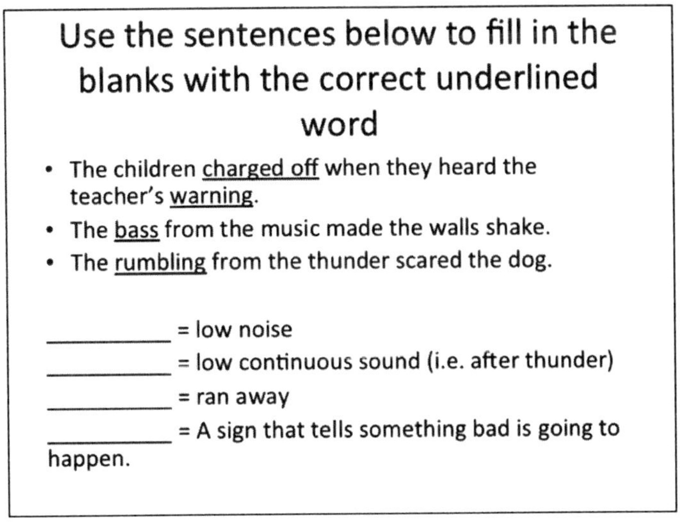

> ## Use the sentences below to fill in the blanks with the correct underlined word
>
> - The children <u>charged off</u> when they heard the teacher's <u>warning</u>.
> - The <u>bass</u> from the music made the walls shake.
> - The <u>rumbling</u> from the thunder scared the dog.
>
> _____ = low noise
> _____ = low continuous sound (i.e. after thunder)
> _____ = ran away
> _____ = A sign that tells something bad is going to happen.

图 5-1　通过语境想象或猜测生词的意思

可以说，生词是阻碍英语学习质量提升的最直接也是最大的屏障，学生也常常会因生词对英语学习产生疏离感、不安全感甚至厌倦。在语境中想象、猜测生词的释义激活了学习者学习英语的自主性，其中，枯燥而单调的单词符号会因有了学习者自我思考的底色而幻化出不同的情感质态，欣喜、愉悦、惊奇、失落、遗憾等都会隐约地勾勒并镌刻下单词学习过程中的记忆形式和内容，同时，单词、句子、段落组成的英语语言也就有了学习者自我理解的情感、生命和文化意蕴，这种自我的意蕴不但会与语言本身的意涵不失一致，也进一步增添了语言内隐和延伸出的独特魅力。在语境中想象、猜测生词的释义也比生硬地给予学生生词释义更易获得学习趣味，消解了被动理解陌生词汇时的消极情绪，为学习力的提升奠定了扎实的认知和情感基础。有了主体思维和情感卷入的单词意涵理解，主体会自主与单词的产生与发展融为一体，所谓的"生词"就活生生地变成了自我表达工具，长期类似的思维训练和语言运用本身是母语知识内化与能力习得的复演，渐渐地，英语也就转化成了第二母语。然而，我观察到，谢老师的这堂课，不仅在生词学习方面如此，其整个教学过程就是学习者自主卷入的在认知发展方面语言思维与语言运用结合，在情感发展方面想象与共情结合，认知与情感发展融合一体的呈现。比如，在引导同学深入阅读文章后，谢老师和 Jonathan 会和孩子们一起讨论故事中的大象具有语言能力的话会表达些什么。更深刻且有意义的问题讨论是：语言对于动物间的交流是否重要？如果动物会人类语言，世界会有什么样的改变？这些问题的提出使得这堂英语阅读课并不仅仅局限在了英语语言作为一种交流符号和工具的知识点认知层面，而是将语言的工具性与人文性有机融合在一起。这些问题的提出恰恰激起了孩子们的他心想象和共情意识，使得孩子们的想象力和创造力迸发；问题的回答既是对知识点的内化也是对语言能力的训练，更渗透进了不同人从不同角度对生命和世界的理解。而本节课的最后一个活动则是将孩子们的想象、共情理解与语言运用整合性地引向了更深刻的层次。两位老师给六个小组分别发了一张不同状态下的动物图片，每个小组讨论图片中小动物的情感状态，而我们人类又可以怎样帮助它？比如图 5-2。

图 5-2　课例图片

谢老师等四位老师在备课时敏锐地捕捉到情感是交往的重要维度并对任何类型的交往起到支撑性作用，或许并没有训练学生共情能力的意识，但深厚的情感文明素质直觉自然地使他们将"与动物交流"的探讨主题最后落在了与动物同情共感并如何施以援助的活动上面。而在课堂上，这个活动的开展又像前几个问题的探讨一样，使得课堂中的情感与理智迸发出又一个高潮。青少年成长阶段，宝贵的同情或共情的意识与能力以及其他情感文明素质的具体能力需要反复被激发和训练，落实到学校教育的每门学科的每堂课都是大有可为的，因为它就隐藏在课堂中的交往关系中，待激活、待发现、待建构、待培育。

这节课中，谢老师整个人的语言与身体表达一如既往地给人自然、温暖的感觉。

对话串联起的整节课，她静静地穿插于各个小组之间，或是自然地介入小组间的讨论，开心地笑出来，或是在共同讨论时关注每一个孩子，用热切的眼神期盼每个孩子的表达，又敏锐地给予了几乎每个孩子表达自我的机会。我能感觉到在场的每个孩子都会因这位教师和她呈现出的亲近、自然、愉悦的气质而感受到安全、自由、自信，这对英语课堂氛围而言是极其可贵的，又因这位教师的妥帖回应而欣喜、惬意并对紧接而来的探索和表达有所期待。不得不说的是，中外教师的自然配合，娴熟、亲切的对话，以及相互间的支持又潜在地影响着同学们小组合作学习时的对话方式与情感交往质量，同学们在无意识中学习到两位教师间的信任、尊重与互助，依赖、亲密与补充，并将这些品质和状态带入自己的小组合作学习中。

（三）课后反观

回顾整堂课，在完整教与学的关系达成方面，观察者最直观的感受是，语言知识学习和能力训练过程中渗透进的人的情感发展所依托的想象与共情训练使得师生对教学资源中折射出的人文见象与人文活动有较完整、深入的情感性理解与掌握。谢老师天然的亲近气质和后天职场中养成的情感文明素质使得常常很枯燥的英语阅读课呈现出了生动、活泼、有活力的特点，教师间、师生间自然也就形成了合作、信任、欣赏、激励的关系状态。而这样积极的关系状态和课堂学习与交往氛围又必然使得教师在整个教学过程中感受到胜任感与成就感，使学生相应地体验到英语学习的乐趣、愉悦感。同时，无论是教师间的交往还是学生间的交往，以及教师合作、小组合作学习的教学组织形式和对动物情感的想象与表达无不渗透和彰显着平等、尊重、关爱、欣赏、互助的价值，这些价值的意蕴又在具体的教学情境中潜移默化于师生的精神世界中。

五、"平行线的价值（或功能）的认识" 的课堂示例与解读

北京中学的中年数学教师赵老师不仅有十余年教学经历，而且是一位数学课程与教学论专业的博士。他待人热情而且极爱读书与思考，和他探讨数学教学的问题，常常能听到他关于"数学本质""数学方法论""教师的数学课程观""数学教学认识论""数学与其他学科的关系"等偏思辨哲学视域下的数学以及数学教学问题的阐述，每

每谈到兴奋处或是谈到学生因为他的教学而喜欢他、痴迷于数学时，总会看到他眯着眼睛愉悦地大笑，他那时的笑并不发出声音，但我能深深地体会到这是醉心于数学研究收获到的成就感与精神层面的快乐，他的笑声同样透出了他对自己的数学思考和数学教学世界的自信。可以说，在不和他一起试验使用理科课堂的观察指南前，他本人已经具备了较高的理科教师中难得的情感文明素质，而和他一起探讨指南在课堂中的使用后，他更偏向于对理科指南的检验与修整，进而探索理科尤其数学课堂的情感文明特征。

当我开始专门跟他聊理科课堂观察指南的使用及配套的数学课例撰写时，他对数学课堂中的情感教育表现出了极大的困惑和无所适从。我知道他并不是排斥谈论数学课堂中的情感教育，相反，他恰恰认为太需要了，这是由于教师们对"日常而不知"的情感教育缺少观察和思考的理论与工具支持。我们针对这些问题的一次长谈值得分享，摘录如下：

赵老师问我："最大的困惑是不懂如何将其理解的数学本质以及数学教学本质与我们谈的情感以及情感教育很好地融合。"我则问他怎么理解数学教育，他告诉我以"平易近人、通俗易懂的方式将数学本质传递给学生"。同时，他始终困惑的是在数学教学每一步，如何去识别学生的情感需求。当我以安全感为例进行阐释时，他并不相信这种说法，因为他说学生的学习终究是有差异的，数学课堂不可能让每一个学生都有安全感，都能有极大兴趣，我们想让每个学生有安全感的做法只是理想，说服不了他。我则问他是否在数学课堂中有过因学生的进步或突破等类似其他因素感受到情绪的波动或突然的惊喜。他很自信地告诉我："从来没有过，因为每节课前我都深入地思考过，从概念到解题，都按照思维发展的特征一环接一环设计好了，到操作环节学生自然而然就会解答了，而且能超越技术操作层面了解背后的数学逻辑和本质。这一切都在我的预设过程中（包括学生的反应），也就没有什么惊喜或情绪波动而言了。"我说："因为你的深入思考，学生每堂课所经历的数学世界其实都在你的想象中，不会超过你思考的限度，你很自信，课堂上表现出的一般成就也就稀松平常了，对你而言就不会经历情绪波澜了。而不善于思考，或者不思考就把数学操作技术传递给学生的教师往往会因学生零星的、散落的成就或突破感到惊讶或情绪波动。可见，无论从认知还是情感维度对教学没有妥帖思考就行动的教师是不负责任的，这就是对教师的道德情感要求。"

后来反思我们的那次对话，最直观的感触是对无论何等素质基础的教师而言，依托教师的情感文明素质建设课堂情感文明，首先需要教师对人的情感发展与情感教育的基本理论有基础性认识和理解，并有意识致力于学科教育和情感教育的融合。而与赵老师的数次探讨、切磋之后，我发现他执教的"平行线的价值（或功能）的认识"一课既展现了教师情感文明在课堂中的具体诠释，也很值得在指南视域中进行解读与分析。

（一）指南理念的课前观照

赵老师所秉持的数学教学认识论的基本观点呈现在他说的这句话中："我们尽可能帮助孩子在认知数学的过程中，慢慢琢磨怎么认知世界，这个是我们教书最重要的。其实数学知识学多学少真的不重要，很多知识都可以忽略，但是你怎么认知那些知识，怎么用某个知识去解决问题……是教师应该下功夫做的事。"他认为无论教师还是学生对待数学问题重在"知其何以为所以然"，而他对数学的认识和阐释落实在课堂中表现为对概念和思维逻辑的追根溯源、环环相扣、条分缕析，进而使学生自然而然地学会运用数学技能，解决问题。比如，"平行线的价值（或功能）的认识"这堂课的教学目标设计很明显地透射出上述他的数学以及数学教学思维特点："①在基本熟悉平行线的性质与判定的初步运用的基础上，进一步认识平行线的价值（或功能）；②在对平行线的价值或功能有一定了解的基础上，在具体问题的求解过程中有意识地借助平行线的价值（或功能）来求解相应的简单问题；③在对三角形外角和、四边形外角和、五边形外角和等多边形外角和的讨论的基础上，归纳任意多边形外角和的不变性；④在归纳获得多边形外角和的不变性的基础上，进一步借助多边形的外角与内角之间的邻补关系，获得多边形的内角和定理；⑤借助知识的运用逐步养成从知识的认知到方法或价值的提炼（或提升）的自觉意识，为达成师生一致的、共同的认知观念奠定情感基础。"上述赵老师所设定的教学目标设定并不仅仅是静态的达成性目标设定而是充分考虑了教学发生的过程，将数学问题发生与解决的逻辑与学生思维发展逻辑紧密贴合，结合观察与分析教学活动设计中六个难度递进、数学思维与方法环环相扣的问题，使学生自主地介入数学探索活动中去，体验其中奥妙。其从教学之初便诠释了指南的第一条："教师热爱自己的学科，精通本学科相关知识并对知识背后的方法、价值观及其产生的过程有深刻理解并能及时反思。"

（二）课堂教学中的指南示例与解读

这堂课并不是以"时下流行"的小组合作学习的形式组织起来，而是没有分组的看似传统的示范教学形式，但赵老师设计的六个递进的问题和他有意识的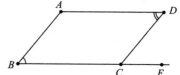一步接一步的引导激活了几乎每个同学的探究兴趣和热忱，也就并没有出现"传统"示范教学中常见的灌输、给予、一味做数学题的教学方式带给学生的疏离感、不安全感、沉闷感的学习体验。上课开始，赵老师并没有太多的开场白，只是淡淡地说了一句"今天我们继续学习平行线的性质与判定的应用"，继而直接向同学们呈现了第一个问题"已知：如图所示，在四边形 ABCD 中，AB∥CD，AD∥BC，∠B＝50°，求∠D 的度数"。

这是一个对几乎所有这个学龄段的孩子来说不具有认知与操作挑战性的问题，但是赵老师却花了一节课中将近六分钟的时间带着孩子们讨论这个问题。他先是找了坐在第一排的男同学来到几何画板前为大家解答这个问题。可以看出，男同学是明白怎么解答这个问题的，只是或许突然面对众多同学和听课教师表达自己而有些紧张，在解答过程中表现得有一点慌乱。赵老师在他讲解之后的回应是："说对了，但有些啰嗦。"当时听到赵老师的这个回应时，我的思维稍稍停顿了一下，有些担忧，担心这位男同学听了这句话后会感到受挫。但通过之后的观察和课后其他教师的介绍，发现是我过虑了，同学们早就适应了赵老师直爽但无任何恶意的表达风格，彼此相互信任、毫无猜忌，很乐意也很享受在直爽的表达关系中自由地探究数学问题。比如，同学们可以随时随地对赵老师直呼其名。而赵老师之所以花较长时间和同学们讨论这个问题，是想在同学们内心奠定这节课中探讨后续的问题需要的认识与方法基础，即平行线具有给角"搬家"的功能。他并没有提出"两条直线平行，内错角或同位角相等"等原理，而是以生活化的语言，引领学生思维进阶的同时体验和感受平行线的这些原理体现出的价值和功能。相比记原理和定义，学生们更乐于体验"AB∥CD 时，把∠B'搬到'∠DCE，又因 AD∥BC，∠DCE 可以被搬到∠D"这样的过程。带着这样生活式的认识基础，赵老师又通过第二个问题的讨论，让同学们既体验平行线给角"搬家"后能够组合多个角的价值，又解答角的度数。问题二是"已知：如图所示，AB∥DE，∠ABC＝25°，∠CDE＝110°，求∠BCD 的度数"。

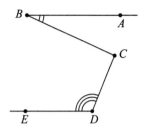

奠定了平行线给角"搬家"和组合角的价值的认识基础后，赵老师递次提出了求三角形的外角和、四边形的外角和、五边形的外角和三个问题，引导同学们在几何画板上借助三角板、直尺等工具画平行线给角"搬家"、组合角，得出了三个问题的答案都是圆周角的度数是 360 度。

事实上，我在听课的过程中能感受到给多边形添加平行线继而在思维中实现角的"搬家"与组合并不是一件易事，需要充分的想象和多次尝试。可见赵老师提供的这种解题技巧及其训练摒弃了纯粹靠思考和计算的解答方法，而切实将动手操作、大脑想象、计算与语言表达融合在了一个数学问题的解决过程中，就像朱小蔓教授在课后讨论时援引美国数学教师协会对数学教育的认识所说："第一，是理解概念和学习技能之间的平衡；第二，是理解有意义的问题解决和事实记忆之间的平衡；第三，是理解生活数学和体验存在于数学中的模式关系。"赵老师所设计的每道题及其引导学生掌握和内化的问题解决方式恰恰是在融通又平衡上述三对具有内在否定性的矛盾关系，让学生深处在对问题的生活式理解与体验中，体会教师建议的生动化的"概念"与学习技能，积极动手操作，自由想象，不断试错又不断尝试，深刻地体悟数学探索的奥秘与乐趣，自然也就心无旁骛地沉浸其中，当然也让观察者感受到了每位学生都愿意持续参与其中的浓烈而不断高涨的学习热忱。这种学习热忱使得同学们在解答问题的过程中主动向老师、同学寻求帮助、配合，也就在课堂中呈现了虽然不是刻意设置了小组合作的教学组织形式，但却自然地出现了合作探讨、操作的学习场景，而这恰恰是最自然而非机械的、真实的，最具有切身体验的学习状态。我可以想象到也观察到了，学习者深处其中既感受到了解题带来的成就感，也通过自然的配合与补给感受到了自在和愉悦。

(三) 课后反观

赵老师的这堂数学课与大多数数学课堂沉浸于教师单方面讲解，学生思维跟着教师的讲解运转并配以做题训练的模式不同，是通过有意义的问题设置和具有根源性和生活化的方法引导，帮助所有的学生卷入了数学探索的过程中，让人很强烈地感受到了学生的数学思维得到发展的同时，情绪情感状态不是封闭的、压抑的，而是积极的、高昂的。反观这堂课的教与学关系，学习者不仅理解并能运用平行线的价值（或功能），也加强了基本的数学技能，如测量、计算、绘图尤其在多数数学课堂中很少被训练的猜想、想象的训练。比如，平行线的添加需要有扎实认知基础的想象；课堂最后总结出多边形外角和恒定是 360 度靠的是对六个题的操作与训练后的猜想而并不是这个学龄段学生还难以掌握的归纳法等。而对每个问题的解答尤其课堂末尾的总结，赵老师都会邀请学生尝试并训练将数学思维和操作转化成贴切的语言表达出来。在数学课堂中将语言与思维统整一体进行训练既是难能可贵的，又十分值得深入研究和推广。师生关系方面，整节课切实地展现了指南中"师生双方接受彼此的表达方式，关系顺畅；总体教学氛围热烈、紧张、有序而惬意，随着教学内容和情境的变化而松弛有度"的意蕴。同时，学生在自然而有序的教学组织形式中自由地探讨、合作、训练后，尊重与宽容，独立与平等的价值在他心中静静地流淌、内化；参与演示的同学们在复杂的多边形中不断试错寻求恰当的平行线以给角"搬家"，课堂中的同学们七嘴八舌的鼓励和建议并没有使他们感到焦躁和不安，反倒是淡定地、一遍遍地坚韧探索，既体现了日常正向、和谐与积极的班级文化和同学们中稳固的信任感，也让每位同学都感受到了科学探索的严谨性，以及科学探索中和探索后多重复杂体验（成就感、复杂性、挫败感、信任感等交错一起）幻化出的科学美。

六、 "欣赏与创造： 店铺门面设计" 的课堂示例与解读

初识北京中学的青年美术教师吕老师的时候，她才走出大学校门从事教师工作仅一年时间。出于对初任青年教师原初的教育使命感、责任感、专注性以及其他情感文明的具体品质的纯粹性和坚定性的天然信赖及其发展性的关注，我对与吕老师交往，观察、研究她的课堂抱有探究的好奇与敏感。吕老师无论待人还是专业探究都很谦

逊，说话很温和。每次与她见面，远远地，她会注视着我，先投以温暖的笑容。而每次教学研讨时，吕老师总会根据自己的思考，谦虚地问许多问题，认真地做笔记。从对她的日常关注和与她的交往中，我坚定了对初任青年教师一般教育德性的直觉，她的认真、诚恳、敏于思考与对教育教学工作的热忱投入不仅令我感动，也牵引着我对初任青年教师的情感文明素质发展性的研究。吕老师执教的"欣赏与创造：店铺门面设计"是为六年级的孩子设置的主题为"电影建筑空间设计"美术课程中的一课，该课程是一个横跨整个学期的具有连贯性任务驱动式的学习项目，而这节课则是这个大的学习项目中的倒数第二个任务。这节课之前，同学们分成四个学习小组，根据刚结束不久的"江南行"游学经历，以建筑设计为主题每组构思出一个游学故事，各组在全班"投标、答辩"并确立四个小组共同认可的故事内容，最终百草园—乌镇—扇子店—茶叶店四个场景组合成的游学故事被选为了这节课要完成的任务主题。四个小组也就分别承担起了百草园、乌镇、扇子店和茶叶店的店面设计与动画拍摄任务，并在这节课中向大家展示任务完成的成果。

（一）指南理念的课前观照

这堂课在下午进行，吕老师和同学们都先于上课时间来到了教室。到教室后，吕老师先是把灯关了并跟每个小组都大致聊了一下。课后的课堂研讨中吕老师说明了这样做的理由："我先把教室的灯关了，营造一种稍微暗一点的氛围，让学生先稍微沉浸一点。因为灯一开、一亮，人容易兴奋，我想让他们把兴奋劲先保存一点。同时，因为有的学生刚刚从报告厅回来，有一些学生手里拿着东西，我给他们预设了一些问题，我说这节课要设计模型，先想一想这节课要怎么做。对每个组都问了一下，看每个组是不是都装好了软件。学生们虽然来早了，但是思路要先进入课堂中。"虽然，同学们不一定都是走进教室就处于兴奋的状态（尤其在下午上课期间），但是教师是应该在上课前敏感于识别同学们的情绪情感状态。教师走到学生中，观察、判断每个学生的情感与认知状态，通过教学活动准备，对话，恰当的灯光、音乐调适，乃至适当的小游戏、身体运动引导整个班级先进入课堂知识、思维与情感的脉络中，又消解一部分状态不好的同学的消极情绪。

（二）课堂教学中的指南示例与解读

这节课的基本任务是各个组先展示上节课中所分配场景店铺的门面模型半成品，教师再根据各自的半成品加入一些对门面设计的原则、风格和特点的介绍，紧接着各组同学合作，补充、完善模型，并把做好的模型拍成动画向大家展示。所以，同学们在这堂四十分钟的美术课中有近三分之二的时间处在合作讨论与动手操作的过程中。然而，学习过程是学习者对知识信息的记忆与运用，认知（思维）与操作方法的内化以及学习者的情绪情感感受、表达基础上的价值认知、判断与价值观选择和认同的有机统一过程。侧重于审美感受与表达的艺术形态学习更注重个性化审美体验的迸发，对话与操作恰恰会起到较好的激发作用。德国思想家席勒认为感性冲动和形式冲动是人类内在本性中固有的东西，感性冲动要求变化，形式冲动要求不变，这就需要新的冲动使它们结合在一起：使人的感性达到形式，使人的形式达到感性……这并非意味着从形式达到感性，从而消除形式，它是感性和形式的交融，它达到了审美自身[①]。对话与操作能更好地激发人的审美需求和审美意志，促使人的生命机制中指向精神世界的思维机制与情感机制外化于艺术形式的构建中，促进人的感性与理性的沟通。西方美学思想认为艺术是通过构型来表现的，这种构型过程是在某种感情媒介物中进行的[②]。例如，画家向人显示外部事物的各种形式，戏剧家向人显示内部生活的各种形式[③]。而这节课的任务要同学们将游学经历的切身体验与认知以艺术品的形式表达出来并通过故事诉说串联、还原出来，是极见任课教师深刻的艺术生活感受力与艺术教育理解力的教学安排。她将店铺门面设计所需的知识与技能、过程与方法与同学们的生活和切身的情感体验统整在致力于一个任务达成的教学事件中，将人的情感与思维机制的艺术形式化表达训练与艺术品的生活化语言表达训练统整起来，这是常见的传统美术课或其他类型的艺术教育课以示范、模仿和训练为核心教学组织形式和内容开展教学所难以达成的将育情、育德与育人融合一体的教育思想高度。其实，当人进行审美观照时，在艺术形式中感受到的不是单纯的或单一的情感性质，而是生命本身的

---

① 朱小蔓. 情感教育论纲 [M]. 北京：人民出版社，2007：86.
② 朱小蔓. 情感教育论纲 [M]. 北京：人民出版社，2007：87.
③ 朱小蔓. 情感教育论纲 [M]. 北京：人民出版社，2007：87.

动态过程①。也就是说，在艺术家的作品中，情感本身的力量已经成为一种构成力量，它使欣赏者的情感改变了原有的形式，变为自由而积极的状态②。那么，有意义的任务设置以及凸显学习者主体性的合作讨论与艺术品创作使得这堂课才一开始就将学习者的审美感受和艺术探究热忱调动了起来，每一个人都沉浸其中，甚至忘记了课堂常规时间。

　　当然，基于信任、尊重、鼓励的对话与合作讨论关系才能为学习者供给源源不断的学习与探究动力，保证积极的情绪情感状态。吕老师恰恰始终在以这样的理念建构起与学生的交往关系。正如她所讲："上课以后，我要做到和学生亲近、自然地交流，虽然这节课的时间比较紧张，但是我还是尽量用比较温和的方式提醒大家时间，鼓励做得快的小组帮助其他小组；平复做得慢的小组学生的情绪，使他们不要有挫败感，告诉他们还有时间，即便这节课没有做出动画视频来，只要他们已经在拍了，只差一点点，有几分钟的视频就把这个视频给我，我们就能看到。我就这样一边和同学们探讨，一边做些平复（时间紧张带来的压力）的工作，让学生在这堂课上也有收获，同时也有一定的成就感。"的确，这堂课的任务量是有些大，使得40分钟的课堂实践显得很仓促。但是观察者观察到，吕老师并没有将因为时间局促给自己带来的紧迫感（这种紧迫感是课后研讨时吕老师所说）展现给学生和每一位观课者，而是在整个过程中都十分沉稳、平静，与每个组的同学商讨、建议、鼓励。正如她所说，她如果把紧迫感表现了出来，学生则能感受到这种紧迫感，在学习过程中就要花很大的精力应付无意义的紧迫感。相应地，吕老师面对学生基于信任和尊重的持续鼓励，使得学生们也能惬意、愉悦、心无旁骛地与她互动、对话。能感觉到学生的热忱投入与细心探究消解了她的紧迫情绪，使她更安定，不再拘泥于对时间的计较，而更关注对作品的指导与探讨，教师和学生都从这种积极的交往关系中收获到了安全、依赖和全神贯注的愉悦。

（三）课后反观

　　这堂课因为任务的驱动而使教师成了课堂中的"影子"，给观察者的直观感觉是

---

① 朱小蔓. 情感教育论纲 ［M］. 北京：人民出版社，2007：87.
② 朱小蔓. 情感教育论纲 ［M］. 北京：人民出版社，2007：87.

好像教师"消失"了。然而这恰恰体现了吕老师或许并无意识的教育智慧（需要教师长久的识别、反思与行为改善使其稳固为教师有意识的教育智能），通过任务平台将学习者个体化的审美体验在学习者心中建构起来，并通过具有积极合作关系品质的教育引领将其固化为可见的艺术品，表达为鲜活的生命故事，教师在其中只是进行适当的知识点讲解，更多依托小组合作和对话建构起积极、顺畅的师生和生生关系。整堂课，学习者不仅学习到了店铺门面设计的基本原则、风格，并通过长时间的操作训练熟练掌握了其中的思维与操作方法。不仅如此，同学们还基本学会了利用软件录制动画视频的技能，因此，就学习主题而言，这节课中师生涉及并掌握了完备的、大容量的学习内容与教学资源。当然，任务的完成过程体现了师生对教学资源中折射出的人文现象与人文活动有较完整、深入的情感性理解与掌握，师生间也形成了合作、信任、欣赏、激励的评价方式与方法，有意义的探讨、表达与操作使得教与学的过程通向理智与情感发展的和谐统一。吕老师温暖、适恰的表达，同学们热忱的投入、积极有效的沟通，也使课堂中的师生关系变得顺畅。当然，小组合作过程中，同学们专心致志忘记时间，小组间的互相鼓励与帮助，不仅表现了学习者们对关爱、尊重、负责任的价值观的认同与践行，也使课堂整体教学氛围切实地表现为热烈、紧张、有序而惬意，随着教学内容和情境的变化而松弛有度。同时，这节建基于个体生动而又深刻审美体验的艺术品创作课，始终渗透和彰显的是对美的感受与价值追求。最后，这堂课还验证了我对青年教师表现出的教育使命感、责任感、热忱与专注力等情感文明品质具有直觉性的信任。也提醒研究者与学校管理者、教师，不要给青年教师贴新教师标签，隐性地促使他们按刻意和所谓常规的标签形象进行自我认知和发展。事实上，依据不具有统计学意义的日常观察与体验，分别处在教龄最短和最长两端的新教师和老教师是教育使命感、教育责任感等情感文明品质最质朴和最高贵的两类教师群体，教育实践也最为真诚和投入。只是新教师的教育经验和经历不那么丰富，教学技术与方法的设置和施展并不那么完满，但并不影响他们内在的情感人文素质幻化出隐性的教育意义与价值。

第六章

增进教师情感文明：
困境、特质与方式

如果你想得到艺术的享受，那你就必须是一个有艺术修养的人。你对人和对自然界的一切关系，都必须是你的现实的个人生活的、与你的意志的对象相符合的特定表现。

——［德］卡尔·马克思

　　"当今世界相互联系、相互依存，各种变化使得复杂性、紧张不安和矛盾冲突达到了前所未有的程度，并由此产生了不容忽视的新的知识背景。"① 急功近利、功利主义价值观"高温难退"，整体作用于现代人的工作、生活与学习中，滋生广泛的压力与焦虑，催生戾气与不宽容的同时，人们更愿意生活在各自安全的生活框架中，寻求安然自处。与此同时，移动网络技术、自媒体的迅猛发展拉平、拉近了人类的交往格局与交往间距，全息化渗透进人们生活世界的各个领域，展现为一种与日常生活循环交叉的移动网络生活，全面影响着人们的学习与生活方式、信息获得、情感体验以及价值观积淀，产生便捷、快速的积极效用的同时，伴随着人们对网络世界虚拟想象、责任消解想象的惯习，助长芜杂的信息横生甚至谣言四起，怨恨式评价丛生甚至无端谩骂进而加剧着整个生活全景中的戾气、焦虑与不宽容。与此同时，杂乱轻浮的评价与深藏的负性情绪暗示、催生和加剧着人们精神结构中的反智主义倾向，建构起个体与环境并不稳定的、脆弱的生活世界，稍有风吹草动或轻易搬动一角，人们随时会受其侵扰。伴随追求数据增高、规模扩张与短期效益的经济现代化过程，中国教育由于对经济发展的强烈依附性需要，也呈现出全面的求规模、求数据、求外部影响力的增长态势。经济与教育发展呈现出的这种和谐一致的外部拓展与相互竞争之路，整体作用于现代人的学习生活，表现出一种重外部与短期效益、忽视人的精神状态与精神发展的压缩性现代化态势。"我们的教育对于社会流动和分层所起的作用明显地要先于和优于教育对人内在素质培养的迫切性。"② 这些从育人需要生发出的现代性问题连同片面化应试教育的屡禁不止、优质教育资源短期内无法全面兼顾等专业、集中的教育问题构成了教师学校教育生活的底色，积淀和引发一系列尖锐的压抑与戕害人性、推崇竞争、相似教育、盲目依附等情感与理智问题，迫切需要引导、调适和解决。

① 联合国教科文组织. 反思教育：向"全球共同利益"的理念转变？[R]. 巴黎：联合国教科文组织，2015：20.
② 朱小蔓. 与世界著名教育学者对话：第一辑 [M]. 北京：教育科学出版社，2015：111.

深处复杂多变的学习背景中，面对依然富含价值的考试评价、甄别与选拔要求，反思课堂教学如何回应普遍的现代性问题并探求对学习的人文主义理解有助于我们在人的发展理想感召下走出困境，寻找到切实可行的改变之路①。情感的培育与扩充、表达与共享维系着伦理大厦与精神世界的构建，指向有质量的生命成长。学习是人不断走向成熟、统整自我与世界的全副生命状态。"我们要采取整体的教育与学习方法，克服认知、情感和伦理等方面的传统二元论。各界日益认识到，消除认知和其他学习形式之间的矛盾对立，对于教育至关重要，就连侧重于衡量学校教育学习成绩的人也不例外。"② 关于教师的教育教学，我们渴望在专业性与学术性的认识范畴之间寻求融合式的理解，在理性主义与技术主义的价值倾向之间求取平衡和超越，探求一种从课堂教学现场生长教育智慧的整全的人文主义路径与方法。"人文主义方法让教育辩论超越了经济发展中的功利主义作用，着重关注包容性和不会产生排斥及边缘化的教育。"③ 为此，我们应当意识到并有能力观察以符号传递、文本记诵、操作演练为主要方式的片面化、技术化的学习观在课堂教学中占据优势与过度展现对人的自主性、创造性发展，全方位、深度学习体验以及理智与情感能力攀升的阻隔与破坏。立足对符号论知识观的超越性理解，课堂学习使个体能够卷入课程知识载体与课堂交往活动，在生活经验、知识内容、情感体验、认知理解之间寻求整合，在契合点上探索对问题、符号、理论、概念、命题的基本理解与解答方式，并努力走向创造性与超越性理解和解答。与此同时，知识不仅以一种明确的形式为学习者提供生活原则、依据和成长支持，也以一种缄默、内隐的形式涵养生活与生命，由此扩展、提升学习质量的生命意涵。在此基础上，我们也应重视情感体验与价值理解对学习者成长的知识意义，承认知识理解、知识意涵的多样性，鼓励超越单向度灌输式学习方式的对话学习、合作学习、探究学习等多向度学习方式在课堂中的应用，既关注学习者充实经验、习得知识过程中的多种知识整合与学习能力提升、情感状态完善与良善价值观生

---

① 朱小蔓，王坤."情感—交往"型课堂：课程育人的一种人文主义探索路径［J］. 课程·教材·教法，2018（5）：17-25.
② 联合国教科文组织. 反思教育：向"全球共同利益"的理念转变？［R］. 巴黎：联合国教科文组织，2015：38.
③ 联合国教科文组织. 反思教育：向"全球共同利益"的理念转变？［R］. 巴黎：联合国教科文组织，2015：37.

成，也关注知识学习的过程中学习者学会过健全、积极的伦理与道德生活，探寻情感与认知冲突中学习者的对话（与自我和他者）、解释（求取完美的伦理生活）与自我统整现象并从中思索教育方式与意义，寻找多种理解合理性碰撞中如何丰满、扩展知识意涵以及完备的价值观教育方式。

第一节　教师改变和提升情感人文素质的困境

自 20 世纪 80 年代中期兴起的中国当代情感教育研究，始终关心学校教育生活中人内在的学习状态、情感体验、价值感受以及他们所裹挟和影响的知识意涵、良善价值观以及适恰的认知与情感能力。基于这些探究人的成长品质获得的朴素感受与理解，我们认为教育之于人的发展质量表现为通过知识学习与良好的人际互动促使人不断扩大认知与感受的边界，从知识内容、人际交往与生活实践中整合对知识信息、知识价值与知识应用技能的理解与掌握，个体依托这些不断增长与丰厚的知识意涵与潜在的人格习性、情感基调与价值倾向在良序的日常交往与非日常交往中发展积极、健全的情感品质，能够从真实、善意与美中扩充善端与求知能力，更能从虚假、鄙陋与丑恶中发现同情、宽容与慈悲，在复杂的教育生活中锤炼未来不断扩充认知、悦纳挫折、积极作为的悲天悯人之情、善良意志与学习信念。在今日中国压缩型现代化引起的人的发展的现代性问题不断凸显以及长期片面化应试教育的积弊从多个维度牵扯教师的学校教育生活、教育行为改善和情感人文素质提升的背景下，整全的教育质量观于大多数教师而言，通过主动改变提升情感人文素质并不是难事，现实环境也能够给予充分的支持，但一段时间以来与合作教师们的坦诚互动、行动研究见证并发现了一些教师走向改变的困境，值得梳理，以便"对症解答"，找到达成教育的情感文明相应的路径。

一、难以走向改变：难觅的同情与盲目的自信、乐观

尝试改变成年人日积月累积淀下的价值观与行为习惯总是件难事，尤其由于教育工作者的职业具有相对的独立性与精神性，改变教师对情感教育的价值感受与理解并由此生发整全的育人素养提升更是颇具难度。这种难度很大一部分是因普遍的同情与

关爱文化的式微影响而产生。教师的教育智慧由教育生活中一个接一个的教育性理解和合而成，然而教育性理解却由于个体体验的私密性、生活与价值倾向的独特性而呈现出鲜明的边界，由于边界的稳妥性能使人安全和舒适，大多数教师更愿意深处由日常生活积淀来的理解边界中从事教育教学工作，安然自得，但这样却会错过许多个体成长需要的扩充视域与格局、经历复杂事件以及丰厚感受与体验的机会，然而这些恰恰是提升教师整体素质、增进教师教育智慧的重要来源与线索。"中国教育人口这么大规模，教育试验的样本量这么大，能做出好的研究对全人类是多么大的贡献。"①的确，没有哪个国家能像我们拥有如此庞大的、多元和复杂的区域文化样本，丰厚、多样的民风、民俗和伦理道德依据，教育工作者乐意深处其中，心怀善意与崇敬，交往处事谦逊，仔细探究，一定能寻找到更多、更有效、令人惊喜的有助于不同特质个体身心成长的育人策略、方式和智慧，而这些扎根日常育人现场收获的育人智慧置于全球化视域中，一定能发挥出更强烈的滋长人内在成长力量的教育效用。然而，教育事业的故步自封源自更多教育工作者沉迷或麻木于自我理解边界之中，相互之间缺少真诚的同感共受，也就难有实质的彼此理解、扩展格局以及迸发智慧的契机，相反却在催生戾气与抱怨。

在一次观察指南理念讲解活动中，我私下与几位教师交流。有教师说，情感从一个方面讲就是要关照好一些孩子，这样才能与有影响力的父母们保持好沟通和联系，有益于学校的发展。当时听后，颇觉是对我们在推崇的情感教育价值理念的误解，但也难以直接否认，因为这也确是中国数千年情感文化在功利性与实用性层面的真实写照，想要祛除类似根深蒂固的情感文化思想根本就是需要几代人跋涉努力、文明不断进阶才可能会见整体效果。单纯的研究者思维使我觉得这是一个需要提出来的观点与更多的教师们探讨，就在后续的指南讲解过程中，以一种现象（未提当事人任何信息）的形式拿出来说明这并不是我们希望的对情感和情感教育的理解。教师们听时大都频频点头，或是向我投来肯定与深思的目光。我能感受到教师们能够认同这种从真心生发出有益于个体稳健、健康的伦理道德生活建设的情感教育理念。但后来反思，

① 朱小蔓. 祝贺 致敬 期待［M］. 教育研究，2014（4）：7-11.

这种未仔细思考的方式是否带给那位教师心灵的挫伤，虽然后来我们保持着愉快的互动，但都未提及此事，而我却隐有愧疚，心里一直向这位教师的坦诚、谦逊、包容和我们共同的教育理想致敬。但后来发生的事情却很值得回味，在又一次的指南使用培训活动中，与那位教师同一所学校、当时私下交流也在场的几位教师来参加培训，很显然其中有位教师（C）是见证了我拿他同事的观念做例子的，虽我未有所指，但他还是颇有微词的。指南的一系列讲解后，最后请教师们发表感悟与理解。C老师整个发言中的一半似乎都在有所指地批评我，比如说道："现在有些学者，眼睛整天盯着西方，宣扬西方①；自己不思考，整天宣扬别人的②。"听后颇感难过和伤心，我意识到这是教师对我不够周全行为的"回击"，也颇为无奈和委屈，因为我在讲案例时并未提供给听者任何明确的信息和潜藏的暗示所指具体人，但C老师的发言显然让所有听了我的讲解后的教师们知道他在明明白白地批评我。时间有限、无法当面回应与探讨更使我徒生被曲解后莫名的羞耻感，更重要的是会消解听众们正在建立起来的对情感教育的信心与理解，瓦解了我们那时的努力。当然，对于有坚定情感教育信念的研究者来说，听到来自一线教师的批评是应当欣喜的，因为那是双方坦诚互助、走向深度合作的契机，但这种抱怨式的批评、嘲讽式的评价毕竟是不理性的，也无助于思维与情感问题的解决，也就能从中看出催生教师改变的自我关节点在于谦逊的品格，那是扩充知识面、人文理解力与生命视域的基础。冲突总会在人的意识中留下痕迹，虽是挫败的疤痕，也是冲突双方走进彼此心灵的养料与调适器。因此，当时短暂的难过后，我也意识到并不要把这个事件当成一个自我受挫的经历，而是一个重要的机

---

① 那次培训活动，有三位研究人员从不同角度讲解了三十几年来情感教育研究积累下的研究产品的理念与使用。我恰逢从美国归来，是唯一一位讲到西方观念和做法的人，着着那股新鲜劲和"热认知"，就在讲解过程中穿插了在美国观课的见闻、感受与理解以及文化差异中关怀的边界与具体方法，在其中开宗明义地讲到，我们看西方、学习他人并不一定是因为他们的做法和理念一定比我们好和适合我们，但这样一种比较学习的过程至少是我们认识自我的一面镜子，反观自我值得改进的地方，从比较与反观中寻找突围的道路与方式。

② 如果类似这样的语言是在指我，我又觉委屈了。个人的分析强迫症与习惯性焦虑使然，不是一位教师给我说给一线教师们讲的内容太生涩，不鲜活生动。我也备感无奈和无助，因为只要一思考就往扩散和深处去，那是不知道多少个日日夜夜读书、冥思苦想，甚至睡梦中都会因问题意识在灵魂中镌刻，不知哪几路神经元对冲产生突发的敏感和恐惧以致浑身震颤。另外，从C老师的这句发言中，能够发现，一些愿意思考的教师往往仅关注自己是知识的生产者，而忽视了或是根本没有意识到在前人思想尤其经典思想中发展认知与理解，这种现象不少见，是教师改变所要攻克的坚硬的意识堡垒。

会，使我能与 C 老师以及更多像 C 老师这样并不那么谦逊甚至有些自负，人文理解力较弱也并不包容的教师们相互体谅，致力于彼此缺陷的补给与修整，在彼此互助的对照中丰厚教育性感受、理解及教育方式改观，从中增进个人修养与育人智慧。（教师培训过程中研究者与一线教师的交往示例）

我认同周国平的观点：道德的基础是同情，更高基础是尊严。同情并不仅仅是对人的脆弱面的感同身受以及由此产生的怜悯之情，也是一种稳定的情感品质包括对他者的境遇、体验、价值倾向与生活质量感同身受的洞察力、敏感性以及适当的调适能力。同情既是人与生俱来的天然善端，也在后天的努力、经历与受教育的过程中扩充这种善端的认知与感受面，不同的人，其同情的敏感点以及品质高低的程度也就不同。然而，在急功近利、凡事追求快捷的时代，广泛意义的同情品质成为稀缺品，人们更愿意在自我的认知框架中认知世界，对自我的感受系统缺乏观照、感受与认识，更难说进入他人的认知与情感世界去照料和关怀他人，寻求善的愉悦，这样一来，人与人之间的交往常常就在生产暴戾、误解与怨恨。教师尤为需要同情的品质，广泛的同情能使得教师更愿意关注与体味他人的情感与智慧，与同侪、学生交往容易受到感动，给他者展现生命多样性的机会，依托敏锐的思维寻求共同进步的契合点，并在其中积极作为，长此以往积淀下难能可贵的谦逊品格，成为在教育教学过程中能够不断发掘新事物、新惊喜、助人成长的有益的人格资源。当然，教师作为一类知识分子，特别需要有职业尊严感的支持，那是教师常常作为一个区域的道德高地的基础。因为具有尊严感，伴随不断扩充的知识见闻，教师在日常的教育教学工作中不断扩充、增进是非、羞耻以及崇敬之心，成为行动着的道德教育资源。然而，更多的教师需要改变囿于自我认知与感受的边界中理解、悦享尊严的传统，不能稍听到异议就感到是自我与小共同体的尊严受损。事实上，人的尊严是在艰难困苦中磨砺、体谅并帮助他人中建筑起的敬意联结，需要承认知识、理解与感受的多样性，从知识、理解、情感的否定之否定的变化中发现奥妙、感受快乐，在共享尊严感的视域中体认是非与荣辱，在大知识格局中有意识主动认识不足与缺陷，尊重差异，增进对他人、自我与知识的崇敬心。同情与尊严品质的相互补充是培育教师谦逊能力、发展关怀能力、提升认知能力，建构起惺惺相惜的、稳健的教育共同体的重要基石。

二、 持续改变后继乏力： 寡淡的情感支持与广泛的身份焦虑

教师改变既需要教师日常的努力，也需要来自学校共同体情感支持的涵养。学校对人的发展首先是培育安全感。以往我们对安全感的理解着眼于人的基础生理与生命需要的保护与满足，随着物质生产力水平的显著提高以及法治社会保障人的生命财产安全功能的极大进步，人的安全感已经逐渐发展为身体健康以及企望追逐有质量的精神生活、舒适的交往关系、自在悦享的工作与生活的自由和惬意，在这种安全感需要得到满足的情况下，安全感会变式为沉浸于精神跋涉的惬意、与人交往的尊重与信任以及由此发展来的、更深层的对知识、人与环境的依恋。来自认知活动与人际交往的安全感体验不仅是智力提升的基础也是人的社会性发展的保障。安全感体验较弱的人不仅容易对事件有敏锐的负面效应暗示，不自信，也会由此滋生焦虑、恐惧、抱怨、痛恨等负性情绪基调或者暴力行为。在这样一个追逐标准与一致性的时代，从事着精神创造与培育工作的教师们内心渴求更多的自我理解、尊重与自我实现，然而却难以逃避教育管理阶层分化、工作资历、身份地位、角色要求等一系列传统的伦理依据瓜分教师追逐高品质精神生活的精力、消解安全感与教育信念，催生不同身份角色的焦虑，进而失去改变与提升的朴素愿望。他会因公开课而早早准备、字斟句酌、推敲动作、反复排演但依然高度紧张；担心学习速度赶不上知识生产速度，总有落后危机感与知识焦虑；内在认同师道尊严、常常在乎学生的尊重但会因得不到尊重而心有不悦；与领导交往，即使内心不认同也要遵照执行；与家长在教育理念上博弈，但却常常因根本不在一个交流频道以致不被理解和尊重而内心受挫甚至备受侮辱；感觉工作生活单调，与其他社会行业比较，常常抱怨工资少、工作琐碎乏味、社会地位不高。

与上文中提到的 W 教师的合作探索告一段落后，她又告诉我一件事情。2017 年10 月下旬她所带的班级陆续出现了同学感染水痘的情况，当她得知第一位病例时，就在学校的工作群里反映情况，请求帮助。但她告诉我说，学校的中层领导私下给她联系，不让她在群里说这种事情，有事情直接找他汇报即可，并让她根据医务室大夫意见处理。后来持续出现病例，她就着急地找中层领导汇报，但这位领导依然告诉她"汇报医务室即可"，然而医务室大夫只是告诉她做好消毒。这些处理都无济于事，当

班里的水痘病例一连几天在持续增长时，她着急地直接去找学校的副校长汇报情况，据她说收到的是"一副事不关己的态度"，没有领导理她，那时她感到极度失望。但班里的水痘病例还在持续增加，当出现第 12 例时，她更加着急了，在学校的工作群里连发了 5 遍消息："初二某班又多一例水痘！现在 12 例！"这次，学校新上任的校长给她打来了电话，告知她那个班暂换往一处废旧的教室上课，体音美课不允许外出，平时吃饭提前 15 分钟，通过这些措施和其他班同学隔离开。后来，调皮的孩子们也没让她省心，当她得知有男同学拿着消毒喷壶玩，弄丢很多消毒片，她一下泪崩了，给我发来了教育孩子们的一段话："我当时不断地汇报，可是根本没有人管你们！就给咱们一个紫外线灯，根本不管用！生水痘的学生越来越多，你们的家长急得天天给我打电话！我每天看到越来越多的孩子倒下，我急了，在工作群里连续发了 5 遍！最后才有领导理会你们！后果就是现在领导觉得我很鲁莽！我顶着压力给你们换来的药片和教室，你们竟然一点都不珍惜，就这么被你们给糟践了！"再到后来，W 教师也感染了水痘伴并发症肝损害，在家隔离了近一个月才算康复。整个过程中，我们通过微信往来，她心地善良但刚刚工作遇到棘手的事情容易着急，我一再提醒她处理这个事件的过程中一定多多请教专业医生，最好能去校外医院说明情况并咨询，她给我说的情况也能看出新来的校长并不怎么喜欢她，原因应该是觉得她做事情急躁，"在群里发信息说水痘的事给学校制造麻烦"，而且与领导交流的过程中没有给予足够的尊敬。以致后来她的班从旧教室搬出但忘记打扫卫生，学校领导在大会上批评她；该完成的其他工作任务早已完成却依然在大会上被批评；给领导请假去医院复查水痘康复情况，回来后领导见到她都没有理她……（W 教师的同侪交往示例）

我想大多数教师都会有类似的工作境遇，甚至是一步步从类似的工作境遇中走过来的，于是教师们更愿意作为散落在人群中的一分子，将听从作为一种生活底色，与其他人一样认同并追逐权威与主流文化，享受步调一致带来的安全、舒适与惬意，将观望与等待作为安然自处的技能。当然这些做法与想法都是无可厚非的，那么教师从职场生活中汲取改变与创造性工作的勇气，深处安全的交往氛围中从多元的交往感受与复杂的价值理解中提升情感人文素质便成为一种力不从心的愿望，甚至教育初心、教育信念都会在寡淡的情感支持氛围中消逝，成为不痛不痒的说辞。只有在安全、信任的关系与文化氛围中，教师才能解放身心生产知识、创造智慧，有力量承受打击，更积极、主动地关爱学生、悉心教育，从中不断提升情感人文素质。因此，应从学校文化的改善着手，着力构建心贴心、互相关怀、坦诚互助的情感支持文化。教育管理者率先改变，心怀坦荡，认真虚心，愿意与广大一线教师一起扎根教育现场，彼此互助，增进智慧与能力，承认不足，广开言路，通过真心、善意以及个人努力、智慧、卓有成效的教育改善树立教师们的认同感与敬佩感。只有当教育管理者有如此的大胸怀、大视野、大格局以及细致入微的教育领导智慧，教师们才能更直观地感受到安全、信任与尊重，在职场生活中增进发展的动力与勇气；才能真正看到、感受到教育生活的多样性、丰富性以及从生命根基处生发的意义，"看到什么，听到什么，做什么，和谁在一起，有一种从心灵深处满溢出来的不懊悔也不羞耻的平和与喜悦"①，大展拳脚思索教育的多种可能性与自我改变，从心出发、充满热忱地教书育人。

三、　强大的现实裹挟：改变的精神报偿不足以维系整全的教育生活

我们期待教师能够在丰富多彩的学校教育生活中通过不断提升感受与思辨的能力寻求自我改变，进而提升情感人文素质。然而，我们却深处在一个对感受与体验缺乏关注与尊重的悖论性困境中。像氧气与水对人生存的作用一样，人无时无刻不需要感觉系统支撑并支配生活。但是，在现实生活中，个体感受的内容相比实在的金钱、标签化的名利并不是维系全部生活不可或缺的一部分，人们普遍仰望的公共视域中的人际交往也拒斥感受，认为那会是影响一个共同体的公共性建构的迷幻剂，以致长久以来国内的教师是以一种压抑并控制情感的理解往生活并开展教育工作，教育工作中不时能看到对情感的抛弃、嘲讽或误解，甚至以市侩庸俗的方式消费情感。比如，过度的分数、名校升学竞争笼罩下的学校教育环境忽视与压抑人对感受、价值与美的理解与追求；情感教育的长期缺失使人欠缺崇高感、敬畏感的感受经历，而那是学习知识、锤炼毅力必需的感受基础，如果个体的感受系统得不到很好的引导与训练，就难以使人深刻理解情感联结之美、知识的壮丽与教育的奥妙，也就使人戏谑情感、庸俗过活；将情感教育误解为煽情教育，使得情感教育仅仅停留在感动或痛哭的层面，忽

---

① 节选自电影《无问西东》台词。

视情感之于人成长的价值关联性、深刻性与美育性；功利化情感体验，通过煽动、消费宝贵的、私人化的感受争分、牟名、获利，使污名化了的情感文化加剧了大众对情感的误读以及对情感教育的误解。感受与体验对人的精神成长起到弥散性的黏合剂的作用，人在学习过程中记诵、认识、理解并经历的那一系列符号、程序、文字、技能只有黏合了标识着一个人全副生命内涵的情感体验才能感受与触摸到精神世界（知识、道德、艺术与美），通达精神攀升之径，达成有意义的学习，这种富含内在张力与创造性的学习历程会随着学习经验的凝聚与情感能力的丰厚越来越有助于一个人的完善。因而，伴随着功利化情感文化、市侩化情感文化的代际传递和积淀，更多的教师天然地失去精神关注的本能与愿望，习惯于机械的知识传递以及技术化的人际交往，常常只因实利和名誉的需求而"动情"和"用情"，教育经验在大脑中积累为顽固的、挥之不去的快捷化、结构化、工具化、标签化、实用性导向的感受与思维模式。常见的现象是，依浅层的认知习惯在内心给学生贴标签，按照世俗伦理对不同标签下的学生有偏重地关注与对待；固守长久不变的教学模式与教学材料，忽视从日常问题、生活经验与大众见闻中探索学习资源，难以在固定的教学程序与方式中倾注关怀，难以意识到成长经历中在不同时空上同一节课有着全然不同的教育内容与意义；盛行的教育评价追逐表格快捷化、数据倾向、条目倾向，侧重对人的结构性、片面化与条块化关注，暗示并引导教师的教育教学忽视对教育过程、细微影响以及人的主体性、情感与精神层面发展的细腻关注，僵化的思维使教师难觅心灵与精神成长教育的切入口；教育环境整体在引导师生往大众认可的某种标签上成长，以致"名校""名师""骨干""成功"等名号具有巨大的吸引力和影响力，弥散在学校教育过程中的精神寓意、批判性与创造性、深刻意义感与价值感日渐浅薄化甚至消逝；种种强大的功利、市侩文化形成一股合力笼罩于学校教育生活中的方方面面，以致真正用心从教、关爱孩子们、甘坐冷板凳钻研教与学的教师却常常因政策、评价标准中没有所谓对品格、情感素养、精神等难以量化维度的评价依据不仅受到质疑，而且饱受贫苦、"落后"、受人冷落，内在精神追求在实用性、量化评价模式中的极大落差反过来映照人们怀疑、轻视心灵成长与精神教育，更加卖力地与评价规则贴合、催生智慧追求名利。

深处功利主义与消费主义价值倾向的影响力与渗透力如此巨大的现实环境中，太多的教师能够认同情感教育的价值旨趣，也能在现实的教育环境中感动于真诚的情感交往，主动寻找关怀他人、在更广阔的教育范围中扩充善端并积极作为的方式与方法，能从中体会情感教育之于人的健全成长、建构良善人际关系的可贵与美妙情谊。那些感受、理解与细腻分析到的为人的发展的喜悦，环境氛围之于人成长的顺畅与惬意，自我世界的平静、同一与为了教育理想的热忱统一为一名教师的精神养料，作为一种情感教育的报偿激励教师更加快乐地施教、育人。然而，于另一些教师而言，这种信念却很难强大过现实中功利主义与消费主义的影响力与渗透力，于是感动、精神报偿感、崇高感常常体现为情境性，一旦回归现实的日常，那些从育人过程中生成、萦绕心间与大脑的情感激励、兴奋与情感教育智慧又渐渐被冷漠、荒芜甚至消解，成为一种教育经验浓缩、潜藏进认知与感受系统。我们需要做的就是要通过良善情感文化的构建、人际关系的不断改善、情感教育之美和智慧在教育生活中不断涌现去激发、唤醒那些潜在的情感教育因子，通过环境改变与教师的自我努力使情感的光辉照耀功利与市侩的荒诞，将依托情感交互而达成智慧与精神攀升成为维系教师生活的主要依据。

第二节　教师情感文明素养的特质

没有哪个职业能像教师会对人的成长产生如此重要和深远的影响。身处全球化的风起云涌之中，在中国社会深度转型的大潮中，中国广大的一线教师究竟该如何照料好自己的职业生活，让孩子们愉悦而且充满智慧地成长，让环境张扬积极的仁爱力量，让自我在复杂的境遇中寻找意义，幸福生活，一直是我近八年来专门从事教师教育研究的根本趣味与艰辛求索。尤其当我意识到，在教育学科寻求对教育问题的"书斋式""替代式"解答转向帮助实践者自主解答，探寻不止用科学方法、整合哲学、艺术乃至宗教方法重新理解个体独特的生活与生命意义，重构教育学探究之路的关键机遇期，天然具备"广泛应用价值"的教师教育学科体系亟须创立与完善以使教育学科更扎实，以使国家培育、培养出更多具有高水平素质的一线教师。这其中，作为全部专业素养底色的教师情感人文素质一定是探讨教师专业成长的重要理论生长点与价值依据，我们期待教师在学校教育生活中历练，从一般意义的、各具特色的情感人文素质迈向具有生命大格局、深刻的教育理解和适恰的交往与道德敏感性的情感文明，学校环境因教师的种种努力散发出令人心旷神怡的支持性与教育性力量，师生沉浸其中自由自在地探索智慧，而这种从每个人心底溢出的欢心喜悦与探索热忱以及那些知识与智慧之光一定能影响、改善人们成长中朝夕相伴的环境，学校、家庭、社区总会因善意良序情感的迷人穿透力与感召力而凝结在一起，为了自我和周围每个人的健全成长而日渐改变。因此，我们倡导的情感文明理论不仅是一种着眼于教师成长现实的理论观察视野，据此映照、理解和解释那些教师改变与提升的现代性问题与困境，也是一种教师改变与提升的行动范式、品质内涵与素养目标。从与一些一线教师合作探索过程中对教师自我、交往、学习意涵、环境与个体成长的质量与品质的理论观察与思索在此就积淀成了教师情感文明素养的特质，以此作为提升教师情感人文素质的对照性目标。

一、 以自省且凸显创造性的方式生活

虽然人的情感常常以一种模糊和捉摸不定的方式弥散进生活，依托日积月累的价值倾向或者当下感性刺激而裹挟人的思考与行为，但是情感文明的理论旨趣拒斥生活中情感的退场和情感模糊黏稠的状态，对教师而言，需要在复杂多变但却渴求身心不断进步的学校教育生活中保持清醒，归纳整理不同个体（包括自我）的情感状态与情感成长逻辑，从中摸索具有多种可能性的教育线索。虽然这种源自每个人不一样的文明修养、体现了教师不同水平的观察和思维能力的生活与教育方式会对人的理解、教育行为的实施有误解并带有偏见，但是这种着眼于观察与反思情感关联，以自省的方式生活，终归是让学校教育生活更富属人的秩序性，育人行为更具真实意义以及长远效能的重要一环。

因此，具有情感文明素养的教师其性情底色是谦逊的，谦逊是一种对周遭的人和物、经历的事件与学习的过程存在的敬畏感，能使人对生活中人的情感感受与联结保持敏感性，并随时因此激发探究的热忱，继而从中催生新发现的震颤与改变的动力。然而常常对生活的常识与常态保持自信或无感的人，很难有"向内张望并辨析"的强烈意识，也就难有新发现后的心灵触动以及由此引发的教育能力锻炼。可见，教师以自省的方式生活是教育激发主体创造性、个体得以不断进步的基础。教师以自省的方

式生活首先表现为在教育教学过程中对自我、他人与环境有较强的觉察、识别以及在此基础上的自处能力。具体而言，生活现象的教育意义常常能被教师敏锐地捕捉到，并使之与既定的教学内容或教育契机结合，转换为鲜活、灵动、具有生命渗透力的学习资源；问题的本质与内在逻辑并不能被繁杂的现象遮掩，教师总有热情从不同的视角想象、介入和探索奥秘；教师思维不是僵化、线性和教条式的，恰恰能从对问题与现象敏锐的觉察与识别中发展"一体多面"式的复杂思维与人文理解能力；教师具备较强的共感同情能力，敏感于针对不同个体的情感表达方式、内容以及适切性，通过他人与环境的外在表现总能进入对内在感受与品质的探问与理解，由此成为教师增强自我理解、参与情感交往的信息以及教育性改善的依据；教师对新兴的技术、新奇的事物并不排斥，总愿意将自我卷入其中探索新事物对人的发展的复杂影响，从中辨析正反效能，妥帖引导，因为相似的新奇体验能促使教师着迷于处在教育语境中的不同生命的历史与未来，从对过去与将来两种方向的发掘中探索当下具体的教育内容与方式。教师不仅要深入具体的教育生活中自省，反思，也要有源自具体生活的价值反省，清晰、明确的是非判断、善恶辨析、崇高与羞耻感受是在复杂的教育情境中锤炼出来的，也是引领教育妥善发展的重要意涵。

我们提倡以自省为生活方式并非逃避生活与交往，恰恰激励教师积极卷入个体与环境发展的精神现象中倾情跋涉，泰然自处，以自省为生活方式的教师总会从随时深入教育现象与教育问题的艰辛觉察与识别中发展出从容而自信的身体气质，这种气质并不是令人想躲避、感到厌倦与压迫性的对自我的过度确认，而是在人群中与人为善、妥善相处而来的信任、平和与自洽，也是在艰辛求索中生发出的令人敬畏的内在笃定与意志力。与此同时，我们渴求对教育质量的审视饱含具有过程性的情感维度，育人质量的提升、教育的发展也依靠从常识中激发的创造性。创造性的本质是各种要素在思维与劳作过程中排列、组合迸发出的属人的意外现象，这种意外因与人性质地、效率、便捷、品质需求契合并能有益于部分或综合性地发展而凸显价值。因此，合乎人性的情感维度是评判创造性的重要内容，上述那些教师着眼于情感生活的自省一定会是促使教育生活凸显创造性的重要源泉。比如，单调、同质化的教育交往模式中渗透进因人而异、因时而异、因地而异的交往方式与教育内容；同一种教育内容演化为具有不同生命特色的个性化学习资源；教育质量与教育评价的内容、方式因尊重不同的生活、成长底色而具有异质性，每个人因此找到真实的自我与适恰的成长道路；公共、确定性的知识因越来越多样的人文理解、学习情境与生活背景的卷入而不断被重新理解、建构，集中式的知识学习凸显具体、确切的育人效用等。

二、 秉怀善意并积极地待人处事

作为知识与价值观的处理者，教师的交往裹挟着教育性，知识与价值观教育就弥散其中。虽然当下教师的学校教育生活不可避免地存在普遍的现代性困境，尤其在面对生存与生活现状与教育内容、教育初心映照时会产生教育无力感，普遍缺失意义感；教师的社会地位不高、工作繁杂、平均收入水平不能与工作热情和心力付出匹配，尤其在近些年伴随移动互联技术和信息传媒能力的迅猛发展，教师失德、失范个案被广泛传播、过度诠释致使教师形象的赞誉度普遍降低，"圣人"般的传统道德形象压力、聒噪的负面社会评价、相对清苦的生存现状以及繁杂的工作内容和较高的专业要求相互作用并影响着教师的心灵成长，造成大多数教师从教荣誉感不高、从教信念和信心不足；大多数学校管理偏向行政命令的机械传达、流通，制度实施僵硬，行政化、官僚化。一般意图在于遏制恶行为的发生而非引导、激发善意与关爱，人与人之间相互猜忌、提防较多，工作教条化、边界化，致使学校文化缺乏情感支持系统的构建内容，难生普遍性的安全感、信任感，相比负性、消极乃至空乏、无意义的情感感受情境中的教师育人工作常态，由人际间的善意、信任与关爱催生出的知识与智慧是学校育人背景的重要缺失。但是，生活经验是重要的学习来源，教师的生活原貌与情感体验本就是珍贵的自我教育内容，据此探索如何在普遍性的情感生态中挖掘积极性的关联、寻找仁爱的教育可能，由此提升妥善安顿自我的素养以及整全育人效能。因此，"教师要学会与自己展开道德生活的对话，可能会产生焦虑感、陌生感等一系列面对日常生活矛盾的负面感觉，甚至会遭遇被统治的无力感，但是通过思考自己在现实中的处境，寻找束缚自身的力量，解释这种生活经历然后学会理解身边正在发生的事情，可以逐渐恢复和重新获得自我同一感。教师可以通过这种努力来发展自身的主体道德意识和教育意识"①。与此同时，教师与自我对话、在悠长的个人成长与生活史中回忆、动手动脑发掘获得的那些裹挟着区域社会发展变迁的个人优点与缺陷、教育现象与问题，教师都能泰然接受，与之关联的最真切的烦恼、焦虑、抱怨、忧愁抑或兴奋、愉悦等一切具体的情感体验，教师都能训练得泰然自若，与他们和谐共处，从中教育自我，以不同形式作为引领自我成长的力量；教师能够坚守教育理想，伴随坚持阅读、人文观察与感受而扩充的知识面、教育责任感与人文理解力提升会增进教师对文化真假、善恶与美丑的辨析力，由此激发从教崇高感与文化定力以及对教育效用的感知力与自我肯定性理解，催生积极的情感表达和育人效果；教师在职场生活的复杂情境中心怀善意、敞开心扉、积极作为，乐意认识并接受缺陷、不足与差异，率真、热情地与学生交往，理智的人文性理解能够倾注为关爱学生、保护学生的生命意识，进而从中感受不同个体的生命潜质与精神力量，体会到生命相通、共同成长的愉悦与幸福。陶行知先生说："真教育是师生之间心心相印的活动，唯有从心里发出来的，才能达到心灵深处。"教师能够从心出发与他人交往，立足生活展现真实的自我，从中发展自我。积极的情感体验与适恰的价值理解裹挟知识学习与知识应用服务于日常工作和学生整全的成长，教师与同侪、家长之间就能消除沟通屏障、建立信任并坦诚相待，孩子就不羞怯、不害怕，能够勇敢表达，教师的种种交往关系就能自然、惬意，相互关怀、理解和尊重。我们相信这些从真心生发出，标识个体与环境情感文明品质的育人过程能够较好地达成学校教育立德树人的根本要求，也能够较好地平衡、契合国家、社会和家庭发展要求与个体生命成长现实、需要之间的关系，解答青少年的心灵问题，促成个体稳健与幸福地成长。

三、　能够统整个体与微环境的育人效用

个体的成长是环境影响、人际交往与个人努力的交互作用，学校教育中的集体形式及其教育力量必然是通过裹挟着个体全部视域的微环境产生作用，而成长微环境甚至会对人很长一段时间内的是非认知、价值倾向、道德趣味以及行为习惯产生根基性

---

① 玛克辛·格林语，节选自朱小蔓教授 2012 年 9 月 24 日在兰州的讲座"品德课程改革与学校德育——基于思想品德课程标准的修订"PPT。参见：格林. "清醒"和道德地生活 [J]. 中国德育，2010（1）：32-37.

影响。因此，教育工作者应当尤为关注学生当下教育生活中的学习成绩水平提高、智力发展、精神进步，更应重视当下教育生活对个体终身发展所产生的根基性影响，从情感作为人的成长的基膜性要素中生发适恰的整全性教育力量。从这个角度讲，教师应当认识微环境发展与个体成长的对立统一关系，在人际交往的契合点上寻找通过个体努力引发微环境教育力量的改善、通过微环境的发展涵养个体成长的妥帖方式，达成个体、微环境与集体在组织形式、高尚情感与思想品德等精神层面发育、发展的和谐统一。

"集体——这是由那些需要和兴趣各不相同，智力、思想、道德、社交、劳动能力、审美观点等方面处于不同发展阶段的人们组成的复杂的精神上的统一体。"[1] 只当构成集体的个体能够感受到集体支持人发展的安全感、对集体的信任以及集体教育内容与生活见闻和生活依据的和谐感，集体才可能会真正产生直抵人心的教育力量，当然这也是产生集体的充分条件。那么，集体如何才能产生比个体单独努力更优越的教育力量呢？其实也即"把集体中的全体成员精神上一致起来、团结起来的主要力量是什么呢"[2]？"这种力量就是人关心人、人对人负责、人对集体和社会负有责任感。优秀的校长、课外和校外活动的组织者、教师在自己的实际工作中所力图实现的，就是使集体的一切活动都充满着对同年龄人、对小同学、对年老体弱者、对受传统的歧视氛围影响的主流功能主义和功利主义观点歧视的'弱势群体'[3]（比如，犯错误者、考试竞争'失败者'、家境不佳者等），即对一切需要帮助的人们的关怀和负责精神。"[4]

达至情感文明状态的教师恰恰注重在情感的文明化上下功夫，通过构建良好的情感微环境促成个体与集体的交互教育、交互成长。情感的文明化作为一种教育性愿景，就是指重视关怀、信任、尊重、理解、宽容、鼓励等情感品质在个体与环境发展

---

[1] 蔡汀，王义高，祖晶. 苏霍姆林斯基选集（五卷本）：第一卷 [M]. 北京：教育科学出版社，2001：532-533.

[2] 蔡汀，王义高，祖晶. 苏霍姆林斯基选集（五卷本）：第一卷 [M]. 北京：教育科学出版社，2001：533.

[3] 此处为作者需要另加关注的群体。

[4] 蔡汀，王义高，祖晶. 苏霍姆林斯基选集（五卷本）：第一卷 [M]. 北京：教育科学出版社，2001：533.

过程中的熏陶与训练，整全、妥帖地作用于人的情感识别、表达与调适活动中，使积极、正向的情绪情感体验持存，创造性发挥消极、负向的情绪情感体验的积极价值，个体与环境联结顺畅、协作共育，都能据此逐渐积累起乐善慎思、仁慈内省、尚美达观的认知基调与情感品质，维持着每一个生命体自由、全面和幸福地成长[1]，从而形成体现教育文明健康的、有良好人文情怀品质的学校软实力、学校精神。具体而言，教师不仅要学会负责、学会关心，从交往对象情感回应中感受并培育善意，从职场生活获得的精神愉悦中锤炼育人信念，也要教学生学会负责、学会关心，使"他从小就过着有创造性的集体生活，并把自己身上一切好的东西都献给别人，仿佛要在别人身上塑造自己似的……这就意味着，每个学生，当他自己刚刚发光的时候，就应当使别人也发光"[2]，"以教人者教己"，通过服务、奉献于他人教育、培育自我的健康品质，将知识学习作为个体健全生活与精神成长的重要部分而非统摄一切的全部，着眼于个体健全生活与精神成长认识、组织并开展知识学习。集体与环境滋生教育力量关键在于人际关系有益于教育意义的产生，在教师同侪间、师生间、家校间是各具特色的支持关系、信任关系、尊重关系、体谅关系与致力于智力与情感发展的互助关系，而非不平等的依附关系、利益关系、冷漠关系或暴戾、互害关系。教师关注集体统一的教育目标、价值原则、教育程序和方式，更关注这些统一的教育形式和力量如何服务于个体的成长，尊重和理解个体间的差异性，愿意悉心观察和关怀，寻找集体教育力量之于独立个体成长的契合点。和谐、良好的人际关系建构起个体与集体发展共同需要、共同支持、共同哺育的良好微环境，每个个体因教师在微环境中集体力量之于个体的契合点上的耐心作为与长期努力而全面、稳健且凸显个性特点地成长，集体与环境也因此不断增长涵育个体的根本的存在性力量。

第三节　增进教师情感文明的方式

　　研究教师的情感文明素养是希望探索教师经过怎样的努力才能实现个体及其所处

① 王坤，朱小蔓. 情感文明：教师育人素养的关键价值尺度 [J]. 中国教育学刊，2019（5）：75-79.
② 蔡汀，王义高，祖晶. 苏霍姆林斯基选集（五卷本）：第一卷 [M]. 北京：教育科学出版社，2001：536-537.

微环境的健全发展，达至对个体负性、消极情绪情感的阻隔与调适，形成较好的、积极的、妥帖的、惬意舒适的学习成长氛围和人际交往关系。本研究在研究程序上秉持行动研究的立场，致力于在真实展开的教育现场、研究者与教师的交往合作中去探索促使精神和情绪情感发育发展的种种方式方法，其中涉及的学校教育生活观察、学校管理视野中的教师交往、关心敏感性与专注力训练、课堂观察、现象学写作训练、课例展示等一系列整全视域下的提升教师情感人文素质的问题与方式根本是一种人文主义的价值倾向，渴望追求具有道德性、审美性与哲思性的教师专业成长方式。这是一种着眼于教师的学校教育生活全局，力求从教师发展的精神与情感维度在本源与基础处得以改善，寻求教育方式的根本突破以及教育文明本质改观的探索。每个人的成长与生活浸透和呈现出各自不同的特征，有些偏向沉稳、慎思独行，表现出一种哲学理性的特点；有些活跃外放、积极乐观，表现出一种审美的特点；有些乐善好施、勇于进取，表现出一种道德的特点。因此，依循教师各自不同的情感特质和面向，需要从理性、道德、审美①多个角度总结、梳理提升教师情感人文素质的方式，在广泛的行动研究现场审视追求实用性的技术主义取向中的教师提升方式，在对诸种方式的辩证反思中提炼具有超验性与终极性特征的教师提升方式。

一、 理性的方式

知识学习与交往是学校教育生活的重要组成部分，我们倡导教师理性在不同方面的不断觉醒，理解贯穿于知识学习与交往中的知识意涵及其内在价值，依托不断扩展的知识边界与不断加深的求知经验走向直抵人心的教育的情感文明。理性是人对不确定性、不可靠性与未知、认知与感受边界的敏感性以及由此产生的思考与辨析的思维活动，人的感受敏感性、观察体验、技能操作、组织程序以及感觉材料、知识及价值观的处理无不依靠理性介入，也从某个方面展现着人的理性能力。良好的教育和教育性关系本质需要某种知识的支撑，比如，学科教学既需要一定量的学科知识也需要一定量的师生交往知识，建构良好的师生关系既需要足够的情感人文知识也需要了解着眼于学生个体特点的个人化知识，这些知识既是明确的、凝聚态的，也是缄默的、不

① 从理性、道德、审美的角度观察生命、思索人的成长及其意义源自周国平老师的思想。

断生成变化着的，既具有公共理性也具有个体经验性。然而，这些知识的产生与应用离不开教师理性对当下感受材料与知识符号以及累积的行为习惯、文化习俗、道德规范与价值倾向的处理，学习过程中的动机、意愿、意志等个体主观条件也是在理性的协调下才会在合理的框架与方向上发挥作用。因此，理性是教师走向情感文明的重要方式。学校教育生活中恰如其分的反思与追问，恰到好处的观察、体悟与价值辨析，对情感状态的识别与确认、情感的表达与调适、情感教育价值倾向的分析以及据此进行的教育改善等都是一种理性生活方式的呈现。虽然理性是教师改变与提升所需要的重要方式与素养，但却不能以决然分割的眼光或统摄一切的作用理解其之于人的精神成长与文明进步的意涵。理性与情感相互补充、协调共生和共育才是构成一个健全的人走向情感文明的充分条件。伴随教师知识面的扩充、坚持阅读与写作、积极的人文理解能力的提升，教师以理性的方式走向情感文明就是在学校教育生活中学会理性地观察与调适情感，理智地养护情感及其发展，充满辨析力地认识知识、内化知识并创造知识，使人不以感觉经验理解学习与生活致使学习与生活流于浅层认知与感受，同时，日常的感觉经验也不能白白流逝，坚持写作、思考与阅读以及积极有深度的对话与交往促使其理智化、系统化、知识化，成为有意义的知识学习、良好的人际交往以及良善价值观养成的重要基础。

二、 道德的方式

教育活动本质是一种道德实践活动，教育活动的道德性体现为教师具有人道主义意识以及与之有关的教与学活动、人际交往都能以人道主义为基础而开展。具体而言，教育的人道主义是指尊重和平等对待每一个独特生命体，既有为了教育的公共性发展而坚定的使命感与责任感，也有为了个体之持续健康发展的道义情怀。关怀与宽容生命发展，无论在积极、正向还是消极、负性的心境与环境中，都能秉持坚定而清醒的教育信念，积极进取学习、善意待人，并能够保持好奇心，积极探索各种问题，乐意从人深刻的体验基础上生产和创造知识，不愚众、不生产暴戾与愚昧，引领最大范围的个体与环境的情感与理智和谐一致发展。从人道主义的角度理解，教师情感人文素质的提升关键在于教师的自我改变，即教师首先要做一位有生命情怀的关怀者，学会关怀自我、关怀他人。即使现实的教育生活环境中有许多不尽如人意的不宽容、不理解甚至暴戾与怨恨产生，教育活动也主要以生硬教导、机械告知、教条式依附与模仿甚至冷漠、暴力或者体罚的方式开展教育，乃至教育活动的创造性水平较低、有意义的知识生产不够，更多是活动的简单重复、知识的生硬传递、表达的感性模仿。有独立思考、有良知且有生命情怀的教师一定会从这些问题出发，心怀善意、积极寻找适恰的解决之路，而不是站在问题的对立面鄙夷批判、制造矛盾或是听之任之、任其发展。因此，教师要做一位有生命情怀的关怀者，在教育活动中，敏锐地观察与思考，常常询问：自己的举动与行为会不会给他人带去误解或伤害？学习过程中他人的真实感受是什么，究竟在思考什么，究竟学到了什么？时下的教育活动有没有达成预设的教育目的，表达是否准确和贴切，知识传递是否准确与合理，价值判断是否合理，情感能力是否得到训练，逻辑思维能力是否得到训练，知识学习到了哪种程度？自己所处的环境品质如何，自己的感受与判断是否受到影响，孩子们有没有受挫，环境该从哪儿切入得以改善？等等。只有当教师愿意在学习活动与人际交往中关心每一位对象的内在状态、环境的影响作用，思考并发掘问题根源，热忱、积极地寻找解决方式，真正有效的教育改善才会开始，教师整体的素养才会逐渐在复杂问题解决过程中因感受与理解到的积极与善意而获得提升。与此同时，面对复杂、艰难的教育情境，教师不懈怠、不抱怨、不盲从，坚持独立思索，投身其中积极作为，认识并激发自我潜能，坚信教育信念的支持力量，信任他人、团结他人、寻找并构建有意义的教育共同体，尊重并引导多元价值观的发展，理解、宽容并发展差异，那些在复杂的工作环境中扩充的善端、羞耻心、恻隐之心以及积极的工作态度一定会影响到周遭环境，从一定程度上消解消极、负性情绪情感，形成有道德的教育力量，有益于师生共同的整全成长。

三、 审美的方式

美是人与万事万物融为一体的至高感受与境界，是引导人成长不可或缺的珍贵内容。然而，美是因人而异的，元素的搭配、结构的组织、色彩的配合、时空的接续整合、比例的掌控、气味的弥散等从不同维度、不同程度的融合一体会给不同人不同的感官与精神冲击，引发思考与想象。因此，于万千大众而言，美没有确定的标准，阳春白雪是一种美，下里巴人也是一种美，带来感官愉悦的事物是一种美，引发精神攀升的事物也是一种美，但能维持永恒，追求崇高、壮丽、幻化与超越确可成为对教育学意义中美的基本感受与认识。审美也就是支撑并构成每个人健全成长的重要内容，人在生活与学习中不可避免地由对现实的感受与思考而催生的批判性、想象、意外性、创造力乃至幻化一体的意识、诗意、沉醉、深邃是美的具体形式，他们与具体事件的结合生成的情感与思考引导人走向超越和崇高。教育的一项重要使命是引领人直入美境，认知并感悟崇高与壮丽。因此，教师或多或少要具备一定的审美品质与能力，以审美的态度及精神底色生活与成长，否则教育活动以及教师生活就沦落为了缺乏想象力、意外性、色彩与高尚趣味的干瘪、枯燥的技术程序和操作，教育培养的人也就可能因缺乏对想象力、求变与求美的勇气和创造性的培育而内在单调、枯乏，缺失观察与理解现实复杂性与深刻性的超越意识、崇高视角与幻化的能力。与此同时，人的崇高感与美感是道德感养成、道德行为以及知识学习和应用不断追求极致和超越的坚定意志力锤炼的重要基础与来源，教育中缺失的崇高感与美感培育常常是人的道德素质水平较低、生活庸俗、低级趣味以及缺乏意志力的主要原因。

教育生活中的美有不同的方面，有知识生产与应用时的惊奇、兴奋与愉悦，有智慧无限发展的通透，有个体情感获得的满足、恬静与惬意，有人与人之间的信任、尊重与依恋以及环境的自由与舒适。教师以审美的方式提升情感人文素质，迈向情感文明，是指摆脱生活中的低级趣味与逐利附俗，勤于经典著作阅读、艺术欣赏，愿意从繁杂、忙乱的教育生活中发现美、感受美、创造美，学习以文学、艺术、诗歌、科技等形式记录美、表达美。日常审美品质与能力的训练有益于教师更容易在复杂的职场工作环境中信任他人。信任是对他人与环境尊严的尊重与支持，得到信任的人往往会感受到尊严感的满足与精神的鼓励，因此，教师的信任是与交往对象建立稳固关系的前提，教师与同侪、学生、家长交往时敞开心扉、坦诚相待、对他人不怀疑，便会给他人带去安全感，愿意展露真我，彼此真诚展现全面、真实的自我，相互学习长处、互助弥补缺陷，继而，由信任生发的尊重彼此、关爱彼此与支持彼此从而建立起的情感联结一定会成为支撑人热情学习、稳健成长的情感力量，这种力量随着学习与生活的进程而沁人心脾、令人开心和依恋。生活中健康、积极的交往关系以及日常的审美品质修养有益于加深教师对知识无边界性、无限延伸性的理解。对道德崇高性内涵的理解以及对知识与人生价值的圆融、壮美、深邃、不断超越性的感悟，在专业的知识生产与应用、人际交往、道德践行中的审美思维、情感与能力的倾注与训练增进了教师的整全素养，由此影响教师全部生活品质的提升，由对美的理解与追求催生出的知识、道德、技术操作与人伦关系也因此具备了更丰富和崇高的价值。由此，从人的发展本源处——情感生发，整合了支撑人健全、稳健成长的理性、道德与审美素养的文明化思考，会是教师品质与素养提升的重要依据，教师基于此的素养提升与职场生活也将会使人类文明的发展更稳健、更有气力、更有希望。

参考文献

著作类：

[1] 斯密. 道德情操论 [M]. 蒋自强，钦北愚，朱钟棣，等译. 北京：商务印书馆，2016.

[2] 朱小蔓. 与世界著名教育学者对话：第一辑 [M]. 北京：教育科学出版社，2015.

[3] 富兰. 变革的力量——透视教育改革 [M]. 中央教育科学研究所，加拿大多伦多国际学院，编. 北京：教育科学出版社，2004.

[4] 富兰. 教育变革的新意义 [M]. 武云斐，译. 上海：华东师范大学出版社，2010.

[5] 富兰. 变革的力量——深度变革 [M]. 中央教育科学研究所，加拿大多伦多国际学院，编. 北京：教育科学出版社，2004.

[6] 莫兰. 复杂性理论与教育问题 [M]. 陈一壮，译. 北京：北京大学出版社，2004.

[7] 范梅南. 生活体验研究——人文科学视野中的教育学 [M]. 宋广文，等译. 北京：教育科学出版社，2003.

[8] 周国平. 周国平文集：第1卷 [M]. 西安：陕西人民出版社，2006.

[9] 朱小蔓. 情感教育论纲 [M]. 北京：人民出版社，2007.

[10] 刘小枫. 现代性社会理论绪论 [M]. 上海：上海三联书店，1998.

[11] 舍勒. 伦理学中的形式主义与质料的价值伦理学 [M]. 倪梁康，译. 北京：商务印书馆，2011.

[12] 佐藤学. 静悄悄的革命——创造活动、合作、反思的综合学习新课程 [M]. 李季湄，译. 长春：长春出版社，2003.

[13] 杜威. 民主主义与教育 [M]. 王承绪，译. 北京：人民教育出版社，2010.

[14] 罗素. 罗素自选文集 [M]. 戴玉庆, 译. 北京: 商务印书馆, 2006.

[15] 李泽厚. 人类学历史本体论 [M]. 青岛: 青岛出版社, 2016.

[16] 卡西尔. 人论 [M]. 甘阳, 译. 上海: 上海译文出版社, 1985.

[17] 哈贝马斯. 交往行为理论 [M]. 曹卫东, 译. 上海: 上海人民出版社, 2004.

[18] 诺丁斯. 学会关心: 教育的另一种模式 [M]. 于天龙, 译. 2 版. 北京: 教育科学出版社, 2013.

[19] 富勒. 法律的道德性 [M]. 郑戈, 译. 北京: 商务印书馆, 2005.

[20] 朱小蔓. 关注心灵成长的教育——道德与情感教育的哲思 [M]. 北京: 北京师范大学出版社, 2012.

[21] 哈蒂. 可见的学习——最大程度地促进学习 (教师版) [M]. 金莺莲, 洪超, 裴新宇, 译. 北京: 教育科学出版社, 2015.

[22] 莫兰. 复杂性思想导论 [M]. 陈一壮, 译. 上海: 华东师范大学出版社, 2008.

[23] 郑丽玉. 认知与教学 [M]. 台北: 五南出版社, 2000.

[24] 尼尔森. 关键在问: 焦点讨论法在学校中的应用 [M]. 屠彬译, 任伟校. 北京: 教育科学出版社, 2016.

[25] 亚里士多德. 尼各马可伦理学 [M]. 廖申白, 译注. 北京: 商务印书馆, 2013.

[26] 周国平. 爱与孤独 [M]. 北京: 人民文学出版社, 2016.

[27] 亚里士多德. 尼各马可伦理学 [M]. 廖申白, 译注. 北京: 商务印书馆, 2017.

[28] 米勒. 如何成为全人教师 [M]. 李昱平, 张淑美, 译. 台北: 心理出版社股份有限公司, 2008.

[29] 洛伦 S 巴里特, 比克曼, 布利克, 等. 教育的现象学研究手册 [M]. 刘洁, 译. 北京: 教育科学出版社, 2010.

[30] 蔡汀, 王义高, 祖晶. 苏霍姆林斯基选集 (五卷本) [M]. 北京: 教育科学出版社, 2001.

[31] 北京师范大学哲学与社会学学院组编. 我的北师大年华——庆祝政治教育系成

立六十周年［M］. 北京：北京师范大学出版社，2013.

［32］倪梁康. 胡塞尔现象学概念通释（修订版）［M］. 北京：生活·读书·新知三联书店，2007.

［33］周国平. 觉醒的力量［M］. 桂林：广西师范大学出版社，2015.

［34］卢春红. 情感与时间——康德共通感问题研究［M］. 上海：上海三联书店，2007.

［35］施皮格伯格. 现象学运动［M］. 王炳文，张金言，译. 北京：商务印书馆，1995.

［36］马克思. 1844年经济学哲学手稿［M］. 中共中央马克思恩格斯列宁斯大林著作编译局，编译. 北京：人民出版社，2014.

［37］陈立思，彭献成. 人类精神文明发展史——现代精神文明的新探求［M］. 北京：中国青年出版社，2003.

［38］布罗代尔. 文明史：人类五千年文明的传承与交流［M］. 常绍民，冯棠，张文英，等译. 北京：中信出版社，2014.

［39］汤因比. 历史研究［M］. 郭小凌，王皖强，译. 上海：上海人民出版社，2010.

［40］陈恒，耿相新. 新史学第四辑：新文化史［M］. 郑州：大象出版社，2005.

［41］金雅. 中国现代美学名家文丛·梁启超卷［M］. 杭州：浙江大学出版社，2009.

［42］鲁洁，王逢贤. 德育新论［M］. 南京：江苏教育出版社，2000.

［43］郭景萍. 中国情感文明变迁60年——社会转型的视角［M］. 北京：人民出版社，2010.

［44］舍勒. 价值的颠覆［M］. 罗悌伦，等译. 北京：生活·读书·新知三联书店，1997.

［45］迈尔斯. 我们都是自己的陌生人［M］. 沈德灿，译. 北京：人民邮电出版社，2012.

［46］刁培萼. 寻找发展链——教育的辩证拷问［M］. 北京：教育科学出版社，2010.

[47] 张志勇. 情感教育论［M］. 北京：北京师范大学出版社，1995.

[48] 舒尔茨. 教育的感情世界［M］. 赵鑫，译. 上海：华东师范大学出版社，2010.

[49] 戴，顾青. 教师新生活［M］. 徐晓红，译. 北京：北京大学出版社，2013.

[50] 萨马拉斯. 教师的自我研究［M］. 范晓慧，译. 重庆：重庆大学出版社，2015.

[51] 苏泽. 教育与脑神经科学［M］. 方彤，黄欢，王东杰，译. 上海：华东师范大学出版社，2014.

[52] 林肯，古巴. 自然主义研究——21 世纪社会科学研究范式［M］. 杨晓波，林捷，译. 北京：科学技术文献出版社，2004.

[53] ROBERT C SOLOMON. True to Our Feelings：What Our Emotions Are Really Telling Us［M］. Oxford：Oxford University Press，2007.

[54] 白璧德. 文学与美国的大学［M］. 张沛，张源，译. 北京：北京大学出版社，2011.

[55]《中国大百科全书》总编委会. 中国大百科全书［M］. 2 版. 北京：中国大百科全书出版社，2009.

[56] 所罗门. 幸福的情绪［M］. 聂晶，杨壹茜，左祖晶，译. 北京：中国人民大学出版社，2011.

期刊及其他类：

[1] 朱小蔓，王坤. "情感—交往"型课堂：课程育人的一种人文主义探索路径［J］. 课程·教材·教法，2018（5）：17-25.

[2] 卞晨光. 芬兰新一轮教育改革：着眼未来国民素质和能力［N］. 光明日报，2016-09-18（008）.

[3] 朱小蔓，王坤. 涵情育德，以德育人［J］. 中小学德育，2018（9）：26-30.

[4] 王坤. 迈向教师情感文明［N］. 中国教育报，2018-03-15（010）.

[5] 朱小蔓. 理论德育学的建构——试谈德育研究的哲学型、科学型与工程学型［J］. 上海教育科研，1995（4）：21-24.

［6］刘胡权. 关注教师情感人文素质，提升教师教育质量——北京师范大学朱小蔓教授专访［J］. 中国教师，2015（1）：87-90.

［7］高伟. 爱与认识：对教育可靠基础的追问［J］. 教育研究，2014（6）：10-19.

［8］李庆明. 什么样的理论打动教师——李吉林情境教育学派的启示［J］. 教育研究与评论，2017（2）：125-128.

［9］朱小蔓. 情境教育与人的情感性素质［J］. 课程·教材·教法，1999（1）：8-10.

［10］李猛. 爱与正义［J］. 书屋，2001（5）：66-76.

［11］郭景萍. 情感人文主义——另一种启蒙精神［J］. 社科纵横，2005（2）：146-149.

［12］王天成. 黑格尔知性理论概观［J］. 吉林大学社会科学学报，2010（3）：60-66，160.

［13］郭景萍. 涵咏中国古代"礼"的情感文明思想——兼举"仪礼"为例［J］. 学术论坛，2009（12）：83-88.

［14］孙正聿. 论哲学对科学的反思关系［J］. 哲学研究，1998（5）：27-35.

［15］袁贵仁. 人的主体性和价值的哲学本质［J］. 人文杂志，1988（2）：10-14，18.

［16］韩震. 现代性与认同问题的思考［J］. 学习与探索，2004（6）：13-15.

［17］郭华. 带领学生进入历史："两次倒转"教学机制的理论意义［J］. 北京大学教育评论，2016（2）：8-26，187-188.

［18］李申申，李志刚. 中国古代"即身而道在"教育的基本特征——一种具身性教育的永恒魅力［J］. 河南大学学报（社会科学版），2016（4）：103-114.

［19］朱旭东. 关于教育现代化研究的几个问题［J］. 教育科学，2001（1）：1-3.

［20］高伟. 中国教育改革的文化逻辑［J］. 教育学报，2014（4）：3-11.

［21］崔卫平. 海子、王小波与现代性［J］. 当代作家评论，2006（2）：38-45.

［22］韩震. 现代性与认同问题的思考［J］. 学习与探索，2004（4）：13-15.

［23］高伟. 现代性背景下当代教育价值批判［J］. 陕西师范大学学报（哲学社会科学版），2010（2）：160-167.

［24］汪丁丁. 知识动力学与文化传统变革的三类契机［J］. 战略与管理，2001（1）：

77-81.

［25］项贤明. 论生活教育与学校教育的逻辑关系［J］. 教育研究，2013（8）：4-9.

［26］衣俊卿. 论日常世界与非日常世界——透视人类社会结构的新视角［J］. 学术交流，1992（3）：79-84.

［27］冯建军. 从主体间性、他者性到公共性——兼论教育中的主体间关系［J］. 南京社会科学，2016（9）：123-130.

［28］衣俊卿. 日常交往与非日常交往［J］. 哲学研究，1992（10）：30-36.

［29］衣俊卿，孙占奎. 交往与异化——关于现代交往的负面研究［J］. 哲学研究，1994（5）：15-21.

［30］朱小蔓. 班集体教育漫谈：情感关怀的视角［J］. 班主任，2017（3）：5-8.

［31］杜时忠. 制度何以育德？［J］. 华中师范大学学报（人文社会科学版），2012（4）：126-131，4.

［32］杜时忠. 班主任制走向何方？［J］. 教育学术月刊，2016（11）：3-10.

［33］汪丁丁. 论中国社会基本问题［J］. 财经问题研究，2012（9）：3-10.

［34］杨小微. 促进学生发展的学校制度建设［J］. 教育发展研究，2010（4）：10-15.

［35］王坤庆，王治高. 论学校制度文化的价值取向［J］. 教育科学，2015（2）：37-40.

［36］邓晓芒. 中国百年西方哲学研究中的八大文化错位［J］. 福建论坛（人文社会科学版），2001（5）：10-16.

［37］陈氚. 重返感性选择理论——理论应然中的现实困境［J］. 社会学评论，2016（5）：3-14.

［38］王坤. 论情趣教学生活［J］. 当代教育科学，2016（16）：8-12.

［39］罗伟玲，陈晓平. 论休谟的道德愉悦感［J］. 现代哲学，2011（6）：72-77.

［40］朱小蔓. 课程改革中的道德教育和价值观教育［J］. 全球教育展望，2002（12）：3-7.

［41］钟启泉. "课堂话语分析"刍议［J］. 全球教育展望，2013（11）：10-20.

［41］杨叔子. 科学人文，不同而和［J］. 高等教育研究，2003（3）：15-19.

[42] 王宁. 汉语语言学与语文教学 [J]. 中国社会科学，2000 (3)：169-178，207.

[43] 李吉林. "意境说"导引，建构儿童情境学习范式 [J]. 课程·教材·教法，2017 (4)：4-7，41.

[44] 庞学铨. 身体性理论：新现象学解决心身关系的新尝试 [J]. 浙江大学学报（人文社会科学版），2011 (6)：2-10.

[45] 杨晓. 教学认识中的另一半：非理性认识的思考 [J]. 课程·教材·教法，2017 (2)：33-39.

[46] 曾晓浩. 英国课堂的教师身体语言 [J]. 湖南教育（B版），2017 (2)：50-52.

[47] 抚摸孩子的哪些部位可以化解情绪 [EB/OL]. (2016-09-04) [2017-06-10]. http://www. xinli001. com/info/100353502.

[48] 翟小铭，郭玉英. 科学建模能力评述：内涵、模型及测评 [J]. 教育学报，2015 (6)：75-82，106.

[49] 王娟. 多维、合作、反思：中美课堂观察模式的比较与启示 [J] 教育研究与实验，2016 (1)：37-42.

[50] 周国平. 什么是幸福? [J]. 全国新书目，2012 (3)：15.

[51] 朱小蔓. 论德育过程是人的情感交往的过程 [J]. 上海教育科研，1994 (8)：37-38，50.

[52] 何蓉，朱小蔓. 论教师道德敏感性与学校德育改善 [J]. 教育科学，2014 (2)：48-52.

[53] 夫莽. 冥想是如何改造大脑构造的 [EB/OL]. (2017-09-09) [2017-10-10]. http://www. shidi. org/sf _ BEECB707A9924347B6E8680D88C26575 _ 277 _ 5AC0373143. html.

[54] 陈嘉映. 过有灵性的生活 [EB/OL]. (2016-10-06) [2017-10-10]. http://www. aisixiang. com/data/101630. html.

[55] 卢崴诩. 以安顿生命为目标的研究方法——卡洛琳·艾埋斯的情感唤起式自传民族志 [J]. 社会学研究，2014 (6)：221-237，246.

[56] 季塔连科，石远. 情感在道德中的作用和感觉论原则在伦理学中的作用 [J]. 哲学译丛，1986 (2)：9-17.

[57] 韩震. 论理性的特殊性与普遍性的统一 [J]. 青海社会科学，1998（4）：45-49.

[58] 何仁富. 周辅成与唐君毅——兼论周辅成思想的核心精神 [J]. 清华西方哲学研究，2017（1）：42-92.

[59] 朱小蔓，王平. 在职场中生长教师的生命自觉——兼及陶行知"以教人者教己"的思想与实践 [J]. 南京师大学报（社会科学版），2017（3）：67-74.

[60] 张玉能. 人的本质力量与美 [J]. 青岛科技大学学报（社会科学版），2006（2）：15-20.

[61] 叶菊艳，卢乃桂. "能量理论"视域下校长教师轮岗交流政策实施的思考 [J]. 教育研究，2016（1）：55-62.

[62] 朱小蔓. 读写社区：情感文明的一粒种子 [J]. 江苏教育，2016（9）：7-8，10.

[63] 朱小蔓. 超越"管理"，做"整个儿"的校长——乡村学校校长的信念与担当 [J]. 福建教育，2015（40）：17-20.

[64] 联合国教科文组织. 反思教育：向"全球共同利益"的理念转变? [R]. 巴黎：联合国教科文组织，2015.

[65] 朱小蔓. 祝贺 致敬 期待 [J]. 教育研究，2014（4）：7-11.

[66] 玛克辛·格林. "清醒"和道德地生活 [J]. 中国德育，2010（1）：32-37.

[67] 王恒. 本质直观视域中的感性与存在——胡塞尔的直观理论初论 [J]. 南京大学学报（哲学·人文科学·社会科学版），2003（4）：22-29.

[68] 陈立思. 深入解读社会主义核心价值观之"文明" [EB/OL].（2015-02-02）[2016-10-10]. http://www. 71. cn/2015/0202/801018. shtml.

[69] 葛兆光. 文明史的研究思路——以宋代中国的历史为例 [J]. 学术界，2003（4）：38-50.

[70] 李剑鸣. 文明的概念与文明史研究 [J]. 华中师范大学学报（人文社会科学版），2016（1）：108-116.

[71] 王晴佳. 后现代主义与中国史学的前景 [J]. 东岳论丛，2004（1）：11-19.

[72] 赵敦华. 中西传统人性论的公度性 [J]. 北京大学学报（哲学社会科学版），1996（2）：32-38.

[73] 陈来. 中国近现代哲学的心本实体论 [J]. 船山学刊，2016 (3)：90-99.

[74] 朱小蔓，朱永新. 中国教育：情感缺失 [J]. 读书，2012 (1)：3-15.

[75] 王平，朱小蔓. 建设情感文明：当代学校教育的必然担当 [J]. 教育研究，2015 (6)：12-19.

[76] 郭景萍. 涂尔干：整合社会的集体感情研究 [J]. 学术论坛，2006 (3)：129-133.

[77] 朱小蔓. 道德教育：内在自觉的唤醒「J]. 新课程（综合版），2007 (9)：4-6.

[78] 朱小蔓，丁锦宏. 情感教育的理论发展与实践历程——朱小蔓教授专访 [J]. 苏州大学学报（教育科学版），2015 (4)：70-80.

[79] 郭景萍. 西美尔：文化视野中的情感研究 [J]. 学术探索，2004 (10)：73-76.

[80] 王晴佳. 当代史学的"情感转折"[N]. 光明日报，2015-08-23 (006).

[81] 李泽厚. 答"高更（Paul Gauguin）三问" [N]. 中华读书报，2015-11-04 (009).

[82] 尹弘飚. 教师情绪劳动：一个象征互动论的解读 [J]. 全球教育展望，2011 (8)：27-33.

[83] 古海波，顾佩娅. 国际教师情感研究进展的可视化分析及其启示 [J]. 外语电化教学，2015 (3)：50-56.

[84] 尹弘飚. 教师情绪研究：发展脉络与概念框架 [J]. 全球教育展望，2008 (4)：77-82.

[85] 彭玮，雷丽霞，王刚，等. 校本培训唤醒"沉睡"的老师 [N]. 中国教育报，2006-11-28 (006).

[86] HARGREAVES A. Mixed emotions：teachers' perceptions of their interaction with students [J]. Teaching and Teacher Education，2000，16 (8)：811-826.

[87] ZEMBYLAS M. Constructing genealogies of teachers' emotions in science teaching [J]. Journal of Research in Science Teaching，2002，39 (1)：79-103.

[88] 黄甫全，左璜. 当代行动研究的自由转身：走向整体主义 [J]. 教育学报，2012 (1)：40-48.

[89] 阳利平. 对"教师即研究者"命题的探析 [J]. 教育发展研究，2007 (20)：5-8.

[90] 潘绥铭，姚星亮，黄盈盈. 定性调查的人数问题是"代表性"还是"代表什么"的问题——"最大差异的信息饱和法"及其方法论意义 [J]. 社会科学研究，2010 (4)：108-115.

[91] 徐志刚. 教师情感能力的研究 [D]. 南京：南京师范大学，2007.

[92] 叔本华. 人性与道德 [EB/OL]. (2017-05-14) [2017-05-20]. http://www. sohu. com/a/140559126 _ 488208.

[93] 陈一壮. 埃德加·莫兰的"复杂方法"思想及其在教育领域内的体现 [J]. 教育科学，2004 (2)：1-5.

[94] 李泽厚，刘绪源. "情本体"的外推与内推 [J]. 学术月刊，2012 (1)：14-21.

[95] 李泽厚，刘悦笛. 关于"情本体"的中国哲学对话录 [J]. 文史哲，2014 (3)：18-29，165.

[96] 王坤，朱小蔓. 情感文明：教师育人素养的关键价值尺度 [J]. 中国教育学刊，2019 (5)：75-79.

附　录

一、 创造学校情感文明的实施指南①

表 1　"情感性交往"的行为指标（管理者）

关系维度	行为指标	观察者的记录与建议
管理者与规则	1. 管理者能够认识到学校规则不止是对协议、规定、承诺、责任等文本的阐述，而应能从深刻的教育哲学层面对学校管理的时间、空间、程序、资源、权力和隐性传统等规则要素有清晰的认知、体验并能根据学校发展的总体规划与具体事务对其做恰当的动态调适。 2. 管理者应体会到学校管理中的时间、空间、程序规则等隐含重要的教育效用但却最容易被忽视，注意加强对其的研究、规划与具体调整。 3. 管理者慎用权力，压平学校管理的科层体系，建立学校中不同主体自由表达思想的空间，尽可能做到有辨析性地用情感治校、办学。 4. 管理者在规划学校资源配置的过程中应最大限度考虑公平、正义，在资源配置的动态调整中注重教师资源获得机会的有侧重性的均等分布。 5. 管理者应对学校文化中长期积淀下的隐性传统十分敏感，对于影响学校向善发展的恶传统应引领抵制，善传统积极利用或是打磨、建构成显性的教育资源。	
管理者与教师（含管理者间）	6. 管理者热爱教育事业，能够常常走进教师的专业生活中，信任、尊重教师，针对学校具体管理事务彼此间能够顺畅、自由地表达、辩论，彼此包容且坦诚相待。 7. 管理者能够对教师的情感需求、困惑、关切以及变化有所敏感，能适应教师的情感状态并积极调适表达方式。	

---

① 该指南涉及的指标体系是教师的学校教育生活观察理论框架在学校教育管理视域中的应用、具体化、深化与体系化，也受"情感—交往"型课堂观察指南的指标体系启发，并部分引用其中的话语表达与指标价值期待，参见"全球化时代的'道德人'培养——教师情感表达与师生关系构建"项目的成果"情感—交往"型课堂观察指南。

表1(续)

关系维度	行为指标	观察者的记录与建议
管理者与学生	8. 管理者保有儿童天性与慈悲心，能够常常走进学生学习生活中，能够对学校中每项制度的实施对学生情感与理性和谐发展的影响有清晰的认知与判断，并能根据实际情况综合各方意见适时调整。 9. 管理者能够深入研究学生成长规律，在与学生的日常交往中，对学生的情感需求、困惑有清晰的觉察与调适，表达方式自然、温暖、有亲和力。	

表 2 "情感性交往"的行为指标（教师）

关系维度	行为指标	观察者的记录与建议
教师与规则	1. 教师具有规则应饱含教育性的意识，能够深入课堂教学以及日常教育生活研究与反思规则得以凸显教育性的情感教育路径与内容。 2. 教师有引导学生在具体教育情境中辨析规则内容及其应用效果的意识与能力。 3. 教师能够对课堂教学与日常教育实践中的时间、空间、程序、资源与隐性规则敏感并善于对其进行情感性识别与调适以凸显教育意义。	
教师与管理者（含教师间）	4. 教师信任、尊重学校管理者，多从积极方面理解并关怀管理者，能够怀着谦虚、善意的心态与学校管理者共同参与学校治理。 5. 教师间坦诚相待，相互信任与关怀，积极沟通与配合，不因学科界限和制度界限而阻隔教育责任落实、阻碍对学生的整体性教育。	
教师与学生	6. 教师能够敏感地觉察到学生的情感需求及学生在课堂中的情感状态、情感变化。 7. 教师语言清晰、有亲和力，语词丰富、优美，语义严谨、形象化、生活化，适应该年龄段儿童理解水平，眼神温暖，肢体动作自然而充满关切。 8. 教师能够针对每位学生显性或隐性的情感与价值需求在恰当的教育契机予以积极回应，引导并帮助其获得满足。	

表 3 "情感性交往"的行为指标（学生）

关系维度	行为指标	观察者的记录与建议
学生与规则	1. 学生有规则意识，能积极主动内化并践行规则。 2. 学生能对违反规则的恶行为有基本的判断力和羞耻心。	

表3（续）

关系维度	行为指标	观察者的记录与建议
学生与教育者（教师与管理者）	3. 学生能够信任、尊重教育者。 4. 学生乐于表达，表达清晰、自信，不因表达受挫而轻易放弃。 5. 学生愿意与教育者有眼神交流，交流自然、大方。	
学生与学生	6. 学生能够识别彼此学习和情感的需求、状态，能够正视并识别彼此的困境和问题。 7. 学生能够从尊重他者独特性的立场出发真诚对话、友善互助，积极讨论，辩论、协商解决学习与情感疑惑。	

表 4　学校情感文明的价值体验指标

观测点	指标
制度德性质量	1. 学校制度始终围绕提升学习品质和整全人的（含教师与学生）培养目标而建设与发展。 2. 学校制度的引导性功能大于规范性功能，良性的情感互动是学校制度生活的重要动力机制，学校文化对个体发展的精神性期待优先于工具性、物质性期待，并依托个体的精神能力提升引导精神性与工具性、物质性和谐一致发展。 3. 学校制度体系各分支内容具有极强的一致性与连续性，具有为在具体情境中完备教育性而动态调适的韧性发展机制。 4. 学校制度生活为师生、家长和社区人员广泛参与学校治理、促进个体全面发展创设了开放性、多渠道自由沟通的空间与机制。
良好的师生关系质量	5. 师生双方接受彼此的表达方式，关系顺畅；学校总体氛围热烈、紧张、有序而惬意，随着教育内容和情境的变化而适度调整。 6. 教师能体验到胜任感、成就感，学生能体验到成功感、愉悦感，师生双方能获得相应的自尊感，并在教育的探索中不断强化自信心。
整全的育人质量	7. 教师在促进学生思维发展的同时，关注学生在学习过程中的情绪状态和积累积极的情感品质，学校及个人呈现出情感与理智的和谐一致发展。 8. 师生能从制度内容、制度组织方式与实施中感到舒适、有学习和生活影响力与调适力，从中感受并认同尊重、宽容、独立、民主、平等、自由、公正的价值，获得合作、责任承担、集体荣誉、诚实守信、乐于探索、坚韧等品行的锻炼。 9. 师生能从情感性交往的过程中感受并认同关爱、尊重、平等、宽容、和谐、独立等价值，学会关心、负责、诚实守信。

二、 文科教师情感人文素质在课堂教学中诠释与提升的观察指南①

表5 "情感性交往行为"指标（教师）

一级观察维度 \ 二级观察维度		行为指标	教师（含其他观察者）的记录与建议
教师教学	教师的学科情感	1. 教师的身心表达表明热爱所任教的学科，精通本学科以及相应学科学的知识并对知识背后的方法、价值观及其产生的过程有所把握和理解。 2. 教师并不因自己的知识量不够或因答不上学生的问题而恐惧和不安，有引导学生走向未知世界的好奇和勇气。 3. 教师具备依据本学科内容和学习特点引导学生扩充学习内容和领域，提高复杂思维水平的媒介素养。 4. 教师能够引领学生综合性地感受独特的学科感觉，有透过人文活动现象进行情感辨析与价值判断的能力，具有提升学科情感修养的深刻意识与生动能力。	
教师教学	教师的教学情感	5. 教师能依据不同类型学生、不同学习内容，适应不同的场景，运用有针对性的教学方式引导最大多数学生愿意积极、主动投入学习。 6. 教师能够积极参与教学活动，倾听、理解学生，发掘学生潜能与问题。 7. 教师能创设较好的交往氛围，引领学生负责任的参与性思维、学科思维、人文感受力、理解力的发展。	
	教师设置教学情境	8. 教师能对教学内容渗透出的人文活动有深刻的感悟与理解，并能结合现实生动再现具有教育性张力的人文教学情境。 9. 教师善于创设安全、平等、开放、信任、和谐的教学环境，又善于创设凸显情感性与价值性冲突，彰显理智性、辨析力与建构力的教学情境。 10. 教师善于设置必要的情境，使课堂学习的知识与生活、生命成长的真实环境勾连，透射美感，彰显艺术性、生动性、趣味性和探究性。	
	教师的评价	11. 教师有中肯、积极的自我评价，对学生常用鼓励性、引导性的评价语言和方式。	

---

① 该指南涉及的指标体系是教师的学校教育生活观察理论框架在文科课堂视域中的应用、具体化、深化与体系化，也受"情感—交往"型课堂观察指南的指标体系启发，并部分引用其中的话语表达与指标价值期待，参见"全球化时代的'道德人'培养——教师情感表达与师生关系构建"项目的成果"情感—交往"型课堂观察指南。

表5（续）

一级观察维度＼二级观察维度		行为指标	教师（含其他观察者）的记录与建议
教师与学生的情感交往	教师的情感识别	12. 教师能够发现课堂上学习困难的学生，并对他们有临床诊断性回应。 13. 教师能够敏感地觉察到学生的情感需求及学生在课堂中的情感状态、情感变化。	
	教师的情感表达	14. 教师语言清晰、有亲和力，语词丰富、优美，适应该年龄儿童理解水平；语调因教学内容和情境而灵活有变化。 15. 教师眼神与每个学生都有交流，眼神温暖而亲切；面部表情自然，随教学内容和情境而富有变化，具有吸引力。 16. 教师肢体动作能适合不同年龄段学生学习心理特点，随教学内容和情境的不同而富有变化。	
	教师的情感回应	17. 教师能够给予学生表达的自由，并从每位学生的独特性出发尊重、欣赏、体谅、宽容学生的价值判断与行为选择。 18. 教师能够针对每位学生显性或隐性的情感与价值需求及问题在恰当的教育契机予以积极回应，引导并帮助其改善与提升。	
教师自我	教师的情感自我反思与改变	19. 教师能够对自我尤其自我的情绪情感状态有持续感受与反思的意识，并能及时、适切地将消极的情绪感受状态或真实自我转化为具备更加完善价值倾向的、积极的教育功能。 20. 教师能够对教学重要感、成就感、愉悦感有判断、体验和期待，并能适时、有效地激发自我追寻教学幸福感的动机。 21. 教师能够意识到课堂并不是实现自我的工具，具有通过课堂改善、发展自我的意识与意愿，能够感受到课堂教学的情绪情感发展脉络，无论平和、高峰与失落体验都应成为教师可以反思与改变自我和教学进程的基础、要素与条件。	

表 6　"情感性交往行为"指标（学生）

一级观察维度 ＼ 二级观察维度		行为指标	教师（含其他观察者）的记录与建议
教师教学	学习状态	1. 学生有乐于求知的兴趣和好奇、兴奋的学习状态。 2. 学生能够专注、全情投入学习，包括用不同身体姿势介入学习。 3. 学生的想象力、创造力、表现力在课堂教与学的互动中得以呈现。 4. 学生乐于并善于思考，勇于提出问题，积极探讨问题的解决。 5. 学生具有对人文活动中隐含的科学活动及人文活动的科学性进行探究的热忱与愿望，并有结合具体学习内容感受和辨析人文性与科学性差异的意识和基本能力。	
	学习方式	6. 学生能够有随教学进程介入学习的多种方式，也能根据个人学习特点保持安静独立的学习。 7. 学生具有凸显体悟的方法卷入理解学习内容和人文意蕴的意识，并从中发展基于体悟方法的人文素养。	
	学习评价	8. 学生的自我评价较正面、积极，有继续学习的愿望和兴趣，并能够给予教师教学积极的回馈。	
学生与学生的情感交往	学生的情感识别	9. 学生能够识别彼此学习和情感的需求、状态，能够正视并识别彼此的困境和问题。	
	学生的情感表达	10. 学生乐于表达，表达清晰、自信，不因表达失败而轻易放弃。 11. 学生愿意与教师有眼神交流，通过眼神和表情自然大方地与教师和同学交流。	
	学生的情感回应	12. 学生能够从主体独特性出发真诚对话、友善互助，积极讨论、辩论、协商解决学习与情感疑惑。	
学生自我	学生的情感自我反思与改变	13. 学生有认识和反思课堂情感尤其自我情感的意识、意愿与能力。 14. 学生能够对学习重要感、愉悦感、成就感，交往幸福感有所判断、体验和期待，并具有激发自己在适恰的教学交往中获得积极情绪情感感受的能力。 15. 学生能够及时意识到自我情绪情感状态的消极性，并具备一定的自我转化和寻求情感帮助的意识与能力。	

表 7 课堂教学质量的体验性指标

观测点	指标
完整教与学关系的达成	1. 师生对教学资源中折射出的人文现象与人文活动有较完整、深入的情感性理解与掌握。 2. 师生双方的教与学方法使用恰当，能够较好地引导双方实现知识挖掘与整全性的思维探索。 3. 师生间形成合作、信任、欣赏、激励的评价方式与方法。 4. 教师在促进学生理性思维发展的同时，关注学生在学习过程中的情绪状态和获得积极的情感品质，课堂呈现出人文性、科学性与身体性的和谐一致，个人呈现出情感与理智的和谐发展。
良好师生关系的建构	5. 师生双方接受彼此的表达方式，关系顺畅；总体教学氛围热烈、紧张、有序而惬意，随着教学内容和情境的变化而松弛有度。 6. 师生积极参与教学互动，彼此间能获得安全感、信任感和依恋感。 7. 教师能体验到胜任感、成就感，学生能体验到成功感、愉悦感，师生双方能获得相应的自尊感，并通过教与学的探索不断强化自信心。
课程育人的实现	8. 师生能从教学内容和教学组织方式中感受并认同尊重、宽容、独立、民主、平等、自由、公正和美的价值，获得合作、责任承担、集体荣誉、诚实守信、乐于探索、坚韧等品行的锻炼。 9. 师生能从情感性交往的过程中感受并认同关爱、尊重、平等、宽容、和谐、独立和美等价值，学会关心、负责、诚实守信，追寻美的意蕴。

三、 理科教师情感人文素质在课堂教学中诠释与提升的观察指南[①]

表 8 "情感性交往行为"指标（教师）

一级观察维度 \ 二级观察维度		行为指标	教师（含其他观察者）的记录与建议
教师教学	教师的学科情感	1. 教师的身心表达表现出热爱所任教的学科，精通本学科相关知识并对知识背后的方法、价值观及其产生的过程有深刻理解并能及时反思。 2. 教师并不因自己的知识量不够或因答不上学生的问题而恐惧和不安，有引导学生走向未知世界的好奇和勇气。 3. 教师具备依据本学科内容和学习特点引导学生扩充学习内容和领域，提高复杂思维水平的媒介素养。 4. 教师有诱发并改变自己和学生迷思概念的敏感性，教学目标和科学活动的设置符合科学思维的演进逻辑，倾向于学生在深刻理解科学概念并应用科学概念解决问题的基础上内化科学过程技能和推理智能。	

[①] 该指南涉及的指标体系是教师的学校教育生活观察理论框架在理科课堂视域中的应用、具体化、深化与体系化，也受"情感—交往"型课堂观察指南的指标体系启发，并部分引用其中的话语表达与指标价值期待，参见"全球化时代的'道德人'培养——教师情感表达与师生关系构建"项目的成果"情感—交往"型课堂观察指南。

一级观察维度 \ 二级观察维度		行为指标	教师（含其他观察者）的记录与建议
教师教学	教师的教学情感	5. 教师善于创设安全、平等、开放、信任和和谐的教学情境。 6. 教师能依据不同类型学生、不同学习内容、不同的场景适应，运用有针对性的教学方式引导最大多数学生表露真实想法，愿意积极、主动投入学习。 7. 教师善于设置科学教育活动，活动能将所要探讨的科学概念、知识与生活连接，充满趣味性和探究性，活动开展能给学生留下深刻的科学记忆。	
	教师的评价	8. 教师应具有课堂上的话语表达对学生而言就是评价的敏感性，注重话语表达针对科学活动的描述性、解释性、预测性，减少对学生的定性判断。 9. 教师有中肯、积极的自我评价，对学生常用鼓励性、引导性的评价语言和方式。	
教师与学生的情感交往	教师的情感识别	10. 教师能够发现课堂上学习困难的学生，并对他们有临床诊断性回应。 11. 教师能够敏感地觉察到学生的情感需求及学生在课堂中的情感状态、情感变化。 12. 教师能从上课初判断出大多数学生的迷思概念，并在整堂课中对学生迷思概念的改变保持持续性的观察，并据此恰当地调整教学策略。	
	教师的情感表达	13. 教师语言清晰、有亲和力，语词丰富、优美，语义严谨、形象化、生活化，适应该年龄儿童理解水平；语调因教学内容和情境而灵活有变化。 14. 教师眼神与每个学生都有交流，眼神温暖而亲切；面部表情自然，随教学内容和情境而富有变化，具有吸引力。 15. 教师肢体动作能适合不同年龄段学生学习心理特点，随教学内容和情境的不同而富有变化。	
	教师的情感回应	16. 教师能够给予学生表达的自由，并从每位学生的独特性出发尊重、欣赏、体谅、宽容学生的价值判断与行为选择。 17. 教师能够针对每位学生显性或隐性的情感与价值需求及问题在恰当的教育契机予以积极回应，尤其对科学活动过程中学生产生的人文性困惑予以引导性回应，并反思回应的适切性，据此再寻找契机辩论、修正观点。 18. 教师能够针对课堂中探讨的核心概念随着教学过程的发展保持连续性的思考；并能针对不同学生产生的相关问题持续追问，追问严谨有解释力，又能通过追问和阐释将不同学生的观点联系起来，形象地呈现核心概念演绎出的相似性、差异性。	

表8（续）

一级观察维度＼二级观察维度		行为指标	教师（含其他观察者）的记录与建议
教师自我	教师的情感自我反思与改变	19. 教师能够对自我尤其自我的情绪情感状态有持续感受与反思的意识，并能及时、适切地将消极的情绪感受状态转化为积极的教育功能。 20. 教师能够对教学重要感、成就感、愉悦感有判断、体验和期待，并能适时、有效地激发自我追寻教学幸福感的动机。 21. 教师能够意识到课堂并不是教师实现自我的工具，有通过课堂改善、发展自我的意识与意愿，能够感受到课堂教学的情绪情感发展脉络，无论平和、高峰与失落体验都应成为教师可以反思与改变自我和教学进程的基础、要素与条件。	

表 9 "情感性交往行为"指标（学生）

一级观察维度＼二级观察维度		行为指标	教师（含其他观察者）的记录与建议
学生学习	学习状态	1. 学生表现出乐于求知的兴趣和好奇、兴奋的学习状态，有足够证据表明学生能够正确解释和理解给出的科学探索任务①。 2. 学生能够专注、全情投入学习，包括用不同身体姿势介入学习。 3. 学生乐于并善于思考，勇于提出问题，积极探讨问题的解决。	
	学习方式	4. 学生能够具备随教学进程介入学习的多种方式，也能根据个人学习特点保持安静独立的学习。	
	学习评价	5. 学生的自我评价较正面、积极，有继续学习的愿望和兴趣，并能够给予教师教学积极的反馈。	
学生与学生的情感交往	学生的情感识别	6. 学生能够识别彼此学习和情感的需求、状态，能够正视并识别彼此的困境和问题。 7. 课堂教学中学生能对自己的知识获得和思维发展过程有清晰的认知体验，并能通过反思确定当前的困惑。	

① 该内容受 IQA（Instructional Quality Assessment Classroom Observation Tool）中学数学课堂观察表格"教学任务的实施水平/程度"内容启发。引自：王娟. 多维、合作、反思：中美课堂观察模式的比较与启示 [J]. 教育研究与实验, 2016（1）：37-42.

表9（续）

一级观察维度 / 二级观察维度		行为指标	教师（含其他观察者）的记录与建议
学生与学生的情感交往	学生的情感表达	8. 学生乐于表达，表达清晰、自信，不因表达失败而轻易放弃。 9. 学生愿意与教师有眼神交流，通过眼神和表情自然大方地与教师和同学交流。 10. 学生能够详细地表达出其对科学概念的理解，并能在科学活动的探索过程中解释为什么使用这一策略或步骤；能将潜藏的概念联系起来；能够展示超过一种的问题解决方法并对选用不同解题方法的原因给出合理的阐释①。	
	学生的情感回应	11. 学生能够持续探索彼此观点的相似性和差异性，并能通过友善互助，积极辩论、协商解决学习与情感疑惑。 12. 学生能够持续为他们的观点提供依据，或者学生能够用适合的方式解释他们的想法②。	
学生自我	学生的情感自我反思与改变	13. 学生有认识和反思课堂情感尤其自我情感的意识、意愿与能力。 14. 学生能够对学习重要感、愉悦感、成就感以及交往幸福感有所判断、体验和期待，并具有激发自己在适恰的教学交往中获得积极情绪情感感受的能力。 15. 学生能够及时意识到自我情绪情感状态的消极性，并具备一定的自我转化和寻求情感帮助的意识与能力。	

---

① 该内容受 IQA（Instructional Quality Assessment Classroom Observation Tool）中学数学课堂观察表格"学生讨论情况"内容启发。引自：王娟. 多维、合作、反思：中美课堂观察模式的比较与启示 [J]. 教育研究与实验，2016（1）：37-42.

② 该内容受 IQA（Instructional Quality Assessment Classroom Observation Tool）中学数学课堂观察表格"学生回答的关联性与教师追问的水平"等内容启发。引自：王娟. 多维、合作、反思：中美课堂观察模式的比较与启示 [J]. 教育研究与实验，2016（1）：37-42.

表 10　课堂教学质量的体验性指标

观测点	指标
完整教与学关系的达成	1. 师生对科学活动中蕴含的科学概念、操作方法、解决问题策略及其凸显的科学智能有较完整、深入的理解与掌握。 2. 师生对课堂前所具有的迷思概念有清晰的澄清与妥善的改变。 3. 师生在课堂学习后基本能针对本节课教学内容建构从概念理解到问题解决在内的思维结构图。 4. 师生间形成合作、信任、欣赏、依恋、激励的应答方式与方法。 5. 教师在促进学生科学思维发展的同时，关注学生在学习过程中的情绪状态和获得积极的情感品质，课堂及个人呈现出情感与理智的和谐，每堂课都在帮助师生热爱这门学问。
良好师生关系的建构	6. 师生双方接受彼此的表达方式，关系顺畅；总体教学氛围热烈、紧张、有序而惬意，随着教学内容和情境的变化而松弛有度。 7. 教师能体验到胜任感，学生能体验到成功感、愉悦感，师生双方能获得相应的自尊感，并通过教与学的探索不断强化自信心。
课程育人的实现	8. 师生能从科学活动的结构与流程凸显出的严谨性、复杂性、反复性中感受并内化道德感与美感。 9. 师生能从课堂教学的形式中感受并认同尊重、宽容、独立、民主、平等、自由、正义的价值，获得合作、责任承担、集体荣誉、诚实守信、乐于探索、坚韧等品行的锻炼。

后　记

　　教师整全发展的前提与基础是情感的觉醒，只当如此，与之相伴的习性完善、认知进阶与人格改进才更有后劲。与此同时，教师情感觉醒是教师学会观照自我，在多元、复杂的学校教育生活中有效重建自我理解，妥善地跨界实践，总能活出新的自我并过出幸福生活的关键力量。因此，教师的情感教育能力以及以此为表征的情感人文素质对整体改进学校教育、增进社会福祉至关重要。

　　20 世纪 80 年代中期，朱小蔓先生敏锐地发现并指出从情感培育出发改进学校教育、提升育人品质的重要性，时至今日，朱小蔓先生引领并作为代表的中国当代情感教育研究共同体，以坚韧不拔的意志品质、高尚的人格修养和精益求精的理论修炼，对教育理论研究与实践发展做出了丰硕且重大的贡献，为人与学校的情感文明进步积累了宝贵的实践经验与思想财富。近四十年的中国当代情感教育研究展现出"甘入苦海、百折不挠"的精神，以及以情感人文主义为思想底色、以对人的终极关怀为价值信念的理论风骨。

　　朱小蔓先生的学识和生命一体，是一位有情有义、思想深邃、精神高洁的教育家。此书创作于先生生命艰难时期，也是先生生命的最后几年，但深处如此困境，先生依然凝结巨大精力悉心指导，助力文稿完善。我深知这是先生"教师知识分子"形象的日常写照，先生一直都是这样，为真理而学、为大义而思、为教育而活。我永远不会忘记，在先生没有语言、没有表情、不能进食的生命后期，我对先生说："老师，我们不怕，积极治疗，肯定会好的，到时我们学生还要听您讲课，好吗?"先生重重地点了下头，那时，随着我流出的眼泪，我们静静相望。这是先生生前给我上的最后一课，我爱先生，我想余生会用心传承好先生志业。

　　此书的完稿受益于北京师范大学教育学部、北京师范大学教师教育研究中心对我的悉心培养，受益于田家炳基金会的资助课题，谨向上述机构及其中老师致以深深的敬意与谢意。谨向卢乃桂先生、朱旭东教授、郑新蓉教授、王本陆教授、袁桂林教授、施克灿教授、胡艳教授、李琼教授、周钧教授、张华军副教授、杨一鸣博士，以及宁虹教授、陈如平研究员、黄嘉莉教授等老师致以深深的敬意与谢意，感谢老师们对本研究的点拨、指导与鼓励。

感谢四川教育出版社对"当代情感教育研究丛书"出版的大力支持，感谢本书编辑高玲老师的专业支持。感谢我的父母和家人，我深知没有他们的默默支持、包容与关爱，我无法全身心完成此书。最后，敬请老师、同仁对本书予以指导和批评，以促改进。

王　坤

2021 年 11 月于南京